Shan —

   I got your most recent fax. You are completely out of your mind to keep discussing WORD changes. <u>Stop</u> <u>Now</u>. Our position is no more conversations pre signing, period. There will still be definitive documents to argue about later and word changes can be fought over then.

                        DB

附图 5   1999 年 9 月 13 日，大卫·庞德曼发给作者的传真。
          单：收到了你的最新传真。你彻底疯了，还在跟他们修改词句。现在就停止。
          我们的立场是在签约前不谈了，到此为止。之后还要谈判最终文件，到时可
          以再推敲词句。

（图片来源：单伟建）

附图 6   1999 年 12 月 23 日清晨，汉城新罗酒店商务中心。前面是伟凯律师事务所的
          菲利普·吉利根（左）和金张律师事务所的朴炳茂（右）。后面是韩国存款保
          险公司团队的成员和他们的律师。

（图片来源：单伟建）

附图 7　1999 年 12 月 23 日，陈焕彪（左）和朴炳茂（右）在汉城新罗酒店商务中心签署最终文件。

（图片来源：单伟建）

附图 8　1999 年 12 月 23 日上午，汉城新罗酒店商务中心，潘德邦在整理最终文件。

（图片来源：单伟建）

附图9　1999年7月3日《韩国经济日报》刊登的漫画，当时不实的谣传说韩国第一银行交易已达成。韩国第一银行（新娘）和新桥（新郎）宣誓结婚，新娘的母亲（左）长叹一声："总算嫁出去了！"

（图片来源：《韩国经济日报》）

附图10　1999年12月23日，韩国第一银行总部，最终协议签约仪式。作者（左）与韩国存款保险公司执行董事彭东俊握手，最右边站立者是韩国第一银行董事长柳时烈。

（图片来源：韩国《中央日报》）

附图 11　2000 年 1 月，汉城，从左至右分别是新任董事长鲍勃·巴纳姆、威尔·堀江、唐开罗和作者。

（图片来源：单伟建）

附图 12　2000 年 3 月 15 日，汉城，迪克·布朗姆（左）在青瓦台与韩国总统金大中会谈。

（图片来源：韩国《中央日报》）

附图13　2002年，董事会后，韩国第一银行董事会成员携配偶参观韩国庆尚南道的通度寺。

（图片来源：单伟建）

附图14　2002年，韩国第一银行行长罗贝尔·科昂（左）和作者在通度寺的青瓦上写字。

（图片来源：单伟建）

附图15　2002年，通度寺，作者（左）与唐开罗在聊天。

（图片来源：单伟建）

附图 16　2004 年，汉城，大卫·庞德曼（左）和迪克·布朗姆在一次会议上。

（图片来源：单伟建）

附图 17　2005 年，大卫·庞德曼（左二）和迪克·布朗姆（中）展示新桥向韩国慈善机构捐款的支票。

（图片来源：《韩国经济日报》）

Money Games

The Inside Story of How American Dealmakers
Saved Korea's Most Iconic Bank

金钱博弈

单伟建 ———— 著

中信出版集团 | 北京

图书在版编目（CIP）数据

金钱博弈 / 单伟建著 . -- 北京：中信出版社，
2022.5（2024.2 重印）

ISBN 978-7-5217-3972-5

Ⅰ.①金… Ⅱ.①单… Ⅲ.①投资—基本知识 Ⅳ.
① F830.59

中国版本图书馆 CIP 数据核字（2022）第 016154 号

金钱博弈
著者：　　单伟建
出版发行：中信出版集团股份有限公司
　　　　　（北京市朝阳区东三环北路 27 号嘉铭中心　邮编　100020）
承印者：北京盛通印刷股份有限公司

开本：787mm×1092mm　1/16　　　　印张：27.75
插页：4　　　　　　　　　　　　　字数：304 千字
版次：2022 年 5 月第 1 版　　　　　印次：2024 年 2 月第 10 次印刷
书号：ISBN 978-7-5217-3972-5
定价：98.00 元

创造价值

很多成功的投资人逆潮流而动：别人卖出时，他们买入；别人买入时，他们卖出。在 20 世纪 90 年代末亚洲金融危机之时，也就是《金钱博弈》故事发生的时候，外国投资者不顾一切抛售，在亚洲各国造成大规模的资本外逃。1997 年，韩元对美元贬值了将近 2/3，而韩国股市的市值跌了将近一半，以美元计，韩国股市在一年之中蒸发了 80% 的市值，不可谓不惨烈。次年，危机仍无缓和迹象，韩国国内生产总值缩水了 5.1%。在此背景下，我代表美国新桥投资公司飞抵汉城，开始与韩国政府谈判收购已破产且被收归国有的、韩国曾经最大的商业银行。这就是逆潮流而动的最好例子。

结果如何呢？显然，假如投资失败，我也不会撰写此书。

事后看，我们把握的时机几乎完美。

当然，人人都可以当事后诸葛亮。坦白说，抓时机不是我们的主要考量，如果谈不拢可以接受的交易条件的话，那么我们也不会收购。我认为，试图把握进入或退出市场的时机是不可能的，因为市场根本无法预测。有的时候，市场条件确实会提供极佳的投资机会，但是一个管理基金的投资人不可能坐等天上掉馅饼。时机把握好了当然可以对成功有助益，但是像新桥这样的公司并非仅靠把握时机取胜。

新桥投资是以收购控股权为主的私市股权投资基金公司。此类投资者在收购之后改善目标企业的经营，增加其效益和利润，若干年之后通过出售套现而获利。投资者不仅要对投资目标精挑细选，更要设计和谈判投资条款，以使风险最小化，回报最大化，支付合理的价格，但最重要的是，通过改善目标公司的经营和效益来创造价值。

一个好的投资人必须眼光独到，能识别有独特性——具有竞争优势——的企业。优势包括自研技术、知识产权、强大品牌、市场份额、监管特许、先行优势等。如果没有这些"护城河"，一个赢利的企业很快就会招致蜂拥而来的竞争，使其利润迅速被侵蚀。"护城河"才是企业持续赢利的保障。沃伦·巴菲特（Warren Buffett）说："一家真正伟大的公司必须要有一道'护城河'来保护投资获得很好的回报。"

对一家以收购为主的基金管理公司来说，找到好的投资目标，并达成可接受的交易条件，包括合理的价格，总是倍具挑战。这需要几个团队长期侦察市场，寻找投资机会。每个私市股权投资基金都要筛选大量潜在的投资机会，百里挑一；找到标的后再去谈判，尽职调查，等等。但最终成交的项目少之又少，因为交易成功不仅需要买卖双方你情我愿，还要"天时地利"，有很大的不确定性。收购就像沙里淘金一样。

一个经营业绩达到极致且估值十足的企业，不大可能成为收购的目标，因为投资人再去改善其经营而挤出更高的效率和更大的价值，已不大可能。而一个经营不善的企业，如果作价合理的话，就更可能成为被收购的对象，因为有能力的投资人知道如何改造它，从而实现扭亏为盈，创造价值。

收购已经很难了，但这不过是投资过程的开始。美国私市股权投资公司KKR的创始人之一亨利·克拉维斯（Henry R. Kravis）说过："不要在我们完成收购的时候道贺，要等到我们退出的时候再来。"当然，他的意思是赚了钱才值得道贺。他还喜欢说："任何一个傻瓜都可以收购一个企业，但真正重要的是收购之后怎样了。"他的意思是，如果一个买家愿意出最高的价钱，那么当然可以买到企业，但之后是否赚钱才是关键。

那么，收购之后会发生什么？收购方会对收购对象做些什么？下一步需要做的工作，很多也很辛苦。每一个并购基金除了投资团队外，还有一个经营团队。经营团队都是由经验丰富的前高管们组成的专家团，他们知道如何管理企业，但是他们的工作不是亲自管理被收购企业，而是像咨询公司的专家一样，为企业出谋划策。他们要在市场上物色最好的高管人选，尤其是首席执行官，更要帮企业规划战略目标，还要帮助管理层不断改善经营、提升盈利能力。经营团队要设计管理层的薪酬、奖金以及股票期权激励计划，以使管理层和股东的利益挂钩——股东赚钱，管理层也赚钱，反之亦然。当然如果管理层的业绩不佳，就可能会被炒鱿鱼。

私市股权投资基金一般从机构投资者中募资。这些机构投资者被称为有限合伙人。基金的管理人则被称为普通合伙人。一般而言，普通合伙人募集来的，即来自有限合伙人的资金，只能投放一次。一旦普通合伙人从某项投资中退出，就必须返还属于有限合伙人的部分，而不能重复使用这笔资金。当一期基金投放出去之后，普通合伙人就要募集下一期基金，所以才有新桥一期、二期，太盟一期、二期之类的称谓。每一期基金的有限合伙人未必相同，部分上一期的投资者可能不投新一期基金，而没有投上一期的新投资者可能投入最新一期基金。如果普通合伙人在全部投放一期基金后而募集不到下一期基金，那么这个基金公司就可能要寿终正寝了。

在何种情况下，一家基金公司会募资失败呢？其业绩落后于市场或同行。试想，如果一个基金管理人赔了钱，那么哪个投资人还要继续追随呢？反之，如果一个基金公司的业绩领先于市场和同行，更多的有限合伙人就愿意把资金托付给其管理，因此其管理资金的规模就会扩大。一个投资基金公司往往无法策划自己管理资金规模的扩大，如果能够给投资人持续提供优于市场和同行的投资回报，那么基金的规模自然会日益扩大，否则再怎么筹划都无济于事。

一个投资基金管理公司的某期基金业绩领先市场并不难，有时可能只是运气好，但是持续性领先市场和同行就很难。这是因为市场是有效率的，也就是说，你可以获得的信息，其他人也可以获得，所以很少有"便宜货"（估值低于公允市场价值的企业）。即便有，它也可能被别人捷足先登，未必轮到你。在私市股权基金行业中，有限合伙人一般以投资回报率为标准，投给业绩表现在同行中持续名列前茅、位居前25%的基金管理人。当然，投资基金通常会提醒投资者，"过去的业绩并不能保证将来的业绩"。今天排在前25%之列，并不代表下一期基金的业绩就一定会名列前茅。实际上，统计数据显示，某个时间段表现最优的和最劣的基金管理公司在下一个时间段的业绩表现位列前排的概率几乎是一样的。要判断一个基金管理人是否技高一等，必须看其长期的业绩表现，能否持续在若干期基金中位列前25%。

投资的持续成功需要基金管理人的正确决策。正确决策的能力从何而来？需要一些天赋，但并非全靠天赋，因为没有人生而知之。多谋善断的能力来自知识和经验的积累，包括从失败中汲取教训。

但是，一个好的投资者应该有自知之明，知道自己的局限。人非圣贤，孰能无过？其实圣贤也会犯错误。诸葛亮是中国历史上智慧的化身，但因用人不当，才有街亭之失。再好的投资者也会犯错误。因此，对任何基金管理公司来说，所有重大投资决策都由一个人说了算是极其危险的。私市股权基金的管理一般是通过投资委员会集体决策的。通常，投委会由合伙人组成。如果一把手在投委会上独断专行，或其他委员对一把手唯命是从，这个基金公司就容易犯大错误。这种例子比比皆是。集体决策可以避免犯大错。我在的公司太盟投资集团（PAG），投委会必须一致同意才能批准一项投资，也就是每个合伙人都有否决权。这可能导致错失良机，但也减少了投资失误。

假如问我一个成功的投资者需要具备什么素质，我能想到的第一个要素就是善断。有人说勤奋最重要。我认为勤奋是第二位。因为如果判断失误，那么勤奋只能是徒劳或适得其反。这就像跑超级马拉松，方向错了，累死了也白搭。

善断和勤奋是相辅相成的。如果你对一个投资标的和其所处的行业或市场不了解，你就必须勤奋学习，深入研究。任何一个投资项目都需要全力以赴，锲而不舍。机会的窗口往往转瞬即逝，所谓机不可失、时不再来，所以必须趁热打铁，一鼓作气。做投资有时要夜以继日连轴转，直到交易完成。唐代名士韩愈说，"焚膏油以继晷，恒兀兀以穷年"——点着膏油灯干到天亮，一年四季都是如此。干投资就得有点儿这个精神。在我的投资生涯中，我不知度过了多少不眠之夜，在本书中就有不少此类的描述，回想起来，仍然觉得都是值得的。不过也别像韩夫子那样，搞得"头童齿豁，竟死何裨"——头也秃了，牙也掉了，人死了还有什么好处？劳逸结合，健全体魄，才是长久之计。

多谋善断和锲而不舍是成功的必要条件，但仍然不够。用经济学的话来说，仅此还不构成足够条件。有一个条件时常能决定投资结果，却完全不可控，那就是运气。有时，投资者让自己的成功冲昏头脑，志得意满，以为全是因为自己的本事，却完全没有意识到自己的成功也是和运气分不开的。这样的人往往越来越敢于冒险，最终可能因为好运不再而吃大亏。

2021 年 4 月 8 日，彭博社一条报道的标题引人注目——"比尔·黄（Bill Hwang）个人财富 200 亿美元，两天之内损失殆尽"。黄是一个对冲基金管理人，先是在老虎基金创始人朱利安·罗伯逊（Julian Robertson）麾下学艺，后来自立门户。他一度极为成功，据报道，其个人的财富净值高达 300 亿美元。他一定自以为战无不胜了。他在科技股上重仓，而且用借来的钱加杠杆，变本加厉，持仓越来越多。最终，他借来用于投资的钱达到本金的 5 倍。但当股票市场走势掉头时，他的基金管理公司瞬时爆仓，资不抵债，只能清盘。

假如比尔·黄栽倒是因为他演的是独角戏，我们还可以看看美国长期资本管理公司（Long-Term Capital Management，以下简称长期资管）的故事。长期资管的创办人都出类拔萃，是世界上顶级的聪明人，其中包括两个因研究经济学和金融学而获得诺贝尔奖的专家。创立前 3 年，该基金的业绩轻而易举地跑赢大市，年回报率分别高达21%、43% 和 41%。之后厄运天降，1997 年亚洲以及俄罗斯的金融危机席卷全球市场，长期资管在 1998 年当年赔掉了 46 亿美元，因而资不抵债，轰然倒塌。

投资者有背运之时，也有走运之刻。我自己就不止一次撞上好运（当然也碰到过厄运）。2004 年，我带领新桥投资的团队试图收购日本最大的消费金融公司，其名叫武富士。那时，该公司的估值为100 亿美元。经过几个月的艰苦谈判，我终于和控股股东签了条款书。我们正在额手相庆之时，消息传来，对方悔约了。原来投行高盛的"本金投资"团队，向对方开出了超过我方价格 50% 的报价。我认为对方没有权利弃约，因为双方签署的文件是有法律约束力的，但就在此时，我们发现签署的文件有两份，英文、日文各一份，英文版明确写明有法律约束力，而日文版并无此条款。卖方本人不懂英文，所以只能以他签署的日文版文件为主。

几个月的努力付诸东流，与一个好投资项目失之交臂，让我懊恼不已。实际上，高盛之所以能够出此高价，是因为他们自以为发现了一个税务漏洞，可以使该公司的税后净利润大幅提高。我当时就说，这是异想天开，如果真有这么大的漏洞，日本的税务部门迟早会把它堵上。果不其然，他们的律师也如此判断，所以最终高盛的这笔交易就不了了之了。

两年之后，日本消费金融的法规突然改变了，利率上限下调将近一半，而且，要求所有消费金融公司将过去 10 年内多收的利息返还客户。如此一来，所有非银行消费金融公司都倒闭了，当然也包括武富士。当初我们如果收购成功，就会遭受几十亿美元的损失，而我的投资生涯也许就戛然而止了。我们躲过了这一劫，完全是运气。高盛插的那一杠子，反而救了我们，可谓塞翁失马，焉知非福。

如果认识到运气也是投资成功与否的一个重要因素，投资者就会少一些自以为是，多一些谦虚谨慎。谦逊的人通常很慎重，小心防范风险，如此会避免重大失误。少犯错才能保证长期投资成功。

就在我写下此稿的时候，2023 年 11 月，世界上很不安宁。俄乌冲突毫无结束的迹象，以色列与巴勒斯坦在加沙地带的冲突仍在继续，许多平民无辜丧生。中美两个世界上最大的经济体之间的关系紧张，美国竭力在经济、贸易和科技上遏制中国的发展。美欧的央行为了抑制通货膨胀，快速提高利率。高利率会抑制需求和供给，使经济放缓，殃及全球。中国的经济也欲振乏力，股市低迷，消费者和企业家普遍信心不足。

现在的市场状况使我想起 1997 年的亚洲金融危机和 2008 年的美欧金融危机。市场前景不妙的时候，大多数企业或收缩或停止扩张，积蓄现金，以求自保，就像狗熊要躲入洞穴冬眠以度严冬。但是，恰恰就是在这种市场条件下，有些逆潮流的投资人反倒可能抓准时机，找到可遇而不可求的高回报投资机会。在我的投资生涯中，1997 年的亚洲金融危机和 2008 年的全球金融危机都给我们带来了最好的投资机会，也给我们的投资人带来了更高的投资回报。其中之一就是本书讲述的故事。我的另一本书 *Money Machine*（中文版尚未出版）所述的故事跨越了 2008 年的危机。本书的故事开始时，韩国经济正处于风雨飘摇之中，TPG（德太资本）和新桥的创办人大卫·庞德曼先生对我说:"从历史经验来看,当到处布满危机之时,也是投资的最佳时机,但成功的条件在于能够设计好交易架构。"

这当然需要长期积累的专业知识和能力。历史证明,他说得一点儿都没错。

单伟建

2023 年 11 月 20 日于香港

专家热议

（按姓名拼音首字母排序）

《金钱博弈》记录了并购过程中精彩的博弈、充满智慧的决策和翔实的细节，既体现了独具特色的投资理念，也展示了如何平衡政府、企业的利益，妥善应对公众和舆论导向的影响，以及对民众的民族主义、排外心理等的预案处理，这些对于当下都有着极大的参考价值。

常振明　中信集团前董事长

《金钱博弈》这本书太精彩了。专业程度可做 MBA（工商管理硕士）与谈判教材，民主、体制与利益的博弈有大格局，单伟建先生对韩国历史文化的研究、对韩国人的理解深刻而通透。这起收购案的胶着激烈程度不亚于一部电影，是另一个角度的韩国电影《国家破产之日》，更像 20 世纪 50 年代的美国电影《十二怒汉》。

我一口气读完了，真是历尽波澜周折，煎熬程度不亚于亲身经历一次谈判，倍感酣畅淋漓。更佩服单先生在如此复杂的形势下展现出的超人的智慧、勤奋、耐心、冷静与绝不放弃的精神，这几乎难以想象。最后的胜利堪称创造奇迹，这不仅是一次交易，更是一个国家的改革、一个时代的注脚。这本书的价值之大，是留给读者的财富。

董平　资深电影人、欢喜传媒集团主席

20 世纪 90 年代末的亚洲金融危机席卷亚洲，波及全球，韩国的金融体系也深受影响，陷入风雨飘摇之中，韩国第一银行濒临倒闭。这一大型银行的生存问题，不仅关系其本身利益，更与韩国金融体制能否摆脱危机息息相关。危难之际，单伟建领导的新桥团队成功收购了韩国第一银行，并使其起死回生。一家美国投资机构收购韩国大型银行并获得完全的控制权，其中的艰难曲折可想而知。这本书中，单伟建翔实地记录了谈判全过程中的关键细节，既体现了金融家的专业知识，也展示了促成合作成功的谈判艺术，相信你会从中学到很多。

海闻　北京大学汇丰商学院创院院长、经济学讲席教授

对大型金融机构的收购能够善始善终的并不多见。单伟建领衔的新桥团队对韩国第一银行的收购、改造直至最终的出售堪称国际金融收购史上的典范之一。《金钱博弈》以朴实的语言详细讲述了这一跌宕起伏、扣人心弦的过程，其间所展现的，不仅是谋略和技巧的博弈、能力和水准的比拼，更是人性和智慧的碰撞，而后者是助力这场交易成功的核心因素。希望你能从此书中了解这场资本博弈的真谛，并有所获益。

和广北　中国银行（香港）前总裁

在 1997—1998 年亚洲金融危机期间，韩国总统金大中决心改革重组韩国千疮百孔的银行体系，实现金融稳定和经济复苏。经济学家出身的投资大师单伟建敏锐地捕捉了这一历史性机会，排除重重障碍收购了韩国第一银行，创造了国际金融界的一个重大成功案例。这本书生动地记录和描绘了这桩大手笔交易的来龙去脉，伟建的高超写作水平与他的一流投资能力相得益彰，使得一项高度技术性的复杂金融交易就像武侠故事一样引人入胜。我强力推荐所有经济与金融学科的师生、银行监管官员、金融专业人士及对金融和投资有兴趣的朋友阅读此书。

胡祖六　春华资本集团主席、香港中文大学兼职教授

金融与资本推动着经济的发展，从而推动着社会的前进。金融的诞生、发展和振兴与金融家是分不开的。《金钱博弈》是难得的作品，鲜少有金融家愿意将自己的成功案例如此坦诚地展现给读者。在之前的报道中，我们看到了一个金融家率领一个美国投资机构收购一家韩国银行的成功故事，但成功道路上的艰辛和波折只能通过这本书得以窥见。这是金融业收购的典范，感谢单伟建博士愿意将它分享出来。

姜建清　中国工商银行前董事长

我认识不少文学造诣深厚、博学广识的朋友，他们讲出的引人入胜的故事让我如迷如痴；我也有不少功成名就的投资家朋友，他们是我工作中的良师益友。在与伟建二十几年的友谊中，我总可以一举两得、一箭双雕。伟建几年前写的《走出戈壁》道出了他血色浪漫的早期人生，而在今天出版的《金钱博弈》中，伟建则以拯救韩国第一银行为主线，将他精彩激动的投资传奇娓娓道来。伟建让我再一次折服。我与伟建都在茫茫戈壁上度过了我们的青春年华，又一起在数十年间闯荡于华尔街东西。感谢伟建《走出戈壁》和《金钱博弈》这两本书，它们让我故地重游，重品一路上的酸甜苦辣，重睹征途中的千姿百景。

李小加　香港交易及结算所有限公司前总裁

新桥在韩国第一银行的投资，成为海内外投资界的一个经典案例。

其实这并非易事。《金钱博弈》详细记录了这一收购的始末，单伟建的投资逻辑、处事方法、应变能力在这本书中体现得淋漓尽致。

刘明康　前中国银行业监督管理委员会主席

单伟建的书引人入胜，讲述了他与团队如何在 5 年内拯救韩国一家陷入危机的银行。外国投资者在韩国极难赚到钱，这天下皆知。但单伟建团队于 2000 年与韩国政府共同投资约 9 亿美元买入，2004年以约 33 亿美元售出，获利巨大，成为私市股权投资运作的经典案例。在韩国取得成功后，单伟建将投资方向转向中国，这本书的续集也同样令人期待。

刘遵义　香港中文大学前校长、经济学讲座教授

单伟建的《金钱博弈》讲述了他领导完成的一桩并购案，故事曲折，细节专业，娓娓道来，引人入胜。亚洲金融危机当头，美国投资机构新桥何以入主韩国第一银行，5 年之后又成功卖给渣打银行？跨国并购中与政府和其他利益相关方打交道的难点在哪里？如何在并购的多方谈判中实现多赢？我相信每个金融从业者都能从阅读这本书中获得答案并受益。

钱颖一　清华大学经济管理学院教授、前院长

单伟建这本书生动地再现了一次重要的海外并购案例，更是展现了他与团队如何运用金融和商业的力量实现价值共创。相信我们许多投资领域的从业者都能在这本书中收获宝贵经验。

沈南鹏　红杉全球执行合伙人、红杉中国创始及执行合伙人

单伟建和团队在收购韩国第一银行时，我作为分析师，是一个好奇的旁观者。当时的并购谈判九曲十八弯；后来让这家银行起死回生，也费尽了周折。我认真读完了这本书，这才发现，过程竟然如此激动人心。

张化桥　香港慢牛投资公司董事长

这本书不仅仅是单伟建先生对重大交易的复盘，也是更好理解私市股权投资的技术指南。从这里可以看到一位成熟投资人的洞察与远见！

张磊　高瓴创始人

新桥收购韩国第一银行是亚洲投资业的一个里程碑。作为项目操盘手，单伟建先生全面、生动地描绘了这个项目历时数年的错综复杂、跌宕起伏的过程。他的观察细致，材料翔实，叙述生动，为投资从业人员提供了不可多得的案例研究，也为对金融有兴趣的一般读者提供了引人入胜的精彩画卷。

竺稼　贝恩资本董事总经理兼亚洲联席主管

这是一个在危机中抓住机遇的故事，这是一个专业敬业的职业精神记录。背景波澜壮阔，交易跌宕起伏，故事娓娓叙来，人物栩栩如生，阅之有趣，感之获益。感谢伟建给我们呈现了一段精彩的历史。

朱民　清华大学国家金融研究院前院长、
国际货币基金组织前副总裁

关于"私市股权"的特别说明

　　本书将英文词"private equity"翻译成"私市股权"。国内通常把"private equity"翻译成"私募基金",其实是不正确的。"private equity"中的"private",指的是投资的对象,而不是资金的来源。投资上市公司股票可以称为公开市场(public market)投资,在股市购买的股权称为"public equity",即上市公司的股权。而私市股权(private equity)基金投资的对象一般是非上市公司,或将上市公司私有化,即非公开市场的投资。实际上,无论是投资股票市场的基金——比如对冲基金,还是投资非上市公司的基金,其资金的来源一般都是私募的,都可以称作私募基金,所以资金来源并不能区别它们的不同。因此,"private equity"应该翻译成"私市股权",而专门从事私市股权投资的基金就是"私市股权基金"。

——作者按

推荐序

1998 年亚洲金融危机期间，许多亚洲国家的央行崩溃，无力保护本国的货币和商业银行，因此需要 IMF（国际货币基金组织）的紧急援助。作为提供援助的一个条件，IMF 往往会要求受援国政府出售资产，尤其是倒闭的商业银行。韩国是受援国之一。韩国政府同意出售的资产中包括韩国第一银行。韩国第一银行曾经是韩国规模最大的商业银行，此时饱受危机重创，濒临倒闭，最终被收归国有。尽管如此，管理得当的话，它仍有希望。韩国政府聘请了投资银行家在全世界遍寻战略投资者，收购韩国第一银行，对其进行改革，扭亏为盈。不过他们运气不好，问津者寥寥无几。屈指可数的几家西方金融机构仅有兴趣在韩国政府将不良贷款清理干净之后收购韩国第一银行 100% 的股权。韩国政府付出如此巨大代价之后，则希望保留一定的股权，这样如果该银行起死回生，成功翻身，政府还能分得一杯羹，以显示其政绩和改革的成功。

在此纷争的局面中，单伟建和他的团队代表新桥投资公司（以下简称新桥）脱颖而出。新桥是德太投资集团（以下简称德太）在亚洲的关联公司。德太和新桥都是私市股权投资公司。多年前，德太就在美国储蓄及贷款银行（1990 年以前曾是提供房屋分期贷款的一类重要银行，至 20 世纪 80 年代后期普遍破产）危机中开创了"好银行 / 坏银行"分开的模式收购和改造倒闭的银行。我们认为此种模式同样适用于韩国第一银行。这本书讲述的是一次重大并购的整个过程：从缘起到新桥团队与韩国政府间的谈判持久战——其艰难程度令人难以置信——再到收购这家韩国最具标志性的银行之后的改造。这是史无前例的一次外资收购韩国一家全国性银行的控制权，谈判持续了一年多时间，几经波折之后，新桥最终成为控股股东并获得100% 的控制权。

收购谈判过程艰辛坎坷，充满悬念。因为担心手机被窃听，我们只能在韩国境外召开需要保密的会议。据说韩国政府的团队在窃听的电话中听到我抱怨韩国的泡菜太辣，给我起了一个外号，叫"泡菜先生"。谈判中，强硬的个性和不同的文化相互冲撞，经常展示出多姿多彩的谈判风格和策略。

那时我们并不知道，谈判过程中，单伟建留下了笔记和内容详尽的内部通信。这些资料成为这本书的事实基础，使读者读此书有如亲临其境，心绪随着故事的展开而波动。这本书不仅让我们了解1997—1998 年亚洲金融危机的情况，还深入窥测私市股权投资公司如何运作、创造价值。新桥最终重组、改造了韩国第一银行，任命了新的管理团队，使银行彻底翻身，恢复盈利和强劲增长。在新的管理团队的领导下，韩国第一银行尤其发展了按揭（住房抵押贷款）业务。可以说，在韩国，按揭业务基本上是韩国第一银行的发明。新桥为这家银行、自己的投资者和韩国政府创造了巨大的价值。无论是对于私市股权投资的老手，还是想了解这个神秘世界的圈外人，抑或是有好奇心的一般读者，这本书都是非常有趣的入门读物，也是一个引人入胜、令人难以释卷的故事。单伟建的故事给我们带来很多启示，会让您开卷有益。

大卫·庞德曼

德太及新桥创始人、主席

2020 年 4 月 9 日

前言　他山之石，可以攻玉

本书所讲述的故事时空背景是世纪之交亚洲金融危机时期的韩国。这是一个真实的故事，一波三折，充满悬念，最终皆大欢喜，颇具戏剧性。无论你是否对金融有兴趣，都可以从中找到乐趣。笔者认为，这个故事还能折射出另外一层意义，这就是一个国家对于外资和外国人才开放，是好事还是坏事。这个问题看似简单，实际上在我们这个国度里向来争议不断，至今未了。

韩国对于外资的开放，真正始于亚洲金融危机之中，是迫不得已、挽救国运之举。而此时，中国对于外资逐渐开放已有 20 年的历史。任何一个发展中国家对外开放市场都是有争议的，有的步伐快一些，有的步履蹒跚；有的自愿，有的则是无可奈何。但一个国家到了比较发达的水平，除了有关国家安全等特殊领域，基本上对外资是开放的。中国也是如此，时至今日，除了商务部公布的"负面清单"上的领域，中国市场对于外资基本上全面开放。

正因如此，中国跃升为世界上数一数二的外国直接投资的东道主国。2020 年，中国引入外国直接投资金额位居世界第一，达到 1 630 亿美元。2021 年，中国屈居第二，但总额增长了 20%，达到 1 790 亿美元。

按照国家统计局的定义，"外国直接投资"指投资方直接拥有或控制被投企业 10% 或以上的股权或投票权。直接投资有别于流入公开证券市场（股票或债券市场）的被动金融投资。前者通常是长期投资，后者可以随时买卖。外国直接投资之所以更重要，是因为直接投资往往伴随着技术、产品、品牌、知识产权、管理方法和人才的利用或转移，所以带来的价值和无形资产远大于金钱本身，对东道国的贡献比被动金融投资更大。

中国早已是世界第一的贸易大国，又成为引入外国直接投资的翘楚，这意味着中国市场的规模和巨大潜力日益得到外国投资者的认可，而且市场开放的程度可与发达国家比肩了。这当然可喜可贺。其实中国从40多年前改革开放以来所取得的经济成就，尤其是成为全球第一大贸易国，与外商是密不可分的。在2020年，外商投资企业占中国进出口总值的39%，不可不谓举足轻重。

韩国是在亚洲金融危机中银行体制几乎崩溃的情况下引入外资，改造其银行系统的。危机之中，国内资金几近枯竭，国库见底，捉襟见肘，入不敷出，因此走上这条路，实在是被逼无奈。而21世纪之初中国的银行体制改革，大量引入外国"战略投资者"，则不是因为缺钱——当时国库充盈——而是为了引入国际最佳管理和风险控制的方法，以彻底改造中国的银行体制，使之长治久安。这个主动和被动的不同，就凸显了对待外资和外国人才的态度迥异。而中国循序渐进开放，基于对其带来的好处不断加深的体会和认识，基于与国际市场的逐渐接轨。

民族主义是一个伟大的情怀。但是在每一个国家当中，都难免存在狭隘民族主义的情绪，其特征就是自觉不自觉地排外。各国的历史证明，狭隘民族主义不是爱国，而是害国，因为没有一个国家可以在封闭的状态下发达起来。中国是在实行改革开放政策之后，才开始崛起的。韩国引入外资改造其银行体制虽然不情愿，但食髓知味，后来成了世界上最开放的市场之一。

单向的开放不是真正的开放，双向开放才是真正的开放。中国的市场，不但需要外资走进来，中国的企业还要走出去，捕捉外国市场的机会。根据国家统计局的报告，2020 年，中国对外直接投资的流量位列全球第一，为 1 537 亿美元，而存量占全球第三，净额达到 25 807 亿美元。中国 2.8 万家投资者在境外共设立境外企业 4.5 万家，分布全球 189 个国家和地区。有的中国企业变成了跨国公司，创立了全球品牌，国人应该引以为傲。

单伟建

于香港

2022 年 3 月 13 日

目录

序　曲　一掷万金 _001

规模巨大且复杂的收购，不可能像在菜市场买菜那样简单。

第1章　钱能通神 _009

亚洲金融危机带来了严重的经济创伤，但也创造了难得的投资机会。因此，我顿时觉得新桥这个潜在的机会产生了很强的吸引力。

第2章　火中取栗 _029

对于将全国性银行的控制权卖给外资，无论是在韩国政府内部还是在民众之中，都有强烈的抵制情绪。因为不情愿，就引发了之后无穷的故事。

第3章　白衣骑士 _053

在韩国政府为其破产银行寻找买家的过程中，新桥不知不觉中成了"白衣骑士"。

第4章　物是人非 _083

韩国政府方面换将让我有些担忧。在过去的几个月中，我已经熟悉了旧团队和他们的报告路线。新的团队如何操作还是个未知数。

第 5 章　流水无情 _111

谈了好几个月，没有结果，而且种种迹象表明，金监会团队准备退出交易。我感觉我们所有的努力，包括熬夜开会、有家难归，都变成徒劳。

第 6 章　双重身份 _141

不知是因为舆论压力，还是汇丰银行的交易黄了，抑或是"金大中的人"推动，金监会方面开始动了起来，但我不敢太乐观，也不相信谈判会因此变得容易。

第 7 章　峰峰相连 _159

金监会迄今为止提出的三个提案，每一个都比前一个向后倒退。经过一系列谈判，包括峰会，双方的差距不是缩小了，而是扩大了。

第 8 章　主帅上阵 _189

李宪宰对自己的亲信说："如果我卖掉这家银行，我就完蛋了；如果不卖，国家就会一团糟。"

第 9 章　波澜再起 _205

现在似乎又回到了起点，让人感觉就像在没完没了地兜圈子，不止一次地重复讨论已经解决的问题。而且，我很难判断他是否会说话算数。

第 10 章　阴云密布 _221

金监会似乎动了起来，但谁知道是否像过去几次一样，又是虚晃一枪。我们无法判断，只能做最坏的准备。

第 11 章 最后通牒 _239

这个项目消耗了我和团队一年的时间，像坐过山车一样，时而巅峰，时而低谷，不分昼夜，历尽艰辛。眼看胜利在望，却可见而不可即。

第 12 章 峰回路转 _261

尽管前面的路还很长，双方还要在《投资条款书》的基础上谈判落实构成最终协议的几个文件，但这份具有法律约束力的《投资条款书》意味着交易已经锁定，不会再有变数了。

第 13 章 一鼓作气 _289

把朴律师借给对方果然收到奇效。胜利在望，大家都像冲刺一样埋头苦干。

第 14 章 前程险阻 _313

海力士事件暴露了银行管理的漏洞。董事会定了这么多的规则，就是为了避免此类事发生，为什么没有起作用？

第 15 章 破旧立新 _333

新桥和其聘请的管理团队经过多年的不懈努力，把握时机，实现了目标，把韩国第一银行改造成韩国王冠上的一颗璀璨宝石。

第 16 章 狮子开口 _353

公司一大，官僚体系就复杂，做决策就困难，任何外人说服这样的机构改变主意更是难上加难，和你打交道的人授权有限，所以说服他也用处不大。

第 17 章 鹬蚌相争 _373

这通电话让我很高兴，知道韩国第一银行的出售万无一失了。双雄相争会使银行价值最大化。

第 18 章 鹿死谁手 _389

五年零一天之后，我们签订了出售协议，为这笔投资画上了圆满的句号。两次交易都发生在圣诞节之前，算是圣诞老人给我们的大礼吧。

尾　声 _405

平安夜完成的交易给韩国第一银行的故事带来了一个圆满的结局，却没有让我松一口气。

附　录　商业银行入门 _407
致　谢 _413

序曲　一掷万金

1900 年一个秋高气爽的日子，66 岁的安德鲁·卡内基与卡内基钢铁公司 39 岁的总裁查尔斯·施瓦布一起打高尔夫球。最终卡内基赢了。当时卡内基是美国的商界巨擘。他创办的卡内基钢铁公司彻底改变了钢铁行业，并且成为世界上最大的钢铁公司。卡内基并不知道，施瓦布正与美国最具影响力的银行家约翰·皮尔庞特·摩根策划一件事，施瓦布的任务是说服卡内基把公司卖给摩根。不少人知道，在高尔夫球赛中取胜总是能让这位苏格兰出生的实业家开心，所以施瓦布故意输球。打完球，施瓦布向卡内基试探收购的想法。卡内基看来动心了。

次日，卡内基交给施瓦布一张纸，上面潦草地写着一些数字，总计 4.8 亿美元。这在 1900 年称得上一笔巨款（约合 2019 年的 145 亿美元）。这是卡内基愿意接受出售卡内基钢铁公司的价格。施瓦布把这张纸转交给了摩根。

摩根看了一眼，就很痛快地说："我接受。"

随后两人握手成交，摩根以 4.8 亿美元收购了卡内基钢铁公司。

差不多同一时间，摩根还收购了其他几家钢铁公司，并于 1901 年 3 月整合成美国钢铁公司。凭借 14 亿美元（约合 2019 年的 420 亿美元）的注册资本，它成为世界上第一家价值 10 亿美元以上的公司。

卡内基个人获得约 2.25 亿美元（约合 2019 年的 67 亿美元）。摩根在祝贺他时略带戏谑地说，这笔交易让卡内基成了世界首富。

这个小故事代代相传，让金融家、历史学家和普通公众都津津乐道，这样的大手笔交易对富人和有权势的人来说这么容易，令人惊叹。这种收购现在称为私市股权投资，而摩根可能是鼻祖。但私市股权投资成为一个行业，还要等到 20 世纪 80 年代后期，而且在 20 世纪 90 年代和 21 世纪才开始大行其道。

但真正的故事不可能如此简单。

比如，摩根收购用的资金从何而来？收购需要 4.8 亿美元，其中的 2.25 亿美元是摩根开给卡内基的借据，50 年到期，年利率为 5%。换言之，摩根从卡内基本人那里借了几乎一半的收购款。摩根本人是摩根银行的化身，卡内基要充分相信摩根银行的信用，才肯接受摩根用这么长的时间还款。当然，卡内基一下子拿到这么多的现金也需要存入银行，估计摩根的利率条件也是最好的吧。

没有卡内基的卖方贷款，摩根就需要另外筹资完成交易。他有把握借到这么多钱吗？不见得。收购所需资金额超出当时美国 GDP（国内生产总值）的 2%，这个比例在 2019 年相当于 4 260 亿美元。即便是在金融市场可以呼风唤雨的巨亨摩根，不先试探市场也不可能有把握筹集到这笔资金，还需要考虑需要支付何等成本、花多长时间。

所以，卡内基的卖方贷款是交易成功的关键。这就需要双方谈判，你来我往，最终还要形成法律文件，绝不是通过一个共同的朋友传个话就可以完成的。

而且，除了从卡内基那里借到的钱，其余的资金从哪里来的？摩根最终借了多少钱？筹集了多少股本金？是不是有些卡内基钢铁公司的其他股东将本公司股票换成了美国钢铁公司的股票？摩根有没有投入个人资金？投入了多少？摩根所有资金来源和用途的明细是什么？史无记载。后来美国钢铁公司表现如何？投资者赚了还是赔了？也查不到史料。

实际上，传说是靠不住的。这种规模巨大且复杂的收购，不可能像在菜市场买菜那样简单。

＊　＊　＊

1988 年，经过一番激烈的角逐，私市股权投资公司 KKR 斥资 250 亿美元收购了美国 RJR 纳贝斯克公司。这是当时历史上规模最大的一笔收购，连华尔街都为之震惊，也因此使私市股权投资闯入公众视野。

私市股权投资之所以引人注目，是因为它涉及巨额资金和巨大的交易。有些收购使标志性巨型企业的控制权易手，从而对大行业产生深刻影响。此外，私市股权管理者们一旦成功，就可能获利达数亿或数十亿美元，令人瞠目。在发达国家，私市股权投资规模和影响巨大。譬如，在美国，私市股权投资公司控制的企业的个数是全部上市公司的两倍多。

尽管这个行业存在几十年了，但关于私市股权投资到底如何运作的文献资料非常匮乏。有几本关于收购案的书，都是记者从旁观者的角度撰写的拼凑出来的故事。这些书虽然有趣，但都是在讲述收购过程，完全没有涉及收购之后发生了什么，投资者赚了还是亏了。我还没有读到一个关于私市股权投资全过程的故事。这就好像讲种树，挖坑栽苗固然重要，但倘若不知道树苗是否成活，后来是枝繁叶茂还是干枯死掉，那么无论内行还是外行都只能看热闹，学不到门道。

这也难怪。因为一项投资从开启到退出往往经历数年，追踪一起轰动市场的收购事件的记者，要趁热打铁，写出的戏才可以叫座。《门口的野蛮人》（*Barbarians at the Gate*）一书讲述 KKR 收购 RJR 纳贝斯克公司的故事。收购在 1988 年完成，次年此书就出版了。书很畅销，还被翻拍成了电影。但很少有人知道，KKR 不但没有赚钱，还赔了不少。投资动用的资本金只有 35 亿美元，其余 225 亿美元的资金都是贷款。最终资本金损失了 7.3 亿美元。收购过程精彩，结局却颇为失败。

还有一本书，书名是《拯救太阳》（*Saving the Sun*）。"太阳"指号称"日出之国"的日本，其国旗是太阳旗。该书讲的是，亚洲金融危机时，日本长期信用银行破产，日本政府将其出售给美国私市股权投资公司。收购方将其改名为新生银行。此书也是只讲述收购的过程，颇为精彩。事实是，有些较早退出的投资者赚了不少钱，还有一些投资者被套牢 20 年，赔了不少钱。

《金融时报》的一名记者写了一本书叫《国王的废黜》（*Dethroning the King*），讲巴西私市股权投资公司 3G 资本收购闻名遐迩的啤酒巨头安海斯-布希公司的故事。同样，这个故事远未结束，到底是赚还是赔，仍无定论。

但凡没有退出的投资，故事就没有完，就胜负未卜。

＊　＊　＊

KKR 的创始人之一亨利·克拉维斯喜欢说："任何傻子都能收购公司，而在收购后发生了什么才是最重要的。"他的意思是说，只要肯出价，是个人都可以收购公司，但是如果收购之后不赚钱，那么当初的轰轰烈烈就是毫无意义的。赔钱还需要本事吗？

对投资者来说，无论是多大规模、多么复杂、多么引人注目的交易，成交都只是旅途的起点。只有等到自己完全退出时，才能知道投资的成败。从收购到退出之间的年头里，投资公司的专业团队要花大量的精力和资源，改造、发展投资对象，从而创造价值。退出的过程往往和收购一样复杂。

在整个周期中，任何错误都可能导致灾难性的后果。如果投资赔钱的话，那么多年前完成投资交易时所带来的满足感或荣耀感就一笔勾销，只剩下悔不当初，甚至会终结投资管理人的职业生涯。有经验的投资管理人都知道，参与每笔投资都像是肩扛重担，每一步都要小心翼翼、如履薄冰，以免遭灭顶之灾。只有到达遥远的彼岸，卸下重负，为投资者创造了价值，投资管理人方可额手相庆。

私市股权投资之所以笼罩在神秘之中，是因为尚未有内幕人详细地讲述过一笔重大投资自始至终的故事。

本书旨在填补这个空白。书中所讲述的故事关系一起影响深远的重大收购，故事的主角是新桥，这是在中国的金融市场许多人耳熟能详的一家美国私市股权投资公司。新桥后来收购了深圳发展银行的控制权，成为唯一一家控制中国一个全国性银行的外资公司。本书的故事发生在深圳发展银行之前，那时新桥收购的对象曾经是韩国最大的银行，收购是在一个特定的时空条件下所产生的，从投资到最终退出的过程曲折复杂、充满悬念。

故事的背景是 1997—1998 年发生的亚洲金融危机，这场危机对韩国的经济造成重创。危机的触发点可以回溯到 1997 年 7 月 2 日，当天泰国的货币泰铢突然大幅贬值。这一事件在亚洲其他国家发生了连锁反应。继泰国之后，马来西亚和印度尼西亚的货币和股市受到严重冲击，韩国紧随其后。在其后的几个月中，亚洲各国的金融市场在大规模资本外逃的压力下几乎崩溃，随之而来的就是国家的债务危机和经济危机。除了中国大陆外，几乎没有一个亚洲主要的经济体得以幸免。

是什么造成了这场巨大的危机？有些人，其中包括马来西亚时任总理马哈蒂尔·穆罕默德，指责诸如美国的乔治·索罗斯等外国资本大鳄的投机行为导致了危机。但多数人认为，这场危机源自各国经济依赖贷款过度扩展和自身金融体系中隐含的系统性风险。

20 世纪 60 年代，韩国的银行在时任总统朴正熙的独裁统治之下国有化。在 20 世纪 80 年代，它们在名义上被私有化，但从未完全摆脱政府的控制。银行、监管机构、政客和韩国称作财阀的大型工业集团（譬如 LG、大宇、三星、现代等）以一种舒适的共生关系存在。韩国在朝鲜战争后的数十年里一直努力发展经济，政府挑选一些行业和企业给予特别支持，银行向这些企业提供信贷，让它们能够大量生产钢铁、船舶和半导体产品。正是这些产业为韩国经济奇迹的发生打下了牢固的基础。这种国家政策隐含担保，企业或银行在陷入财务困境的时候可以指望政府救援。

亚洲金融危机所导致的大面积破产超过了政府可以承受的能力，以致整个体系崩溃。韩国一些最大的财阀集团破产或被迫重组（韩宝钢铁、大宇、起亚汽车都是例子），多家银行倒闭，其中两家全国性大银行——韩国第一银行和汉城银行在濒临倒闭的情况下被收归国有。

为了帮助韩国度过危机，IMF 紧急出台了 580 亿美元的救助计划，条件是韩国政府必须将其收归国有的两家银行出售给外国投资者。必须引入外资的原因是韩国的银行体制中缺少信贷文化，也就是说发放贷款并非根据受贷方的还款能力，而是靠政府的政策或私人关系。这就是在经济危机中许多贷款变成了坏账而无法收回的主要原因。引进外资的目的是引进信贷文化和国际最佳的经营方式，重组韩国的银行体制，从而减少坏账的产生，以根除银行体系中的系统性风险。

私市股权投资提供的不仅是资本金，它也承载着新的思想和行事方式。我在韩国谈判收购银行时，就深深意识到，我们不仅仅是投资，而且是在发挥更重要的作用——帮助一个在危机中举步维艰的国家实现改革。无论是出于自愿还是迫不得已，危机中的亚洲各国都在进行类似的改革。在亚洲经济快速发展的几十年里，政府指导经济的政策看似行之有效，体制中的弱点和缺陷被掩盖了，而经济危机冲击才将它们暴露出来。如何通过体制改革消弭这些结构性的弱点和风险正是亚洲经济进入 21 世纪之际所面临的最严重挑战。

改革总是痛苦的，尤其是危机或外部压力迫使发生的改革。在1997 年金融危机之前，韩国人对于他们在朝鲜战争之后所取得的经济成就感到十分骄傲。一夜之间，韩国陷入经济危机。IMF 提供的紧急财政援助是雪中送炭，但附加的条件繁多，对很多韩国人来说，被迫接受这些条件简直就是奇耻大辱。

恰逢韩国政府换届，新总统金大中先生在 1998 年 2 月履新。金大中是一位民主斗士，为韩国政治民主化奋斗一生，差点死于非命。上任伊始，就面临史无前例的经济危机，他必须从根本上铲除危机的根源，因此大力推动改革议程。但政府的官僚系统中并非所有人都赞成他的改革议程，尤其不愿将已经收归国有的银行卖给外国投资者。民众中民族主义的情绪和排外的心理也是官僚系统畏首畏尾的重要因素。

在谈判过程中，我们一次又一次地面临两种对立的力量，即支持改革和反对改革的力量，这使谈判进程极为困难，难以把握。然而，所有与我们打交道的政府官员都认为他们在为国家和人民的最大利益而奋斗。他们都是正直无私之辈。（我们所接触到的所有官员都是男性，因为当时的韩国仍然是儒家文化和男性主导的社会。）本书讲述的是一家大型银行的收购历程，从亲历者的视角，按照时间顺序，解密了韩国政府如何应对朝鲜战争结束以来所面临的最大危机，以及我们作为投资者参与这个过程所见识的曲折复杂、跌宕起伏的内幕。

第1章　钱能通神

　　几年前，怡和控股集团的几位高管请我在香港怡和大厦49楼吃午饭。众所周知，怡和是一家在香港成立的英国公司，已经有180多年的历史。从航空、旅游业到零售、房地产业，该集团在许多领域都有投资。公司的餐厅十分宽敞，墙上装饰的中国画色彩明亮，令人赏心悦目，窗外则是维多利亚港美不胜收的景致。

　　饭后，热情好客的东道主送我到电梯门厅。我注意到挂在墙上的一幅大型油画。因为年代久远，画面的颜色已经变得暗沉。画中是一位印度男子，头戴高高的黑色头饰，身穿长袖收腰的长袍，衣服材质像是奶油色的丝绸。他留着夸张的胡子，大腹便便，目光敏锐而友善，坐在一张带软垫的椅子上，椅子周围放着许多卷轴。他手拿一个卷轴，好像刚刚读完。他胸前佩戴着一枚巨大的金质奖章，说明曾经获得过什么荣誉。他身后的高台上，有一个巨大的壶腹黄铜花瓶，花瓶表面有一些模糊的字母。仔细一看，是几个拉丁文单词——CARITAS，英语单词"charity"（慈善）就是从这个词衍生出来的。我立刻对此人产生了兴趣。他看起来一点也不像英国人，可画像却摆在这家英国公司总部如此显眼的位置。

"这是哪位？"我问东道主。

"他的名字叫吉吉博伊，当年我们贩卖到中国的鸦片是他负责在印度种植的。"东道主漫不经心地答道，好像这个人是种白菜的。

后来我了解到，画上的人名叫詹姆塞特吉·吉吉博伊，是土生土长的印度孟买人，在英国对中国的鸦片贸易中积累了一笔财富。由于对大英帝国的"突出贡献"，他在1842年被封为骑士，并在1858年被维多利亚女王授予准男爵，成为第一个获英王授勋的印度人。

东道主的直率多少有点让我吃惊。怡和当年在鸦片贸易中所扮演的角色是众所周知的，不过我本以为他不会这么直截了当地谈论这段毕竟不光彩的历史。

"啊，"我说，"我还以为这是个尴尬的话题呢。"

"没什么尴尬的，"东道主打消了我的疑虑，"我们都说当时是女王陛下的政府授意我们做的，但现在我们已经不再做鸦片生意了。"他补充说，眼睛里闪烁着诙谐。

我俩都笑了。吉吉博伊的故事让我想到了英国在香港实行殖民统治的历史。怡和洋行（旧名"渣甸洋行"）属于最早的洋行，创办于华南地区，向遍及全球的英国殖民地销售茶叶和棉花等商品。它的另一项主要业务是向中国走私鸦片。后来清政府禁烟，扣押和销毁了这些非法货物，于是怡和的老板游说英国议会派遣炮艇攻打中国，第一次鸦片战争（1840—1842年）爆发。中国战败，被迫签订丧权辱国的《南京条约》，除了开放口岸通商外，还把香港岛割让给了英国。

香港成了西方列强对华贸易的据点。鸦片贸易仍然继续。英国逐步扩大了对香港周边地区的控制。1856年，第二次鸦片战争爆发，中国再度战败，英国又吞并了与港岛隔着维多利亚港相望的九龙半岛。维多利亚港是英国人以其女王的名字命名的。到19世纪中叶，英国人已经把香港建成一个国际贸易中心。1898年，英国又获取了香港新界地区99年的租约。新界多山，环绕九龙，与中国内地衔接在一起。

怡和与英国统治时期的香港一起发展。我就餐所在的这座摩天大楼是1972年落成的，当时是香港最高的建筑。它见证了这家商行的历史。这座楼所有的窗口都是圆形的，就像舰船上的舷窗。BBC（英国广播公司）有一部关于大英帝国的纪录片，说香港本地人将此楼称为"千孔楼"。这个"孔"的英文是"orifice"，指的是人体上尤其是下体的孔洞，是变着法子骂人的话。BBC的解说员直言不讳地评价道："毫无疑问，这座楼的地基中埋藏着创始人的良心。"

1993年我全家从美国来到中国香港时，这里仍在英国统治下，经济繁荣，平均生活水平处于世界前列，但贫富悬殊。

根据各类权威机构的评估，中国香港是世界上最自由的经济体。作为通往中国内地经济的门户，香港是许多跨国公司和国际金融机构的区域总部。以香港为中心，在4个小时的飞行距离内可以覆盖亚洲几乎所有的中心城市，包括北京、上海、东京、首尔、台北、曼谷和新加坡城。因为英语在这里几乎通用，所以外国人也可以生活得很舒适。尽管我们是中国人，香港是中国城市，但因为我们不懂粤语，经常讲的是英语，所以感觉是外来户。

来中国香港之前，我们在美国费城生活了6年，在那里我是宾夕法尼亚大学沃顿商学院的教授。常青藤大学里的学术生活舒适安逸，不过待久了就感到有点沉闷。美国大学的商学院并不完全是象牙塔，教授们往往与商界保持着密切的联系，而沃顿商学院与华尔街的联系尤为密切。虽然我从未觉得自己太脱离现实社会，尤其是商界和金融界，但我还是渴望尝尝实干的滋味。说起来有点讽刺，我教授企业管理很多年，却从没有过任何实践。

20世纪90年代初，中国的经济增长引起了华尔街的兴趣，我也怀着浓厚的兴趣关注着中国的发展。当时我的研究和教学主要集中在跨国公司的管理以及生物技术行业、创新企业的生成与发展，与中国乃至亚洲没有什么特别的关系。尽管如此，作为中国人，又经历了动荡岁月，当然情系中国［社会科学文献出版社出版的回忆录《走出戈壁》（*Out of the Gobi*）记录了我在这个动荡时期的经历］。后来我到美国求学，先后在旧金山大学和加州大学伯克利分校获得管理学和经济学硕士以及工商管理博士学位，然后成为沃顿商学院的一名教授。

我一直对中国的发展很感兴趣，而且会不时到中国走走看看。在沃顿商学院，我创办了《中国经济评论》这本学术刊物，致力于研究中国经济的改革和发展以及在全球市场中的作用。因为我是名校教授，而且对中国熟悉，当美国的公司开始进入中国市场的时候，自然有人找我帮忙。我的人生哲学从来就是时刻准备着，把握机会，所以当机会来临时，我已经做好了准备。

1992年，有几家大公司招揽我去发展中国的业务。其中有咨询公司，也有投行。最终我选择了加入投行，原因是在一个新兴市场，资本比知识值钱。什么意思呢？规模不大的企业不大愿意花钱买知识，出谋划策的人不大容易混碗饭吃。但这些企业都需要资本，所以替它们融资比较容易赚钱。换句话说，咨询公司极辛苦，又不容易赚钱，而投行的日子好过得多。在这样的市场，知识还不能通神，而资本可以通神，所以我认为加入投行比较有利。在中国经济发展起来之后，知识才变得越来越有价值，但那是后话了。

其中一个机会来自摩根银行，来招聘我的人叫作塔德·毕扎克。此人身材高大，目光和善，很有幽默感，一聊就知道他经验丰富、精明能干。毕扎克当时担任摩根银行亚洲区总裁。我们第一次见面的时间是1993年年初，他约我去纽约市的一家餐馆吃午饭。我原以为他会告诉我在摩根银行工作有多棒，但是出乎我的意料，他用敏锐的目光盯着我说："这份工作很难。"他解释说，对于投行的业务我要从头学起，而开发中国市场更是艰难。这是他的经验之谈。不过他认为，我具备成功所需的条件。

我发现毕扎克务实、坦率，与华尔街很多银行家言过其实的风格截然不同。他了解中国市场，尤其是其中存在的各种挑战和陷阱。我很快就喜欢上了他，而且想到要做一些新的尝试，面临新的挑战，我不由感到兴奋。

给我的头衔是副总裁兼摩根银行在中国的首席代表（在2000年，曼哈顿大通银行收购了摩根银行，两者合并后改名为摩根大通银行，但那已是在我离开之后）。在工业企业中，副总裁位高权重，一个大公司没有几个副总裁，每人管着一条业务线和一大群人。但在投行中，"副总裁"不过是个头衔，多得不可计数，手下没有几个人。投行中副总裁以上的职称是"董事总经理"，从职称上来讲就顶到头了。我心说虽然干投行我是新手，但好歹在沃顿商学院当了6年教授，就凭这个资历，也应该给个董事总经理的头衔。毕扎克让我到摩根银行的两位副董事长那里去争取，但一谈反而露馅了，暴露出我对投行一无所知。最终我还是接受了摩根银行的聘请，虽然不喜欢副总裁的头衔，但我想只要在工作中证明自己，提升只是早晚的事。

我在摩根银行的工作主要是争取客户（通常是大公司）聘请我们做海外上市发行股票筹资的承销商，或者为它们提供其他金融和咨询服务。承销股票对投行来说是极其有利可图的。通常情况下，投行承销上市首发股收取的费用按照所筹集资金的比例计算。假如客户筹集10亿美元，我们收取5%的费用的话，那就是5 000万美元（实际收费的百分比有所不同）。然而，当时在中国，获得监管部门批准到海外上市且具备上市条件的企业寥寥无几，所以投行之间的竞争十分激烈。

我们举家迁居到香港是在1993年，那时内地仍然相当贫穷。当年，中国内地的GDP只有4 400亿美元，相当于美国（约6.8万亿美元）的1/16、日本（约4.4万亿美元）的1/10。和发达国家相比，中国内地的人均GDP微不足道。到2020年，中国内地的GDP如果以美元计是美国的3/4，是日本的3倍，但以实际购买力计算，中国内地的GDP已经超过了美国。

20世纪90年代初，中国内地的经济发展仍处于早期阶段，任何有些规模的企业都是国有企业。这些企业的组织结构大多不是公司，而是工厂。这些工厂就像是政府部门的延伸，厂长向主管同行业的政府部门报告，譬如纺织厂的上级机构是纺织部，钢铁厂的上级部门是冶金部，而汽车厂则归机械部管。要在海外上市，它们必须先重组为股份制公司。只有中国证券监管部门精心挑选出的企业才能到海外上市，合格的寥寥无几，1992—1994年的三年之中，只有31家企业获批在海外上市。结果是每年抢着做上市承销的外资投行比获批上市的企业还要多。

我很快就意识到，不仅我是投行新手，我的东家摩根银行也是投行新手。

摩根财团历史悠久，可追溯至1871年。但到了20世纪30年代，《格拉斯−斯蒂格尔法案》将摩根财团一分为二，拆分为投行摩根士丹利和商业银行摩根银行。从此，摩根银行就离开了投行业务，直到1989年才有限恢复。

在1929—1939年期间，美国经历了大萧条，大量企业和银行倒闭，股票市场暴跌。美国立法机构中有不少议员认为，造成银行和企业倒闭的一个重要原因是银行操作时产生的利益冲突。譬如银行给企业贷款，当企业无力还款的时候，同一银行又给企业安排上市，发行股票筹资，而筹来的资本金用来偿还该银行的贷款。这等于是银行嫁祸于人，一旦企业倒闭，最终遭殃的就是股市的投资者。为了根除这样的利益冲突，《格拉斯−斯蒂格尔法案》强制分拆所有银行的投行和商业银行的业务。商业银行接收存款和发放贷款，但是不能承销股票；投行承销股票，但是不能吸收存款或做贷款业务。

直到我进入投行的4年前，法律才放宽，允许像摩根银行这样的商业银行开展投行业务，但是仍然有种种限制。到了1993年，摩根银行的投行业务仍在发展之中，其经验、业绩和承销能力自然远不如摩根士丹利和高盛等老牌投行。这些老牌竞争对手在市场上被称为"凸出类"投行，因为在股票发行文件的封面上，它们的名字往往位列最前，且印刷时使用的是凸出的粗体字。

摩根银行在投行方面的先天不足，我是在加入之后才了解到的。由于作为投行它的业绩乏善可陈，所以在市场上难以与凸出类投行竞争。此外，摩根银行在美国有一定的股票销售渠道，但在中国香港市场则很有限，相比凸出类投行或是香港本地的证券公司，毫无优势。加上大多数中国内地的企业选择在香港上市，所以可供我们选择的客户群就更有限了。

所幸，中国的企业家大多不太了解海外资本市场或外国投行的异同，他们也在学习和研究，欢迎专家讲解释疑，帮助解决问题。我在美国当过教授的背景、对资本市场的知识和对中国的了解就派上了用场。我感觉和客户开会就像是相互上课，我们讲他们不懂的，他们讲我们不懂的，只要你知无不言、言无不尽，又虚心倾听、认真讨教，很快就能建立起信任，多少扭转了摩根银行与竞争对手相比经验和承销能力不足的劣势。

每一个投行都要显示自身的能力，最好的工具是承销股票发行的排行榜。这就好像大学毕业生找工作，成绩和排名就是自己能力的凭据。所不同的是，投行往往用自己而非第三方机构制作的承销股票发行的排行榜。这里面的学问就大了，可以根据各种分类的方法使自己名列前茅。举个极端的假设例子，如果一个排行榜显示该投行为韩国企业在美国市场承销股票首发方面排名前三，有可能是因为 5 年内上市的 100 家韩国公司中，只有 3 家选择了美国市场首发股票，而该投行在此期间能够为其中一家承销。对并不深究的客户来说，跻身前三名就有足够的说服力了。

当然，我们的竞争对手也有自己制作的排行榜，而且往往有在中国市场承销首发股的业绩，如此一比，我们往往相形见绌。为了赢得客户的信任，我和团队只能加倍努力，频繁拜访企业家，为他们出谋划策，建立相互信任。我觉得自己就像橡皮糖，没完没了地粘在客户的身上。即便如此，也很难取胜，因为当时干这行的，还有些潜规则：没有一些过硬的关系，再有本事、再努力也未必能打动客户。

功夫不负苦心人。几个月后，我所代表的摩根银行，最终被东风汽车公司任用为首发股的主承销商。那天我在家中，东风汽车主管股份制重组上市的副总经理沈宁吾打来电话告诉我这个好消息。放下电话，我长时间绷紧的神经骤然放松。妻子看着转过身的我大叫："哎呀，出血了！"我这才意识到鼻血如注，洒满衣衫。可见精神压力之大。

东风汽车以前叫作中国第二汽车制造厂，简称"二汽"，是中国三大汽车制造商之一。另外两家是"一汽"和"上汽"。东风汽车的总部坐落在湖北的十堰，顾名思义，深山沟堰之中。离十堰最近的市镇就是襄樊，古城襄阳和樊城合在一起的称谓，就像武昌、汉阳和汉口三镇合称为武汉一样。走山路去东风汽车将途经中国道教名山武当山。

从襄樊到十堰，可以开车，也可以乘火车。由于要翻山越岭，乘火车安全得多，但是时刻表往往衔接不上飞机抵达的时间，所以大部分时间只能乘坐公司派来的汽车。走山路，要4个多小时才能抵达。山路极为崎岖，坑洼不平，颠簸剧烈，一会儿工夫，我觉得浑身的骨头都快散架了。一条窄路，一边依山，悬崖峭壁，另一边临谷，沟深峡陡，十分险峻，让人提心吊胆。那条路险象环生，有几次我看到了掉下峡谷的车辆残骸。虽然危险，但我们从未退缩，为了节省时间，很少选择等火车，而是坐汽车。仅1994年这一年，我和同事就在这条路上走过20多次。所幸每一次都毫发无伤。但说老实话，我不放心公司派来的司机的驾驶技术，后来混熟了，大部分时间由我来驾驶，心里踏实一些。而且干了东风汽车上市这个活儿，我再也不晕车晕船了，那条山路把我锤炼出来了。

东风汽车始建于 20 世纪 60 年代，正值中国与苏联关系紧张的时期。为了备战的需要，中国大规模建设了三线工程。所谓三线工程，就是把本来应该建设在沿海发达地区的工厂转移到西北和西南"三线地区"的深山峡谷之中。我想这个战略和抗日战争的经验有关系。那时日军虽然占领了沿海的大半个中国，但始终无法染指包括西北和西南在内的中国大后方。如果再打起仗来，有了三线地区的工业，就有了牢固的大后方。但正是由于地处偏僻，交通不便，建设在三线地区的工业不可能产生很好的经济效益。东风汽车在十堰生产的卡车，有的是用铁路运出来的，还有的就是沿山路开出来的。我当时就想，在这样坑洼不平的路上开四五个小时开出山来，好车也颠坏了。

整个十堰市是东风汽车的厂区，也是一个小社会，设有自己的学校、商店、宾馆、医院等。所有这些设施都是为东风汽车的员工以及他们的家属服务的。东风汽车要上市发行股票，就必须变成股份制公司，还必须把社会服务功能和非营利部门剥离出去。我们所要做的，就是帮助东风汽车重组成一个海外投资人愿意投资的公司，把公司增长和盈利的前景用招股说明书的形式向投资者讲清楚。

东风汽车的高管中有好几个都是清华大学的毕业生，譬如总经理马跃和副总经理沈宁吾。有的厂子是直接从上海搬迁来的。我到车间去，经常听到工程师和技术人员用上海话沟通。山沟子里，有这么多高级技术人员，可谓藏龙卧虎。几十年中，他们在如此困难的条件下搞出中国第二大汽车制造厂，让我不由肃然起敬。

东风汽车的高管和技术人员对卡车制造非常了解，但对国际资本市场完全陌生。有一次，他们给我讲了一个故事，说明他们对于国外的事情有多么孤陋寡闻。

东风汽车与法国雪铁龙就合资项目谈判。东风汽车的高管团队受邀访问法国。雪铁龙的董事长设家宴招待客人，董事长夫人拿出最好的银质餐具，准备了最好的法国菜。中国客人入席后，都展开餐巾，开始擦拭刀叉。女主人惊呆了：难道他们认为家里的餐具不干净吗？她感到备受羞辱，哭了起来。这些中国客人看到女主人伤心落泪，大感诧异，面面相觑，不知她为何如此。

原来，十堰比较落后，卫生条件差。这些高级知识分子都很讲究卫生，每次饭前总是用手帕擦一擦筷子，也会先用开水来冲洗碗筷，这成了他们多年养成的习惯。这次在雪铁龙董事长的家里，他们只是下意识地重复了习惯性动作，不料无意之间伤害了女主人的自尊。幸亏他们没有要来开水自己消毒餐具，否则彼时彼地那个合资项目就泡汤了。总之，无论是搞股改上市还是了解国外市场，东风汽车都需要外国银行和顾问的帮助。

承销东风汽车的海外上市，我们面临着艰巨而复杂的任务。这家企业需要重组为能够长期赢利的股份制公司。这就需要决定什么资产纳入上市公司，什么资产剥离出来。按照海外上市的规则，我们还要和公司聘请的境外会计师事务所合作，请他们按照《国际会计准则》编制股份制公司过去三年的财务报表。但是股份制公司以前并不存在，所以很多历史数据的编制口径可能完全不同，只能从头做起。试想过去一家两口算的是一笔账，在一个锅里吃饭，现在打离婚官司，法院要求双方把过去三年各自的收入和开支都分开算清楚，这该有多难？更何况一个偌大的社会型企业要分家，把历史旧账都重新算，编制成符合《国际会计准则》的财务报表，岂非难上加难？

当时，摩根银行的内部组织分为市场和产品两个部门。市场部门是以地域划分的，譬如中国内地、中国香港、韩国、日本等。每一个地域有一个主管，而亚洲各个国家和地区的市场主管向亚太区的主管报告。产品部门则是全球性的，譬如股票承销、债券发行业务都属于产品部门，其员工无论在世界任何地方，都直接向坐镇纽约总部的产品部门主管报告，而不是向区域主管报告。市场部门必须和产品部门配合才能完成客户交给的任务。譬如帮助客户上市发行股票，市场部门负责争取获客户聘用，之后与产品部门合作，为客户做上市前重组等准备工作，然后由产品部门承销股票。这两个部门之间的配合，就好像市场部门出去打猎，产品部门负责烹饪，才能做出一道菜，缺一不可。

市场部门没有产品部门做不成菜，但产品部门的食材来源于不同地域的市场部门，所以并不依赖某个地域提供货源。股票承销部门既可以承销中国企业的股票，也可以承销韩国、印度尼西亚或菲律宾企业的股票。这样问题就来了。亚洲其他国家的企业向来就是股份制公司，有现成的按照《国际会计准则》审计的历史财务报表，如果要上市首发，直截了当，产品部门接过来承销就是了。中国的情况特殊，市场部门拿回来准备上市的企业既要重组，又要剥离，还要盘点，再要重新编制财务报表，等等，极其复杂。当时摩根银行的产品部门比较薄弱，在香港只有两三个人。从韩国、东南亚市场拿来的食材，直接下锅就行了。从中国拿来的猎物，就麻烦多了，需要开膛破肚、褪毛去骨。所以对产品部门来说，中国的生意都是难啃的骨头，因此也不是重点。产品部门不重视，当然影响我们发展中国市场的业务。

我后来才意识到，摩根银行发展中国市场的唯一途径就是成立专门负责中国市场的产品团队。如此，市场部门和产品部门的利益就一致了，共同开发中国市场，效果会好得多。但当时中国的业务量大概并不足以支撑专门针对中国市场的产品团队。总之，我在摩根银行期间，做中国企业的发行承销，产品部门是个瓶颈。当然也不全怪他们。当时的中国企业确实存在大量问题，不易解决。譬如东风汽车的一个大问题就是庞大的应收账款收不回来，所以虽然有利润，但是没有现金流。如果这个情况无法根本改变，它就无法上市发行股票。

无论如何，当时的摩根银行在中国市场作为不大，虽然力气花了不少，但是往往事倍功半。到 1995 年，来了一个新的亚太地区总裁。他认为亚洲最有发展前景的市场是印度尼西亚以及其他东南亚国家，所以干脆把亚太总部从东京搬到了新加坡。这是一着错棋，不久就被验证了。1997—1998 年亚洲金融危机爆发，东南亚市场几乎崩溃。其后不久，也就是在我离开摩根银行一年后左右，摩根银行干脆关闭了在中国香港的办公机构，遣散了员工，也就终止了中国内地和亚洲其他大部分地区的业务。多年以后，它卷土重来时，已经是摩根大通银行了——被曼哈顿大通银行收购后改了名字。在 2008 年美国金融危机之后，摩根大通银行不但得以幸免，而且将几家濒临破产的银行纳入囊中，成为美国实力最为雄厚的银行，还全面发展投行业务。今天的摩根大通银行，和我熟悉的过去相比，已经不可同日而语。

当时中国市场确实太难。优质企业很少，围绕它们的竞争非常激烈。争取到客户聘任的过程不透明，甚至灰色。我逐渐感觉到，搞投行只有 20% 是搞金融，80% 是搞关系，这实在不适合我干。更令人沮丧的是，一些好不容易获取的客户聘任无法执行，或者执行得太慢，以至错失良机。东风汽车的上市就是如此，千辛万苦之后，我们最终没有搞成。直到 10 年后的 2005 年，东风汽车才得以成功上市。

我一直拼命工作，还"因功"晋升为董事总经理。但我越来越不喜欢投行的工作，套用李太白的诗句，我深感自己的工作是"摧眉折腰事权贵，使我不得开心颜"。我想离开了，但是还要等待机会。

* * *

1997 年 9 月中旬的一天，我在香港与唐开罗共进早餐。唐开罗身材高大，皮肤白皙，体格健壮，仪表堂堂，见人时笑容灿烂，握手有力，让人感到真诚、友好可亲。

唐开罗是新桥的合伙人，时年只有 36 岁，但已经在私市股权投资领域工作了十几年。新桥是由大卫·庞德曼所领导的德太和美国旧金山知名投资者迪克·布朗姆合办的专门针对亚洲市场的投资公司。新桥创建于 1994 年，最初是一家中国投资基金，资本金不足 1 亿美元，但后来其投资的范围扩大到了整个亚洲。唐开罗的搭档——另一位执行合伙人最近刚刚离职，新桥正在通过猎头公司寻找一位熟悉中国市场的继任者。

此前，我唯一一次接触私市股权投资业务时，甚至还不知道它的称谓。加入摩根银行后不久，我的老板塔德·毕扎克把我拉到一边，告诉我，摩根银行的一位副董事长要求我们研究一下投资亚新科这家公司的可行性。因为大家觉得我了解中国的情况，所以毕扎克派我去调查。

亚新科的总部设在美国，与多家中国汽车零部件生产商组建了合资企业。当时该公司正打算筹集 4 亿美元的资本金，而华尔街各界兴趣浓厚。我和摩根银行专门负责自有资本金投资部门的一位同事与几位亚新科高管一起考察这些潜在的中国合资伙伴，其中大多数在中国北方工业公司旗下。北方工业的主业是国防工业，但也经营着大量其他业务，包括汽车零部件生产，在全国各地都有分部。

我们先参观了该公司在北京的总部，然后前往多个省份考察了该公司的汽车零部件制造商。我对所看到的一切感到失望。我的印象是，几乎所有这些公司都经营不良，而北方工业正在想办法挽救它们。从北方工业的角度来看，亚新科提出的投资方案似乎是一个完美的解决方案，但亚新科如何从中获利，我就搞不明白了。回来之后，我写了一份调查报告，结论是不推荐投资。最后，摩根银行没有投。

后来，亚新科成功筹集到了大约 4 亿美元的资本金，但若干年后，几乎赔光了所有的钱。2006 年，年轻时曾在亚新科担任分析师的祈立天出版了《中国通》（*Mr. China*）这本书，详细描述了亚新科近乎灾难性的经历。我应该是帮摩根银行躲过了一劫。

尽管沾过边，但我对私市股权投资还是知之甚少。与唐开罗见面几天后，我接到猎头公司主管的电话。他说新桥想邀请我去旧金山面试。我挺喜欢唐开罗的，但我当时并没有打定主意，之前也从未听说过新桥这家公司，我觉得大老远飞到旧金山去了解这份工作不值得。但我并没有关上这扇门，表示若新桥的合伙人来香港，我很乐意与他们会面。

1997 年 10 月 23 日是个周四。我请了一天假，与妻子石滨去香港时代广场购物，那是一个位于铜锣湾熙熙攘攘购物区的多层购物中心。那一天，铜锣湾似乎比平时更拥挤，一大群人簇拥在广场，仰头观看一个巨大的电视屏幕。我抬头望去，看到屏幕下方滚动的股票行情，所有股价都在下跌。屏幕中间是追踪香港联交所的恒生指数的盘中图。到中午时分，恒生指数已经下跌超过 1 000 点，跌幅接近 10%。那天收市时，恒生指数暴跌了 16%。

这几个月来，亚洲所有股市一直在震动中下跌。7 月，泰国货币泰铢贬值，引发了从印度尼西亚到韩国的整个亚洲地区货币贬值的连锁反应。投资者纷纷逃离市场。香港股市崩溃意味着一场全面的金融危机的到来。在这种市场条件下，没有一家公司能够发行股票或债券，对投行来说，亚洲资本市场在很长一段时间内会萧条，没有生意可做。

大约 10 年后的 2008 年，随着雷曼兄弟的破产和金融市场的崩溃，类似的场景也在美国上演。

我转过身，看到平时对股市毫不关心的妻子也在盯着屏幕。我说："我打算加入新桥了。"

"新桥是干什么的？"她问。

我把对私市股权投资的一知半解讲给她听，说这是一家搞投资的公司。

"你为什么突然决定换工作？"她困惑地问。

"资本市场的冬天来了，投行业务都要冻结，很长时间都没事儿干，"我说，"该加入买方了。"

投行被认为是卖方，向客户"卖"产品和服务，并帮助客户向投资者"卖"或推销自己，筹集资金。相比之下，私市股权投资则是买方，"买"或投资企业，将其改造或发展之后，卖出获利。亚洲资本市场火爆时，各类证券很容易卖，所以做卖方是件好事。但一旦市场崩溃，资本市场就变成了买方市场。此时现金为王，买方可以较低的价格收购资产。亚洲金融危机带来了严重的经济创伤，但也创造了难得的投资机会。因此，我顿时觉得新桥这个潜在的机会产生了很强的吸引力。

时和势往往决定命运，但很难预料。能不能把握住，就看自己了。

不久，我在香港面见了新桥的两位联席主席——迪克·布朗姆和大卫·庞德曼。布朗姆我以前见过一次，但这是我第一次见到庞德曼，尽管之前有所耳闻。两人都身材高大，1.9米左右，给人的印象是友善而随意。我们在轻松的气氛中交谈，不时穿插笑话，不像是面试，而像是闲聊天。虽然我认为中国市场有很好的投资机会，但我主要讲的是困难和外国投资者所面临的风险。其实他们对此已经有了相当透彻的了解，因为那时新桥在中国的大部分投资陷入了困境。

新桥规模不大，第一期基金规模不足1亿美元，而且基本投完了。投资的对象有的在中国，有的在东南亚。在中国投资了一些知名品牌，譬如上海的大白兔奶糖和徐州的维维豆奶，但是这些企业在新桥投资之前赚钱，之后反而赔钱了。原因是老股东在生产或销售的环节上做了手脚，所以现金流不到合资企业的账上。在我加入之前，新桥在中国的投资项目没有一个是赚钱的，所幸后来也没有亏多少，大部分通过关系和谈判好歹把本金收回来了，其中一个收回本金用了近20年的时间。所有这些我都是后来才知道的，如果当时就知道了，我可能不会走这步棋。

和两位大佬面试不久，新桥邀请我加盟，做合伙人。基本工资不如我在投行优厚，但是投资获利了有若干比例的分成，这是投行所没有的。我当时认为获利的分成是个虚无缥缈的东西，要是投资不成功不就没有分成吗？我更关注的还是基本工资，认为那才是实打实的。后来才知道，对于一个成功的私市股权投资公司，基本工资与获利分成相比几乎是微不足道的。但我当时不懂，也无从判断未来投资是否会成功，所以我没有马上接受新桥的条件。

其实我对投行已经完全失去了兴趣，去意已决，多少钱都留不住我，但我也不愿屈就任何其他机会。双方通过猎头公司谈判，最终我提出了一个薪酬数字。此后一两周，杳无音信。我以为此事黄了，他们一定认为我要价太高，知难而退了。我有点遗憾，但也泰然。我想天下之大，新桥是个不知名的小公司，此路不行，或许还有其他机会。

就在此时，猎头公司的总管给我打了一个电话，说对方全盘接受了我对薪酬的要求。

我问他，这么棘手的问题久谈不拢，何以迎刃而解了呢？我想知道什么"刃"解了这个结。

他说，庞德曼听说了和我谈不拢的原因，只说了一句话："他要啥就给啥吧。"

庞德曼是德太的创始人，也是新桥的联合创始人。此人投资非常成功，在业界很有名气。他眼光独到，投资常常出人意表，常常逆市场而动。譬如他收购破产了的美国大陆航空公司以及倒闭了的美国储蓄银行，都是经典的逆市而行的佳作，获利甚丰。此人做大事不计小利，所以他一句话，就决定了我在投资行业的生涯。当然，我当时并没有想到那么远。

其后，唐开罗邀请我去旧金山。德太和布朗姆的公司都在那里。此行的第一个目的是见见这两个公司其他的合伙人，算是最后一轮面试吧，虽然我清楚这次不过是走形式，主要是和他们相识。第二个目的是签订聘书。

圣诞节前一周，我到达旧金山。第二天与德太的人逐一会面。入夜，唐开罗请我吃饭。这家餐厅就在我入住的酒店不远处，显然很叫座，里面座无虚席。菜谱上多是海鲜，竟然还有整只的清蒸蟹。在美国，需要食客自己动手剥开蟹壳的餐馆不多，而硕大的螃蟹是旧金山附近海域的特产，渔人码头很多摊位专卖此类。我知道商务餐的一个原则是要吃相斯文，不能点需要下手或者吐刺的菜肴，但我无法抵挡旧金山大螃蟹的诱惑。我看唐开罗很随和，知道他不会介意。结果，在这顿应该是最终面试的晚餐上，我一边和他聊天，一边忙得不亦乐乎地夹螃蟹腿、剥蟹肉，小心翼翼，生怕划伤手指。

饱餐一顿之后，我在聘书上签字，成为新桥的合伙人，答应在新年到任。

当时新桥的团队只有几个人。其中有一位叫陈焕彪，英文名字叫Paul，在中国台湾长大，毕业于哈佛大学。他中文说得流利，但英文比中文强，而且谈生意只用英文，和我交流也基本用英文。我加入新桥两年之后，有一次他告诉我，当年我第一次和庞德曼面试之后，庞德曼回到新桥的办公室，他问庞德曼对单伟建其人印象如何。庞德曼回答道："这个家伙根本不知道PE（私市股权投资）是怎么回事。"

当然，庞德曼说得对，我那时确实对PE一无所知。后来我问他："既然你认为我一窍不通，为什么当初还聘我？"

"因为你的个性，"他说，"而且我觉得你能学会的。"

他说得对。但我要学的很多。

第 2 章　火中取栗

　　纽约的秋天，和北京的金秋一样，气候温和宜人。早上 8 点左右，我和唐开罗走出斯坦霍普酒店。初升太阳的光芒照在脸上，暖洋洋的。酒店的大门面向纽约最有名的第五大道，大道上此时已经是车水马龙。人行道上，上班族们匆匆走过。一辆黑色轿车已经在道边等候我们。

　　那是 1998 年 9 月 15 日，我已经在新桥工作 9 个月了。我加入的时候，新桥的第一期基金差不多投完了，此时我们在募集第二期基金。去纽约的目的就是拜访各个投资机构。

　　上车后，我打开了一个文件夹，里面是香港办公室昨天夜里传真来的文件。其中一份是陈焕彪发来的，附上了两个"吊胃菜"（teaser）。这个词的翻译是我自创的。英文"teaser"的意思就是用以挑逗或吊胃口的东西。投行经常用这个词，意思是一个投资项目的简介，用来吊投资者的胃口，勾起兴趣。如果读了之后感兴趣，就可以进一步接触。

　　两个"吊胃菜"是关于出售韩国两家全国性商业银行的简介。一家是韩国第一银行，另一家是汉城银行。两家均已倒闭并被政府收归国有。陈焕彪在传真中解释说，韩国政府已经聘请投行摩根士丹利做财务顾问，拍卖这两家银行的控制权。

提到汉城银行，就要顺便说一下，为什么我用"汉城"而不是"首尔"来称呼韩国的首都。原因很简单，韩国首都的官方中文译名是在 2005 年才改成"首尔"的。此前，自古以来，都是"汉城"。本书中的故事发生的时候，这座城市叫作汉城。

朝鲜在历史上是中国的藩属国。明朝的时候，丰臣秀吉统一了日本，雄心勃勃，遣兵入朝，意图吞并朝鲜之后，再进一步征服中国。他甚至打算让日本天皇移都北京，而自己"居守宁波府"。朝鲜不敌，向明朝皇帝求救。明朝出兵，最后和朝鲜军队一起打败了倭寇。这次战争，朝鲜史称"壬辰倭乱"（1592—1598 年），出了一个前无古人、后无来者的朝鲜民族英雄——水军统领李舜臣。他最终在与日本水师的鏖战中和明朝副总兵邓子龙双双阵亡。虽然主帅阵亡，但中朝联军大胜。此役朝鲜史称"露梁大捷"，中朝以战船 12 艘几乎全歼日本战船 300 艘。此后 300 多年，日本未曾踏足朝鲜。

不消说丰臣秀吉想吞并中国是蚍蜉撼树，不自量力，以区区岛国之力，妄图征服幅员广大的天朝上国。二战时日本对美国开战，证明了国力最终决定胜负。但在冷兵器时代，靠的多是战力，未必是国力，以战养战就可以驰骋天下了。有明之前，蒙古人灭宋，建立元朝。北宋的人口有 1 亿多，到了南宋，也有 8 000 万。蒙古满打满算只有一两百万，凭一二十万骑兵，横扫欧亚大陆。明朝人口达到 2 亿，却败在清军的马蹄下，当时满族人不过百万，入主中原。所以，丰臣秀吉并非完全异想天开。他伐朝鲜时发步卒十五六万，还有预备队 10 万，水师近万人，战船 700 艘。日本少的是当时的先进武器——战马，因此缺少骑兵。所幸他没有得逞。

到了晚清，中国在甲午海战中战败，日本占领了朝鲜，并在 1910 年正式将朝鲜纳入日本版图，朝鲜沦为殖民地。其后，朝鲜的仁人志士在上海成立了流亡政府，以图光复，一直得到当时中国政府的支持。孙中山先生说，朝鲜与中国"同文同种"，所以支持流亡政府是义不容辞。"同种"自不必说，"同文"是指朝鲜自古以来使用汉字，文书用汉字的文言文书写。虽然朝鲜的世宗大王在 1446 年颁布了"谚文"——一种表音文字，即今天韩国和朝鲜使用的朝鲜文，但汉字一直在使用。1945 年日本投降之后，朝鲜分裂成韩国和朝鲜，后来两国都推广谚文的使用，但汉字仍然广泛应用，所有的地名和人名都用汉字。譬如韩国的首都是汉城，穿城而过的是汉江。直到 2005 年，韩国才正式要求将"汉城"译为"首尔"，音从韩语的发音。

时至今日，坐落在首尔的旧王宫正门，匾额上书写的是汉字"光化门"，前面的广场称为光化广场。广场中心有李舜臣将军的立像，站在一座丰碑之上，碑文也是汉字书写的"忠武公李舜臣将军像"。

言归正传。亚洲金融危机重创韩国。到 1997 年年底，韩国濒临主权债务违约。由于资金大量外逃，外汇储备骤降至 89 亿美元，按照资本外逃的速度，仅一两周就会用罄。1997 年韩国股市暴跌 49%，韩元对美元贬值 65.9%。在此危急关头，政府鼓励百姓卖黄金首饰，以补外汇之需。这当然是杯水车薪。

韩国落到这步田地，对韩国人来说，实乃奇耻大辱。1950—1953

年的朝鲜战争使整个半岛饱受蹂躏，民不聊生。战后，依靠美援和借外债发展工业，依赖出口赚取外汇，韩国经济得以迅猛发展。到20世纪80年代，韩国变成了代表亚洲经济发展奇迹的"四小龙"之一。在亚洲金融危机之前，韩国已经跻身世界富国之列——于1996年加入了被称为"富国俱乐部"的经济合作与发展组织（OECD，以下简称经合组织）。它是继日本之后第二个加入经合组织的亚洲国家。1997年的金融风暴，有可能将韩国几十年来的发展成果毁于一旦，使4 000多万人民重陷贫困之中。

韩国经济崛起的部分因素是其银行体系。银行将资金源源不断地输送到汽车、钢铁、造船和石化等行业的财阀手中，促进了它们的腾飞。韩国财阀是该国特有的一种由家族控制的企业集团，其中包括中国人耳熟能详的三星集团、LG集团、现代集团等。政府对财阀给予政策支持，因此它们也成为银行优惠贷款的对象。

那时，韩国银行贷款的方向偏重政府的指引及个人关系，而借贷人的还款能力则在其次。银行尤其支持出口企业。因此，像现代、三星和大宇一类的财阀集团可以利用贷款的高杠杆在海外市场迅速扩张，而在国内市场，它们得到贸易壁垒的保护。

我记得在20世纪八九十年代，日本汽车在全球市场攻势凌厉，触目皆是。在美国市场，通用、福特等老牌汽车公司在与丰田、本田等日本汽车公司一竞高低时都难以招架。我在80年代末初访韩国时，发现大街上跑的都是韩国造汽车，几乎见不到一辆日本汽车。我想韩国是《关贸总协定》（GATT，即世界贸易组织的前身）成员，应该给予其他成员同等最优惠关税待遇，为什么日本汽车卖不进来呢？韩国的一位教授告诉我，在韩国，你可以买日本汽车，质量好，也不贵，但是买了之后你每年递交的个人所得税报表更可能受到税务部门的审计。谁会找这种麻烦呢？大概就是这种无形的壁垒将许多外国货拒之门外。当然，不少韩国民众出于历史原因怀有仇日情绪，这可能也是一个因素。

因此，韩国财阀集团的平均杠杆率很高，可谓负债累累。在发达国家的银行监管规则中，限制银行贷款的风险过于集中。一般来说，一家银行对一个企业的贷款额，不能超过这家银行自身资本金的一个比较小的百分比，譬如10%。目的是分散风险，即使借款人倒闭，也不至于把银行拖垮。韩国在当时没有这样的限制，所以一家银行对一个企业的贷款额可以高达银行自身资本金的50%。因此，韩国银行体系内蕴含着极高的风险，一旦经济危机到来，整个系统都可能轰然倒下。1997年，这果然发生了。

韩国的银行在战后的历史上一直与政府存在着依附关系。朴正熙总统1961年上台之后，将所有银行都收归国有。直到80年代中期，这些银行才在名义上重新私有化，但是它们仍然听命于政府，是国家发展经济的工具。由于银行经营的目的是支持企业和国家的经济发展，而不是利润最大化，所以赢利能力极低。咨询公司麦肯锡的一项研究发现，按资产回报率衡量，韩国银行的赢利能力仅为世界顶级银行的1/10。用一位分析师的话来说，韩国银行经营的目的不是要它们走强，而是"尽可能走弱"，也就是不大赚钱。

此外，韩国国内的储蓄率一直很低，经济发展的资金来源大多依赖外国贷款。这与中国经济发展的轨迹形成鲜明的对照——中国固定资产投资主要仰仗国内的高储蓄率。世界银行的一份研究报告称，如果韩国仅仅依靠国内储蓄发展经济，其经济在1962—1982年的年均增长率仅会是 4.9%，而非实际取得的 8.2%。

金融风暴一来，依赖外国贷款的弱点就暴露出来了。外资争先恐后逃离，外国债权人只想收回贷款，无意续贷。这样有出无进，立刻给韩国带来了十分严重的资金流动性危机。据估计，截至 1997 年年底，韩国银行从国外借来的钱中有 61% 为不足一年期的短期贷款，它们转手把这些资金贷给企业，也是短期贷款。贷款的许多企业，尤其是财阀集团，却把短期贷款用来投资长期项目。它们原本不必担心贷款到期时无法偿还，因为银行都是习惯性地展期续贷，不断滚动，但是一旦外资撤离，这个游戏就玩不下去了。

1997 年一年之内，韩国有 7 家大财阀集团陷入财务危机或宣告破产。这使外国债权人更加惶恐，更无意对到期的贷款展期或者续贷。还外债要用外汇，这又造成韩国银行（韩国央行）的外汇储备急剧减少。

到 11 月底，眼看外汇储备快见底了，韩国政府只好紧急向 IMF 和世界银行求助。双方经过谈判，于 12 月初达成了 580 亿美元的救援计划。这是 IMF 截至当时金额最大的一次救援。即便如此，也未能阻止颓势。韩国银行 1997 年 12 月 18 日的一份内部报告估计，到年底其外汇储备剩下的金额大概会介于 -6 亿美元和 9 亿美元之间。据此，经济学家金奇焕后来写道："难怪外国债权人会加快步伐从韩国撤资，在签订国际救援计划后，还不到两周，韩国就再次濒临主权违约。"

主权违约的意思是一个主权国家无法为自己在境外发行的国债还本付息，等于是政府破产。这种事情在历史上时有发生，尤其是在拉丁美洲国家，其后果是资金来源长期断绝，导致持久的经济衰退。主权破产类似个人破产，一旦发生，很难再翻身。

最终，有了国际救援，加之有些外国银行也同意延长贷款期限——同时大幅提高利率，韩国终于逃过一劫。但 IMF 救援计划是有条件的，包括要求政府采取紧缩政策，重组银行体制以及财阀集团。还有一个条件是要求韩国政府将两家已经倒闭并且收归国有的银行，即韩国第一银行和汉城银行，卖给外国投资者。引进外资很显然是为了将信贷文化引入韩国的银行体系。出售这两家银行不仅仅是出于对资本金的需求，也是危机后韩国银行改革的重要组成部分。

对于将全国性银行的控制权卖给外资，无论是在韩国政府内部还是在民众之中，都有强烈的抵制情绪，很多人认为这是城下之盟，几近丧权辱国。我于 2009 年 1 月在《华尔街日报》上发表一篇文章，评论当时的美国金融危机，比较韩国在亚洲金融危机时银行体制引进外资和中国在 2002—2005 年银行改制时引进外资之间的异同。区别在于，韩国当年是被动的，因为没钱，引资是被逼无奈之举；中国利用外资改造银行则是主动的，需要的不是资本，而是外资带来的国际先进技术和知识，包括风险管理的制度和方法。

因为不情愿，就引发了之后无穷的故事。

*   *   *

言归正传。

1998 年 9 月 15 日那个阳光明媚的纽约早晨，我们乘坐的车在拥挤的车流中缓缓前行。我在车里仔细阅读陈焕彪传过来的关于韩国第一银行和汉城银行的"吊胃菜"。那两份文件内容几乎相同，重点是："韩国政府正在寻求一家国际商业银行，通过认购新发行的普通股，购买该银行至少 50.1% 的股权。"两家银行在客户数量、分行网络、存款和贷款的市场份额方面都位于韩国最大的银行之列，都有大量不良贷款，不良率（即不良贷款占银行总贷款的比例）高达 25%。这个数字惊人。一般而言，在当时的监管规则下，银行的资本金仅占其总资产的 5% 左右。总资产中基本上都是贷款，如果有 25% 的贷款收不回来，那么产生的资产窟窿数倍于银行的资本金，也就是完全资不抵债，实际破产了。

简而言之，银行的资产是发放出去的贷款，它的负债是客户的存款。银行将客户的存款拿来，然后以贷款的形式放出去。比如存款利率是 3%，贷款利率是 5%，银行赚的就是存款与贷款利率之间的差。贷款还回来了，银行才有钱把存款交还给存款人。如果一笔贷款成了坏账，回不来了，银行就要用自己的资本金填上。如果损失的贷款额大于资本金总额，窟窿堵不上了，银行就实际破产了。

韩国第一银行和汉城银行就是因为实际破产了，才被收归国有。资产的窟窿由政府用纳税者的钱来填补，所以两家银行仍然在运行。韩国政府提出的交易条件是由政府向投资者担保这两家银行的资产，坏账或其他资产负债表上已经产生的损失基本上由政府承担。这说起来简单，但政府期待投资者承担一定的坏账风险。是否承担？如何承担？承担多少？这些都是需要谈判的。

作为韩国政府的财务顾问，摩根士丹利的任务是寻找够资格又有兴趣的投资者，并协助政府与他们谈判。招标的文件上载明，政府希望找到的投资者是"一家国际商业银行"。要想引进国际上银行管理的先进经验，找外国商业银行是顺理成章的事情，但新桥不是银行，而是一家私市股权投资公司，如何找到我们的头上了？

显而易见，现在是非常时期，韩国政府都差点破产，经济深陷低谷，外资出逃还唯恐不及，有多少人敢于铤而走险，投资韩国呢？在此情形之下，能够找到任何外国投资机构都是求之不得，哪里还能挑肥拣瘦？摩根士丹利深谙行情，大概担心无人问津，所以决定把网撒得更开。对此我并不感到意外。

摩根士丹利在中国市场常常被称为"大摩"，以区别于摩根大通银行。为叙述简便，以下也称之为"大摩"。

唐开罗坐在我的身边。我把文件递给他看。他看完之后，看着我问："你以为如何？"

我回答道："你说哪个疯子会愿意在最糟糕的经济危机之中，把钱投入一个失败的经济体，买一个失败的银行？"

唐开罗思考了一下说："我们还是应该问问庞德曼，他最懂银行。"

庞德曼有收购破产银行的经验。大约10年之前，作为罗伯特·巴斯家族投资公司的首席投资官，他在美国储贷危机期间从美国政府手中收购了破产的美国储蓄银行。

当时美国有上千家储蓄银行破产，占总数的1/3。储蓄银行是专门做住宅按揭和个人贷款业务的银行，有别于业务范围更宽泛的商业银行。危机的源头是美国为了降低通货膨胀率，提高了利率。储蓄银行此前的长期贷款利率比较低，现在获得存款的利率增加了，存、贷之间产生了负利差，这导致银行大量赔钱，最终倒闭。由于存款由联邦存款保险公司担保，所以倒闭的储蓄银行被收归国有，然后卖给投资者。当然，政府必须担保以前的坏账，才会有投资者问津。

美国储蓄银行曾是美国第二大储蓄银行。庞德曼最终和联邦政府成交。新的管理团队通过改造，将它扭亏为盈，最终售出，赚了好几倍的钱。美国当时的情况，和韩国眼下的状况，有很多相似之处。

庞德曼本来就是一个逆向投资者，眼光独到，别人不看好的企业，他可能会从中看出投资机会。他刚好计划下个月访问韩国。

几天后，陈焕彪给庞德曼和迪克·布朗姆发了一份备忘录，概述了韩国的两个投资机会，也分析了我们考虑到的利弊。

庞德曼的工作效率非常高，任何信息即见即复。他经常出差，乘坐私人飞机，每年大部分时间在世界各地跑。无论他在世界的哪个角落，24 小时之内肯定可以收到他的答复。他的传真简明扼要。

　　我认为你们的备忘录切中要害，就是说，要形成一个投资的机会，韩国政府必须改善它所建议的对该银行和对投资者提供的保护。另外，我们亲历的历史证明，如果能在经济周期的低谷收购政府给予保护的破产银行，会是极好的赚钱机会。因此，我认为你们应该参与这个拍卖过程，看看会发生什么。

此时巨大的金融风暴席卷整个亚洲，资本从各国争先恐后地外逃，恐慌情绪四处蔓延。印度尼西亚盾对美元的汇率一度下跌 86%。泰国、韩国、马来西亚和菲律宾的货币对美元的汇率下跌的幅度为 40%~60% 不等。以美元计算，亚洲股市损失了至少 75%。1998 年，印度尼西亚、马来西亚、韩国和泰国的实际 GDP 平均缩水了 11%，韩国经济下滑 7.8%，数百万人失业，无数公司倒闭。

* * *

当金融危机肆虐亚洲之际，中国经济相对来说仍然能独善其身，没有资本外逃的问题。这是因为中国的外债数量极少，而且人民币不能自由兑换，境内的资本想逃也逃不出去。中国经济的稳定和亚洲其他地区的危机形成鲜明的反差。中国的资产价值没有下跌，而境外的资产价格却跌得一塌糊涂。从投资的角度看，相比之下，中国的资产变得昂贵，而亚洲其他国家的资产变得很便宜。

市场环境和条件发生了如此巨大的变化，新桥合伙人们需要重新思考投资战略。本来新桥是专门投资中国的公司，但现在，中国以外的投资机会更有吸引力。因此，我们暂停了在中国的投资，转而在亚洲其他地区寻找机会。我们正在筹措的第二期基金，因之不再称为中国基金，而是亚洲基金。如此一来，正在拍卖的韩国银行可能会成为一个投资机会。

1998 年 10 月 9 日，我和庞德曼抵达汉城。在那里我们第一次会见了韩国金融监督委员会（以下简称金监会）主席李宪宰。参会的还有他的部下和大摩的团队。金监会是个新成立的机构，职能是帮助修复韩国金融业。金监会的办公楼坐落在汉城的汝矣岛。这是一个汉江中的小岛，虽然不大，但是国民议会和许多政府机构的办公楼都集聚在这个岛上。

李宪宰身材不高，面容清癯，透过眼镜看人，目光严肃而不严厉，自信而又充满疑问。我了解到，他本科毕业于汉城国立大学，在波士顿大学获得经济学硕士，还曾就读于哈佛大学。他的英语发音中夹杂着韩国口音。

互相介绍之后，庞德曼介绍了他投资美国储蓄银行的成功经验，重点解释了"好银行／坏银行"的交易结构。这个结构在概念上很简单，它将一个失败了的银行一分为二。所有的不良资产放进一个政府全资拥有的"坏银行"，由一个管理团队专门追讨欠款和清理不良资产。剥离了不良资产之后，银行保留的都是好资产。剥离在资产负债表上造成的窟窿由政府填补。其后，投资者投入资本金，使银行达到监管要求的资本充足率。这样，银行就变好了。

为什么要如此分拆呢？原因是如果银行账上有大量的不良资产，就没有人敢投资，因为投进去的钱只能用来补窟窿，等于是白扔了。而且，即便不倒闭，如果资产良莠不齐，银行就变成了"僵尸"，无法开展业务。因为不良贷款收不回来，银行就没有资金发放新的贷款，也没有足够的资金应付储户提取存款。陷入这类麻烦的银行，不可能起死回生，只能延缓死亡，早晚还是要完蛋。

庞德曼提出的"好银行／坏银行"的模式与大摩代表政府提出的建议并无本质不同，因为政府的建议也有保护投资者免受遗留下来的不良贷款影响。这个模式让银行抛掉历史包袱，剩下的都是好资产，新的管理团队只需集中精力建立新的风险控制系统、新的贷款审批程序，以及新的业务发展战略。如此，好银行就可以恢复增长。

李宪宰认真地听着，他的几位助手在做笔记。从他的问题来看，我发觉他思维敏捷，能抓住关键点。

最后，庞德曼表示，我们愿意提供一份建议书，但有两个条件。第一，政府愿意考虑新桥的提案。为什么这么说呢？因为政府的招标文件上载明投资者应该是国际商业银行，而新桥不是。第二，政府愿意考虑一个与大摩招标指引的条件不同的建议书。这是因为我们认为招标文件上提出的不良贷款损失和风险保护的条件是不够的。

李宪宰并没有显示出热情，但表示愿意考虑我们的建议书。我想他之所以谨慎，是因为新桥名不见经传，他可能从未听说过，所以他也吃不准我们是否有此等实力。他看着我们，问道："你们有足够的资本金来收购韩国曾经最大的银行吗？"

"资本金不成问题。"我毫不犹豫地回答，没有多做解释。

新桥的第一期基金不足1亿美元，而且已经全部投出。第二期基金还在募集过程中，目标是4亿美元。在破产之前，韩国第一银行和汉城银行各自拥有大约400亿美元的资产。即使在政府清理了所有的不良资产、规模缩小后，每家银行也需要大概10亿美元补充资本。仅靠新桥基金里的资本金是不够的，何况按照风险不能过于集中的原则，我们投入任何单一项目的金额不能超过基金总规模的20%。那么，我凭什么说资本金不是问题呢？

我的想法是，以新桥的市场影响力和众多资金雄厚的有限合伙人，如果一个投资项目足够好，筹集所需的资金就没有问题；如果条件谈不拢，我们反正也不会投入一分钱。所以，我很有信心地说资本金不成问题。这完全取决于我们能谈成什么样的投资条件。对专业投资人来说，不愁没钱，只愁没有好的投资机会。

最后，李宪宰对我们的来访表示感谢，鼓励我们尽快提供建议书。

* * *

我们发现汉城的气氛相当压抑。每一家公司都在努力筹集资金。

整个国家都缺钱。在经济高速增长时期，韩国企业已经习惯于债台高筑，使用短期贷款，到期时展期。一旦银行贷款不能展期了，很多企业就措手不及，被迫破产，员工纷纷失业。企业的破产使银行的处境雪上加霜，不良贷款暴增，股本金不断减少，贷款功能几近瘫痪，进一步挤压企业。这样就陷入了恶性循环。

当时美国公司的平均债务对股本的比例为 70% 左右，而韩国公司的平均债务对股本的比例则超过 300%。至于那些最大的财阀集团，平均债务对股本的比例高达令人吃惊的 500%，这意味着公司每 100 美元的股本，就对应着 500 美元的债务。到 1998 年年底，韩国前 30 家大财阀集团中有 14 家破产或濒临破产。

IMF 提供的 580 亿美元救助计划并没有立即扭转经济困境，而与此俱来的勒紧裤腰带的条件也使韩国公众极为不满。具有讽刺意味的是，虽然 IMF 伸出援手，但是许多人把困境归咎于它。在韩国，亚洲金融危机被普遍称为 "IMF 危机"。有趣的是，民众对 IMF 如此反感，连电梯的关闭键上都被贴上 "IMF" 三个字母，一上电梯就使劲摁，以此泄愤。这就好比医生用苦口良药救了病人，病人却把病痛归咎于医生和药物本身。

尽管有 IMF 的帮助，但韩国仍然急需大量外资。危机之前，韩国不大欢迎外资，市场比较封闭。对于其扶持的产业，政府不愿意肥水流入外资田，所以更倾向于借外债，而不依赖外国股本投资作为资金来源。如此，政府可以按照自己的意愿将资金分配给政策扶植的产业和企业。经济危机以及随之而来的资本短缺迫使韩国取消了之前对外资持股比例的限制，允许外资收购韩国企业的控制权。但是，在危机之中，向外资敞开大门的政策并没有扭转流出远远大于流入的汹涌势头。我们认为，此种形势给我们造就了机会。

汉城之行后，新桥团队开始按照庞德曼投资美国储蓄银行的模式拟订投资方案、起草条款书。此前，庞德曼说对于当初收购美国储蓄银行的具体条款，他的记忆模糊了，雷曼兄弟的菲尔·厄兰格和佳利律师事务所的迈克尔·瑞安应该更清楚细节。这两个总部在纽约的机构当初分别是庞德曼团队的财务顾问和法律顾问，于是我们聘请了它们做收购韩国银行的顾问。

但是，不久我们发现，庞德曼的记忆力比其他人都好，更清楚地记着当初投资美国储蓄银行的条款细节。

雷曼兄弟组织了一个团队，成员都是经验丰富的银行家。除了厄兰格，还有金融机构部门的迈克·奥汉隆和金载旻（韩裔美国人，英文名字叫大卫·金）。佳利律师事务所的团队中除了瑞安，还有琳达·马特拉克。后来这两个团队都在不同阶段增加了成员。我还聘请了汉阳大学教授金地鸿博士担任顾问。金地鸿是我的老朋友，加州大学伯克利分校博士班的同学。他本科毕业于汉城国立大学，在哈佛大学获得了工商管理硕士学位，其后成为加州大学伯克利分校的博士。韩国人的精英圈子不大，他熟悉很多政要，也认识李宪宰。

历史上，德国大概是最早给作战行动起代号的国家，目的是保密，也是方便内部通信。后来许多国家仿效。1945年诺曼底登陆的行动代号是"霸王"，1991年美国海湾战争的代号是"沙漠风暴"，始于1959年6月的中国第一颗原子弹项目的代号是"596"。

投资公司和投行通常也会给投资项目起代号，也是为了保密和通信方便。我们给收购韩国银行起的项目代号是"保险（箱）"（Safe）。英文"safe"这个单词既是形容词也是名词，作为形容词是安全、保险的意思，作为名词是保险箱的意思。把这个单词用作收购银行的项目代号，再恰当不过了。银行就像一个保险箱，而投资和经营银行的第一要务就是安全和保险。

顺便说一下，中国人民银行的外汇管理局的英文译名是"State Administration of Foreign Exchange"，缩写为"SAFE"，同样的一个词，非常妥帖。外汇管理就是要安全第一，又恰巧是国家财富的保险库。

1998 年 10 月 15 日，我们完成了投资建议书的起草。这份建议书适用于韩国政府正在出售控制权的两家银行中的任何一家，其中有三项主要内容。

第一，需要韩国政府从资产负债表中剔除所有的不良资产，替换成政府的有息借据。用政府借据填补资产窟窿是基于两点考虑。其一，政府资金缺乏，借外债都不可得，没有能力支付现金。其二，即使银行把不良资产置换成现金，也必须把现金转换成贷款才能变成生息资产，而按照当时的市场情况，控制发放贷款的风险是非常困难的。银行的生意是赚存款和贷款之间的利息差，如果没有生息资产，银行就赔钱。有息借据等于是银行对政府的贷款（或政府从银行借的钱），而政府违约的风险是零（在极端的情况下，政府可以印钞）。

第二，新桥和韩国政府按 51% 对 49% 的比例共同投入足够的股本金，使银行的资本金不低于监管所要求的资本充足率。尽管只持有 51% 的股权，但新桥将拥有 100% 的投票和控制权，以保证可以100% 地按符合国际市场最佳的方式管理银行，避免政府干预。这也正是政府所期待的。因为韩国已经吃够了政府以政策或直接命令影响银行发放贷款的苦头，政府干预是这些银行破产的重要原因。

第三，如果在交割之后发现遗留下来的贷款中产生任何不良资产，投资者有权以原始账面价值加上应计利息将其卖还给政府。也就是说，投资者不承担继承下来的资产和贷款中可能隐含的损失风险。

新桥的建议书与韩国政府的提案最大的不同在于由谁来承担账面上已有的不良资产。大摩代表韩国政府提出的建议是，政府在银行出售之前将所有的不良资产剥离出去，但问题是有些不良资产未必能够被发现。譬如一个贷款今天还在还本付息，但是企业本身已经濒于破产，最终贷款变成了坏账。卖方的建议是，如果遗留资产中产生坏账，政府只承担 80% 的损失，而银行本身要承担 20%，也就是说，新的投资者也要承担坏账损失的风险。新桥的建议书则要求政府全部承担遗留资产所隐含的损失。

韩国政府的建议表面上看有一定的道理，与投资者共同承担风险，但实际上是不大合理的。如果在投资后所新生的贷款中出现坏账，投资者当然应该承担风险，但在投资者进入之前遗留下来的坏账，与投资者本来无关，而让其承担已经实际形成的损失，就没有什么道理了。打个比方，如果投资者按照合同买的是一艘船和船上完好无损的货物，那么发现货物中有破损，卖方理应赔偿。否则，投资者等于承担把好钱扔进无底洞的风险。

我们建议的交易结构是以美国储蓄银行收购案例为蓝本的，根据韩国的特殊情况而加以修改。在起草过程中，团队与庞德曼反复核实细节，确保没有挂一漏万。

庞德曼与其他人不同，他不使用电子邮件，我们只能通过传真或电话与他联系。无论他身在何处，只要收到邮件，他就会通过电话将答复口述给他在得克萨斯州沃思堡办公室的秘书。如果是下班时间，他的电话就会转到录音机上，第二天秘书一上班就抄写录音，然后立即传真出去，所以他的回复总是很及时。

我在写作此书时才庆幸他当时在技术上如此落伍，使往来的传真以书面的形式分别保存在我和他秘书的档案中。这些原始资料大大便利了写作。如果当时他也用电子邮件，我也许就不能如此完整地保留当时的文件了。

很久之后，庞德曼才渐渐跟上了科技发展的步伐。10年后，我和他一起在北京观看2008年的夏季奥运会。每场田径比赛，体育场里都座无虚席。有一次，我们两人坐在相隔很远的位置，比赛快结束的时候，我收到他的短信——"在门口集合问号"。我想了想才明白，他搞不清楚如何在诺基亚手机上打出"？"，所以就干脆把"问号"两个字拼了出来。

投资建议书的起草用了一周多的时间。之后，我们把它呈交给了韩国政府的财务顾问大摩。我们尚且没有足够的信息确定应该选择这两家银行中的哪一家，但建议书中的交易结构对其中任何一家都适用。

建议书概括了在汉城会议上与李宪宰交流过的好银行/坏银行模式。好银行将基本包含所有正常贷款和资产，以及其设施、分行和存款。它有权将日后发现的任何遗留资产中的不良贷款按照账面值加利息卖还给政府。在收购交割前，所有的不良资产和贷款都将剥离，由政府处理。当时政府已经建立了一个全资拥有的"韩国资产管理公司"，专门来接收和处理银行的不良资产。

递交建议书的同时，我附上一份说明函，重点指出交易架构的好处在于，好银行一旦摆脱了遗留的不良贷款，"将减轻公众对存款安全的忧虑，提高存款意愿，降低银行的融资成本，降低银行倒闭的风险。如此将向国际社会发出一个强烈的信号，即韩国政府对银行业进行改革是认真的。银行业改革的成功对于恢复韩国国内外对韩国金融体系的信心至关重要。通过与新桥共同投资而持有好银行49%的股权，韩国政府将共享银行改造成功所带来的收益，而抵销改革的总成本"。

直到很久以后，我才知道与政府共享未来收益这一条会对其决策产生决定性的影响。为了拯救这两家银行，韩国政府此时已经对它们各注入了1.5万亿韩元（约合11.25亿美元）的资金。随着越来越多的不良贷款出现而造成减值或核销，预计政府注资的金额还需增加数倍。韩国政府强烈希望能够在银行重组改造之后从收益中分一杯羹，以便尽可能多地收回纳税人的钱，但这是后话。在递交了建议书之后，新桥并没有立刻得到政府的青睐，甚至迟迟没有收到回音。

新桥并非唯一的竞标者。金监会的团队还在与花旗银行和汇丰银行谈判。这两家都位居全球最大银行之列，是韩国政府优先考虑的对象。李宪宰在2012年出版的一本回忆录中谈道："政府更希望与汇丰银行交易，引进先进的管理方法，而且如果能把我们的银行卖给世界上最好的银行，还可以提升韩国的主权信用评级。"

在递交建议书之后近三周，我们才终于收到金监会通过大摩的回复。那时距离韩国政府自己设定的基本协议完成日——11月15日仅剩几天。

陈焕彪在收到反馈的当日发出一份备忘录，其中说："代号'保险箱'项目的最新情况报告如下。今天早些时候，我们与大摩开了电话会议，在会议上，针对他们的问题，我们澄清了建议书中的几项条款。大摩的团队表示，虽然新桥提出的条款与韩国政府的设想有所不同，但都不失合理，尤其是给予政府分享未来收益的条款，将有助于政府降低在银行业改革中所付出的成本。"

同时，金地鸿给我发来了一份手书的传真，说以他的判断，"相比新桥之类的财务投资者，韩国政府和金监会更倾心于国际知名的大银行这样的战略投资者。金监会认为如果能够吸引后者投资韩国市场，就更能够产生'公告效应'，引发全球金融市场的关注，从而带来更为积极的效应。因此，如果新桥能够找到一家大的外资银行作为合作伙伴，我很有信心新桥可以成为政府的首选"。

新桥的资本金来源于机构投资者，它们被称为有限合伙人，而新桥本身被称为普通合伙人。新桥的有限合伙人中有不少蓝筹金融机构，包括通用电气资本公司、美洲银行、美林证券、大都会人寿等。根据金地鸿的建议，我们想可以请一家战略投资者性质的有限合伙人担任新桥的合作伙伴。我们的想法是，虽然这个合作伙伴必须是大型国际金融机构，但我们需要其扮演的角色仍然是财务而非战略投资者。我们只是借助该合作伙伴的声誉和品牌，满足政府所需的"公告效应"，而真正起主导作用的仍然是新桥。

实际上，在当时的市场条件下，几乎没有国际银行有胃口并购一家在金融危机中破产的韩国银行，但是作为财务投资者，拿出一部分资金由新桥去投资和管理，以取得投资回报，它们会有意愿的。我们要的不是它们的资金，而是它们的参与和名声。双方各取所需。

我打电话与金地鸿商量。我请他去问一问金监会，如果我们请美洲银行共同投资，金监会认为如何。美洲银行有一个管理和投资其自身资本金的部门，是新桥的有限合伙人。新桥的创始人之一布朗姆与美洲银行有源远流长的关系，他曾在20世纪80年代储贷危机期间投资过美洲银行，帮助它补充资本。这段历史也会增加新桥在韩国政府眼中的可信度。

金地鸿在1998年11月23日发来一份传真，说与金监会的官员沟通了，对方的答复是如果新桥可以与美洲银行一起投资，他们将乐见其成。金监会还表示，希望新桥直接与其沟通，无须通过大摩。

这个要求让我觉得有些蹊跷。为什么政府要绕开自己的财务顾问？我猜想金监会与其他竞标方的谈判进展并不顺利，所以可能对大摩团队的能力产生怀疑。如果确实如此，那么说明我们在角逐中的地位比想象的要高。

不料，金地鸿次日又发来传真，说金监会的意思是不要再考虑美洲银行了。因为美洲银行已经是一家韩国银行的股东，该行叫作韩美银行，而韩美银行当时也已陷入了困境。

我们在内部商议了一下，决定试探一下通用电气资本公司是否有兴趣。通用电气资本公司是全球知名的大型金融机构，也是新桥的有限合伙人之一。我们向该公司香港分部的负责人介绍了"保险箱"项目，他们表示有兴趣。我立即通知了韩国政府。金监会的反应很积极，邀请我们尽早一起到汉城会面。

* * *

当新桥和通用电气资本公司的代表到达汉城的时候，距离我们第一次看到大摩的招标文件已经近三个月了。这时，我们才比较正式地与金监会开始谈判。1998 年 12 月 11 日，双方团队在金监会总部举行了会议。新桥方参会的有 7 个人，除了我自己，还有唐开罗、陈焕彪、代表通用电气资本公司的顾宝芳女士、顾问金地鸿博士、财务顾问雷曼兄弟的代表菲尔·厄兰格和金载旻两位先生。对方参会的有金监会金融重组工作组的负责人陈栋洙先生、他的副手金星勋博士以及其他工作人员。

陈栋洙看上去比他 49 岁的年龄要显得年轻得多。他皮肤白皙，头发乌黑，戴着一副眼镜，很有些学者风范。他举止文雅，说话时轻声细语。他的副手金星勋博士，看起来 30 多岁，大家都称他为金博士。他也很有些学者气质，温和、耐心，在讨论问题的时候注重细节。这两个人相互配合，组成一个很好的谈判团队。

我们向金监会团队介绍了新桥的资质，包括新桥的主要有限合伙人，以及新桥本身和新桥背后的两家投资公司（德太和布朗姆的投资公司）曾经做过的银行投资项目。我们详细解释了"好银行 / 坏银行"的重组和投资模式的优点，并逐条讲解了投资建议书中的主要条款。

从韩国政府方面提出的问题可以看出，他们已经仔细研究了我方的建议书。对他们来说，我们的解释不过是用来确认他们的理解。在讨论的过程中，陈栋洙先生对我们提出的基本交易结构表示赞许，他特别提到，很欣赏我们建议韩国政府与新桥共同投资，持重组后的银行近一半的股权，这样政府方面在改革成功后可以获得相应的收益。

讨论的一个重点是重组后的银行可以将遗留资产中暴露出来的不良贷款卖还给政府的"卖还权"。我们花了很多时间讨论卖还权的期限，以及卖还的价格。大摩早前发出的招标文件中载明投资者在三年内有权向政府卖还不良资产，但此时金监会改变了主意，表示只能同意一年的卖还权。我们不同意把三年减成一年，因为期限太短，不足以让所有的不良贷款都暴露出来。我们提议双方各让一步，接受两年的期限。

对于卖还不良资产的价格，金监会方面也提出了反建议。政府方面只承担不良资产损失的 80%，要求投资者分担另外的 20%。我们表示不能接受。道理很简单，现有不良资产可能造成多少损失，谁都无法判断，是个无底洞。无底洞的 20% 还是无底洞，投资者的钱如果用来填补无底洞，投资可能会化为乌有。即使在正常的市场条件下，搞清楚银行账面上所有贷款的质量也是非常困难的，因为如果不了解每个借款人经营的状况，就搞不清楚其还款的能力。在经济危机中，几乎所有借款人都在苦苦挣扎，朝不保夕，今天仍然在还本付息的贷款，明天就可能收不回来。分担遗留资产的损失风险太大了，也完全不合理，因为投资者和过去形成的资产没有关系，所以也不应该负责任。

金监会团队认为我们所持的立场无可厚非，但是说，如果给予好银行 100% 的卖还权，银行管理层就完全没有动力去尽量回收不良资产，因此会造成"道德风险"——完全不顾及政府可能会遭受的损失。如果银行分担一定的损失，管理层就会尽力回收贷款，努力解决问题贷款。我认为政府的担忧是合理的，但解决的方法不是由新的投资者承担过去形成的资产损失。至于如何解决这一矛盾，我建议双方都回去进一步思考。

会议持续了 4 个小时，尽管存在分歧，但大方向上是一致的。显然，金监会非常认真地对待新桥和新桥的建议书。

　　会后，两个团队一起去附近的一家中餐馆吃午饭。所有人都点了炸酱面。我觉得这是个好兆头。至少在饮食偏好上，我们找到了共识。

第3章 白衣骑士

和新桥开始认真谈判的时候，韩国政府和其他投资者（两家全球性大银行）之间的谈判已经陷入僵局。因此，金监会特别垂青新桥。出售两家破产银行，不但是 IMF 救援的条件，而且是韩国政府改革银行体制整体战略的关键一步。我们在无意之中成为韩国政府在自己所设的限期之内达成初步交易的最大希望，但是我们并不知情。

李宪宰后来在回忆录中披露了韩国政府所处的困境。

当时市场很冷淡，没有人想收购银行。我按照摩根士丹利的建议，邀请了 40 多家外资银行投标。花旗银行提出，愿意收购韩国第一银行旗下的 100 家好分行。如果答应他们的要求，其他的分行怎么办？卖给谁呢？……唯一一家有兴趣整体收购的外资银行是汇丰银行。他们好像很有胆量，但是他们太傲慢了，不但要求交割后不良资产的卖还权，而且提出"我们要收购 100% 的股权"……政府方面和他们争论，说"我们必须持有至少 40% 的股权"，但汇丰银行坚持政府持有的股权"不能超过 20%"。

后来我们了解到，即使是汇丰银行妥协让政府拥有 20% 的股权也是有条件的。汇丰银行要求保留进一步收购这 20% 的选择权，可以在 4 年后以银行的净资产值购买。所谓选择权，就是有权力但是无义务，股价高出净资产值就行使，否则不必行使。这就意味着韩国政府只可能赔不可能赚。

尽管如此，大摩仍然力促韩国政府接受汇丰银行的提案。他们认为汇丰银行最靠谱，可以解政府的燃眉之急，但是政府方面心有不甘，因为他们太希望能够参与银行扭亏为盈带来的好处，从而减少纳税人的损失。

恰在此时，新桥出现了。虽然我们当时对花旗银行和汇丰银行提出的收购方案一无所知，但我们主动提出让政府持有 49% 的股权，使其喜出望外，虽然他们从来没有表露出来。只是在若干年之后，我在韩国的大报《中央日报》英文版上读到一篇特别调查报告，才了解到韩国政府当时的处境："单伟建代表新桥拜访了金监会，并提出一个关于韩国第一银行正常化的方案。单先生告诉金监会：'我们了解韩国政府的想法。我们将持有 51% 的股份，政府可以持有 49%。'新桥解读了韩国政府脑子中的想法。"

其实，当时并没有人告诉我们韩国政府的想法是什么，我们也无从猜测。不过，我们心知肚明，韩国政府不可能接受一个难以向民众交代的方案。当时纳税人为了拯救这两家银行已经注入了大约 5.1 万亿韩元（约合 42.5 亿美元）。如果外资收购了这两家银行 100% 的股权，政府只能告诉民众损失了多少钱，包括已经注入银行的钱以及回购剩余不良贷款的额外成本。当这两家银行起死回生，重新赢利时，只是外资获利，而民众得不到任何好处。这就难免引起怨声载道。因此，韩国政府不可能接受像汇丰银行提出的一类方案。

新桥提出的建议是政府在抹平了资产负债表，即在剥离了不良资产并代之以政府借据之后，新桥和韩国政府在平等的基础上共同投资，各占 51% 和 49% 的股权，使得代表纳税人利益的韩国政府有权获得约一半的未来收益。我们并没有充分意识到这个方案正是韩国政府求之不得的。

作为一家银行，汇丰银行想要全资控股一家子公司，是可以理解的，否则在合并财务报表和管理上有诸多不便。如果他们设身处地地为对方想一想，就不难看出韩国政府需要能够分享未来的好处。如果汇丰银行允许政府占 40% 的股权，而保留权力在若干年后以市场公允价值优先收购政府持有的股份，就既可以让政府分享收益，又使自己达到最终 100% 控股的目的。当然，这就意味汇丰银行要付出更大的代价，所以不在他们的考虑之中。

在任何重大交易中，都需为对方着想，否则很难谈拢。

* * *

12 月 17 日，就在上次与金监会的会议结束 6 天后，我和金星勋博士再次会谈。金博士堪称陈栋洙先生的左膀右臂，现在被指定为与新桥谈判的主要负责人。

我在汉城习惯入住的酒店是希尔顿酒店。该酒店的股东是大宇集团。我和大宇集团的董事长金宇中先生认识已有 10 年了。我在 1987 年应他之邀访问韩国的时候，就住在这里。那时我还在沃顿商学院教书，他向我咨询投资中国市场的事宜。希尔顿酒店的顶层就是金宇中会客的地方，也许也是他的工作起居处。此人工作起来废寝忘食，晚上有时不回家。那次我抵达汉城的时候恰值圣诞日，在韩国是个重要的公众假日，但我和金宇中就在这个酒店会面，一直到次日凌晨才结束，而他还要在几个小时之后赶往奥林匹克村，和韩国的运动员共进早餐。韩国在1988年举办奥运会，当时正在积极筹备。那时我就领教了韩国人的敬业精神。

我和金星勋博士在希尔顿酒店的日本餐厅共进晚餐，金地鸿也参加了。我们在席间再次逐一讨论新桥的投资条款。针对金博士的提问，我详细解释了每项条款的缘由。对于他的反对意见，我们也逐次深入讨论。如果前两次拜访金监会具有探索的性质，那么此时双方都努力在新桥建议书的基础上达成协议。经过几个小时的讨论，我们基本上消弭了双方的分歧。这是一次十分坦诚又富有成效的对话。结束时，我可以感觉到已经与韩国政府方面建立了一定的共识和信任。分手前，金博士说："希望我们能在年底前签署《共识备忘录》。"

我们要达成的《共识备忘录》是一个初步的协议，多数条款不具有法律约束力，但它包含协议的基本条款，并将赋予新桥与韩国政府谈判的排他权（此权利具有法律约束力）。尽管我和他一样，希望在年底前达成《共识备忘录》，但在仅剩下两周的时间内，还有大量的工作要做，是否能够如期签署不容乐观。不过，我很受金博士临别时的话鼓舞，事在人为，双方都下了决心要做的事情，一定可以完成。

在韩国政府为其破产银行寻找买家的过程中，新桥不知不觉中成了"白衣骑士"。在投资行业，"白衣骑士"指的是出现较晚但能向卖方提供更合适、更友好的交易条件的收购者，在卖方走投无路的时候半路杀出，施以援手。白衣骑士说法的出处不详，大概是从白马王子救美的童话故事中衍生出来的。

其实，我们当时完全不知道汇丰银行和花旗银行与韩国政府谈判到了哪一步，谈的是什么条件，但新桥的出现显然使政府从进退两难的境地脱身出来。

第二天，金监会联系我们，重申可以同意一年的不良资产卖还权，且不限制卖还的数额，但是不同意两年卖还权。庞德曼认为有一年的卖还权，加之在交割前剥离所有我们可以认定的不良资产，应该足够安全了，可以接受。但我比他保守，担心我们无法在一年内查出所有隐藏的不良资产，而且如果经济危机持续下去，很难判断有多少遗留贷款会出现问题。

我坚持两年的卖还权，但作为让步，我建议在交割后第二年可卖还的不良贷款不超过所有遗留贷款总数的一定比例。我的想法是，即使我们在最初的尽职调查中遗漏了一些隐藏的不良贷款，它们也不会占总贷款的很大比例。如果第一年卖还的数量不受限，漏网的不良资产占所有剩余资产的比例应该更少，不会超过20%。

关于卖还不良资产的价格，我坚持必须是原始账面值（而非减值之后的账面值），加上应计利息，不能打折扣。

我请金地鸿去向金监会解释我们的立场。他说韩语，交流起来没有语言障碍。我请他特别说明，将卖还期缩短成一年对于政府方面未必有利。为什么呢？韩国经济早晚要复苏，一旦复苏，借款人的经营和财务状况可望好转，因之贷款质量就会提高，而这可能需要一年以上的时间。行权期限越长，银行将有更充裕的时间来处理有问题的贷款，最终出售给政府的不良贷款可能越少，会让政府节省成本。

12月18日是周五，我乘坐国泰航空下午的班机从汉城飞返香港过周末。每周五这趟班机都是满座，因为很多国际公司的亚洲总部都在香港，那时每个韩国企业都在筹资，所以很多人周一从香港飞到汉城谈生意，周五返回。

我还在飞机上的时候，金地鸿去会见了李宪宰。刚一落地，我就接到了金地鸿的电话。他说，李主席愿意接受新桥的提案，当然也包括关于不良资产卖还权和卖还价格的条件，并且，李主席已经把他的意见转达给他的团队。

金地鸿进一步解释说，金监会接受新桥要求的卖还权有一个前提，那就是新桥在行权的时候能够遵循"适当的程序"。例如，银行只有在已经多次发出催讨还款的通知，并经过其他相应的法律程序而无效之后，才能将不良贷款卖还给政府；另外，在贷款到期的时候，银行不能无故拒绝展期，迫使企业还债。这对我们来说不成问题。从我们的角度来看，银行有充分的意愿保留正常贷款，因为它属于生息资产。银行的业务就是发放贷款，所以没有理由处理掉正常贷款。银行只有在认为回收无望的时候，才会把一个贷款处理掉。

看来，我们已经扫清了一个主要障碍。此时，新桥的投资建议书已经演变成投资条款书，两者之间的区别在于前者是新桥的建议，后者最终将成为双方的共识。我和唐开罗花了整个周末的时间修改投资条款书。12月22日上午，我们完成了修改，然后用传真将修改稿发给了金监会。

当天下午，我和同事潘德邦从香港飞往汉城。上了飞机，我才意识到圣诞节将至。以往，这趟班机都是座无虚席，但这一次，机舱内空空如也，商务舱的乘客更是寥寥无几。圣诞节在中国香港与韩国都是重大的节日和公众假期，很多生意人都放假了。我不知道韩国政府和汇丰银行之间的谈判进展如何，但我想西方人不会在圣诞节期间工作，所以金监会团队可以把所有的注意力都集中在与新桥谈判上。这正是我们求之不得的。我感觉就像圣诞老人在助我们一臂之力。

我们再次住进希尔顿酒店。为了保密，金监会团队决定不在他们的办公楼里举行谈判，而是移师到希尔顿酒店与我们会面。

因为拯救银行用的是纳税人的钱，而将全国性商业银行的控股权卖给外资在韩国是破天荒的事情，所以这笔买卖备受关注。政府早就宣布要在年底前至少完成出售一家银行的交易。此时年关已近，到底进展如何，引起媒体和公众的极大好奇，但谁也不知道幕后在发生什么。韩国的媒体四处打探，捕捉消息，任何蛛丝马迹都可能成为新闻。韩国的媒体和政府部门有个默契，在每个主要政府部门内，都留出一个办公室专供记者休息。此时，记者们干脆在金监会和财政部等部门的大楼里安营扎寨，等候消息。如果他们看到新桥和金监会的团队在一起开会，各种推测就会不胫而走。政府此时并不知最终鹿死谁手，对于媒体自然无可奉告。新桥也不愿意过早暴露行踪，所以我们只能与金监会的团队秘密会面。

第二天上午9点半，金星勋博士带领团队来到希尔顿酒店。我们在酒店的商务中心预订了一间会议室。新桥方参会的有我、金地鸿、潘德邦以及雷曼兄弟的金载旻。

双方逐条逐句地把投资条款过了一遍，先是避重就轻，解决容易解决的问题，之后再重头谈判分歧比较大的条款。这个会从早到晚，开了12个小时，直到晚上10点左右才结束，但是仍然有不少议题没有谈完。

第二天是平安夜（12月24日）。由于我不能回家，我的妻子石滨、15岁的儿子单博和7岁的女儿莲莲飞到汉城来与我相聚。我见到他们很高兴，但抽不出太多的时间陪伴他们。在之后的几天里，我仍然早出晚归，甚至通宵达旦谈判。我们夫妻俩经常给孩子们灌输工作重要的价值观，此时石滨拿我来树立榜样，教育单博说："养家糊口很不容易。看看你爸爸工作多努力啊！"说实话，养家糊口并非我的动机，真正驱使我的是这个机会所带来的兴奋感和战胜竞争对手的强烈欲望。此时此刻，我全身心投入收购银行的项目，无暇顾及其他。

＊　＊　＊

平安夜当天清晨，我与庞德曼通了一个小时的电话，向他报告了谈判的最新情况，听取了他的意见。之后我们和金星勋的团队在希尔顿酒店19楼的会议室复会。根据庞德曼的建议，我提出银行在剥离不良资产后，向投资者和政府按比例发行普通股和优先股两类股票，优先股的发行量为普通股发行量的150%。对于两类股票，新桥认购51%，而政府认购49%。优先股与普通股的不同之处在于前者没有表决权，但有优先股息。

我们还主动提出，向政府发放占两类股票总数各5%的认股权证。认股权证的好处是，如果股票的价值上升，政府可以按约定的价格认购新股，从而获取市场价格和认购价格之间的差价。这种安排，实际上是让政府获得比持股比例更多的收益，当然同时摊薄新桥的收益，是新桥向政府让渡利益的一种方式。

根据我们的建议，认股权证只能在新桥退出的那一刻行使，此前，政府不得行使，因此政府的股份在任何时候都不会超过 49%。

我相信给予政府认股权证的建议使金监会的官员们喜出望外。我们为什么主动让政府分享到更多好处，而稀释自己的收益呢？庞德曼是个有远见、有气度的人，办大事不算小账。他经常说："从大局来看，这些对我们来说是无关紧要的。"但是对方当然欣赏我们主动让利的举动。

此举确实赢得了金监会团队的好感，但是一旦尝到了甜头，政府方面就开始要求更多的让步。我后来有些后悔，应该把这些让利留作后手，在谈判艰苦的时候与对方交换我们必需的条件。

另一个谈判的重点是政府借据的利率。双方同意政府可以用借据而非现金来填补剥离的不良资产所留下的缺口。经过一番讨论，双方商定，利率计算根据一个公式，即在银行计息负债平均成本的基础上加 250 个基本点（2.5%）。银行的负债是银行资金的来源，其中包括存款和借来的钱。譬如银行资金的平均成本是 5%，那么政府借据的利息就是 7.5%。如果资金的平均成本变了，借据的利息就相应调整。

在经济危机的背景下，250 个基本点的利差并不高，但我们认为公平，因为政府违约的风险是零。

这项条款达成一致意见后，我认为主要的问题都基本解决了。在此圣诞日前夕，每个人见面的第一句话就是"圣诞快乐"。我确实感到快乐。

眼看谈判接近尾声。金星勋问我："你们打算在两家银行中选择哪一家？"

从拿到的资料看，两家的规模和分行网络都差不多，难分伯仲。我坦白地说："我们还没有做深入调查，所以还不知道应该选择哪家。"

他说："你们最好赶快做出选择，我们好给新桥预留。"他的言外之意是如果我们不拿定主意选，可能竞争对手就抢先一步了。

到了这个节骨眼上，我们的确需要做出抉择：到底是韩国第一银行还是汉城银行？即将达成的《共识备忘录》中必须确定标的银行的名字。

此时新桥团队在汉城的只有我和潘德邦两个人。雷曼兄弟的金载旻也在。我们决定分兵，由潘德邦和金载旻去考察两家银行，我则继续与金博士团队谈判。

潘德邦只有25岁，是新桥团队中最年轻的成员，个头不高，精明强干。他分析能力强，做事一丝不苟。涉及尽职调查或文件的审阅，几乎没有什么能逃过他敏锐的眼睛。他还精于判断，非常值得信赖，但凡他说可行的，我都不会质疑。

现在是新桥与汇丰银行赛跑，看谁能率先与政府达成协议。我们听说，汇丰银行有一个20人的团队在做尽职调查。我们还听说，汇丰银行愿意承担交割后发现的不良贷款所造成损失的20%。我们无法证实这些传言。假若如此，汇丰团队的工作量巨大，不仅需要在交割前找出所有的不良贷款，还需要判断哪些正常贷款可能会在交割后变坏，以尽量减少需要分担的损失。我估计他们一时半会儿难以完成调查工作。

我们无法和汇丰银行拼资源。我认为也完全没有必要采取汇丰银行的打法。我的想法是，在尚未与政府签署《共识备忘录》之前，花如此多的人力、物力和时间可能是白费工夫，万一达不成协议，这些资源就浪费了。根据我们的条款书，我们有权在签署《共识备忘录》之后再做尽职调查，甄别不良资产，并将其全部剥离，而且在最终交割之后的一年内，我们有 100% 的卖还权，此后的一年，还有 20% 的卖还权。如此，我们完全没有必要现在就大张旗鼓地做尽职调查。

按照我们的打法，我们几个人集中精力与金监会谈判，几乎垄断了金监会团队的全部时间，从早到晚捉对厮杀，我很难想象金星勋和他的团队能够抽出时间同时应付汇丰银行的团队。我们的目标和韩国政府方面是一致的。他们要在年底前（也就是说在五六天之内）达成协议，我们的节奏完全可以配合，而竞争对手显然不可能。

当然，真正控制谈判节奏的是金监会团队，不是我们。此时，韩国政府方面一定觉得在年底前与我们达成一致的可能性远比与其他谈判对象要大，所以全力以赴地与我们谈。

傍晚，潘德邦和金载旻回来了。他们考察完两家银行，了解到的情况和大摩提供的资料基本吻合。两家银行在总资产、员工人数和不良率方面都很相似，总部都在汉城，在韩国各地设有分行网络。但潘德邦、金载旻二人建议我们瞄准韩国第一银行。首先，"韩国第一银行"品牌好。"韩国第一银行"当然比"汉城银行"的名字响亮，一看即知是个全国性的银行。事实也是如此，在韩国市场，"韩国第一银行"的品牌家喻户晓。其次，韩国第一银行的分行网络比汉城银行略大一些。最为重要的是，他们二人对韩国第一银行的管理层印象很好，说管理层清楚自己应该干什么，制订了一个自救计划，正在努力实施之，而汉城银行的管理层看起来仍在等候政府或外资的救援。

听了二人的报告，我们当下就决定选择韩国第一银行。我们做这个决定所用的时间前后不过几个小时，比一般家庭决定买什么汽车所花的时间还要短，而且我本人还没有亲自去拜访、比较这两家银行。情况特殊，没有时间犹豫，必须当机立断。

我拿起电话拨给了金星勋，告之我们的决定。他代表金监会表示同意。其实，当时韩国政府方面并不在意哪家投资者收购哪家银行。先到者先得。说来也巧，就在当天晚些时候，汇丰银行也通知金监会，说选择韩国第一银行作为收购目标。金监会说，你们迟了一步。我很庆幸我们的行动迅速而果断。

*　*　*

韩国历史悠久，源远流长。大部分历史时间里，这片土地分成几个小国，相互征战不休，偶尔也会统一，如新罗（668—935 年）和高丽（918—1392 年）时期。

朝鲜半岛与中国、俄罗斯接壤，与日本隔海相望，战略地位十分重要。其地理位置决定朝鲜的历史宿命。16 世纪末，丰臣秀吉要征服中国，以朝鲜为跳板。近代日本侵略中国，也是借道朝鲜，侵占中国东北地区，进而攻略中国中原地区。

中国人对甲午海战耳熟能详，但鲜有人知的是，此战是日本为了争夺对朝鲜的控制权而挑起的。1894 年，日军突袭清朝在朝鲜的驻军，其后又击沉清政府的运兵船，导致清朝对日宣战。甲午一战，北洋水师全军覆没。之后清廷遣李鸿章赴日本议和，所签订的《马关条约》迫使中国放弃对朝鲜数百年的宗主国地位，并割让台湾、澎湖和辽东半岛。后因欧洲列强的干预，日本不得已归还辽东半岛。但在日俄战争之后，日本再无后顾之忧，遂于 1910 年正式侵占朝鲜，将其纳入自己的版图，进而染指中国东北地区。

日本对于中国台湾和朝鲜的殖民统治在政策上有所不同。日本侵占中国台湾之后，如同早先吞并也曾是中国藩属国的琉球王国（今日本冲绳县）一样，采取的是比较柔和的政策，力图同化。但日本对于朝鲜采取的是相当残暴的殖民政策，激起朝鲜人民强烈的愤恨和反抗，积怨之深，至今未泯。

1945年日本战败，苏联占领了朝鲜半岛北部，美国占领了南部，双方同意以三八线为界。1950年6月25日，朝鲜战争爆发，朝鲜人民军势如破竹，直抵朝鲜半岛的南端釜山，但功败垂成。美国参战，9月，从半岛中部的仁川登陆，将人民军拦腰截断，再一路北上，进抵中朝边境的鸭绿江边。10月，中国出兵，志愿军跨过鸭绿江，经5次战役，最终与美军僵持在三八线上。1953年7月27日，双方签署停战协议。韩国与朝鲜分治至今。

韩国第一银行是韩国规模最大、历史最悠久的银行之一。这家银行成立于1929年，当时处于日占时代，原名为朝鲜储蓄银行。它于1957年在韩国证券交易所上市，并在10年后被三星集团控制。1958年，它改名为韩国第一银行。1961年朴正熙发动军事政变，次年任代总统，将韩国第一银行与其他一些商业银行一并收归国有。

朴正熙在1979年被刺杀。在他当政期间，他用强势手段推进韩国的工业化和消灭贫困。韩国缺少国内存款和民族资本，只能大规模利用外债，由政府控制信贷的发放，扶植重点的行业和企业。虽然独裁，但是朴正熙对韩国的工业化和经济发展功不可没。

1971年，韩国第一银行成为第一家在海外设立分行的韩国商业银行，能够从国外直接借款。20世纪80年代，韩国第一银行以创新闻名。它是韩国第一家将内部系统全部计算机化的商业银行，也是最早引进信用卡和自动取款机的银行之一。1982年，韩国政府为了推动经济自由化，重新将韩国第一银行私有化。

到20世纪90年代初，韩国第一银行跻身韩国赢利能力最强的商业银行之列，一些韩国最大、最有影响力的公司都是其客户。在韩国的商业体系中，每一个大的财阀集团都有与之业务依靠关系最强的"主银行"。韩国第一银行是LG、SK和大宇等财阀集团的主银行，对包括现代和三星在内的五大财阀的贷款，占该行贷款组合的65%。

90年代中期，它成为韩国最大的金融集团。除商业银行业务外，韩国第一银行还在证券、金融衍生产品、租赁和投资咨询等领域设有分支机构。截至1996年年底，韩国第一银行的总资产为407亿美元（约合34.6万亿韩元），有员工8 321名，韩国国内有421个分行，韩国国外有17家分行和办事处。它被视为韩国的顶尖银行。

但时至1997年，让韩国第一银行变得如此庞大的快速发展战略开始瓦解。1月，主要客户韩宝集团因经营不良又牵涉行贿事件而倒闭。此后，另外6家财阀集团要么申请政府财政援助，要么向商业银行寻求宽限保护。危机之中，韩国第一银行更换行长。新任行长柳时烈是从韩国央行副行长任上调来的，"受任于败军之际，奉命于危难之间"。此时亚洲金融危机已经全面爆发，柳时烈虽试图重组银行以自救，但终因资本金短缺而无能为力。

随着韩国财阀不断破产，韩国第一银行的不良贷款暴增。1997年上半年，该行有32亿美元的不良贷款和减值贷款，约占其贷款总额的17%。其净亏损4.17亿美元（约合3 565亿韩元），是上年同期亏损额4 270万美元（约合346亿韩元）的10倍。国际评级机构随即下调了韩国第一银行的债务评级。评级下调的原因在于其资产质量正不断恶化，而且韩国企业债务违约事件不断增加，各银行所面临的风险也日益加剧。

10月，随着韩国经济形势恶化，韩国政府向全国资本匮乏的商业银行提供特别贷款，以防止国内金融业崩溃。12月3日，就在IMF宣布救助计划的前一天，韩国第一银行的不良贷款问题被披露，韩国政府不得不考虑是让它倒闭还是救它。许多分析家认为应该将其关闭。

*   *   *

潘德邦在平安夜那天下午飞回了香港。我决定留在汉城完成谈判。雷曼兄弟的金载旻和佳利律师事务所的姜声宽律师（韩国人）与我一起修改了投资条款书，以反映当天早些时候我与金博士达成的共识。然后我就出门跑步了。

虽然已是冬天，但天气异常暖和，非常适合跑步。我感到很畅快。跑到一半的时候，手机响了。是金地鸿。

他说，情况有变。

雷曼兄弟在汉城的首席代表是赵建镐。虽然雷曼兄弟是新桥的财务顾问，但他本人并没有参与谈判。不知什么原因，他在当天早些时候与李宪宰见面，在交谈中表示新桥愿意接受分担交割后所发现的不良贷款的损失，还说新桥也会同意增加政府的认股权证数目。如此一来，我们本来已经谈成的条款就被推翻了。

听到这个消息，我顿时心烦意乱，愉快的心情一扫而光。我没有料到，在最后一刻，会被自己的财务顾问绊了一跤。我知道赵建镐说这些大包大揽的话是出于好意，做顺水人情，并没有意识到所造成的严重后果。

我只好打电话给金星勋，向他说明赵先生并没有参与新桥的内部讨论，他所说的不代表新桥的立场，仅仅是他自己的一厢情愿。经过一番解释，金星勋接受了我的说法，一场危机化解了，但一直折腾到很晚。家人等不及我，出去游玩庆祝平安夜了。

圣诞节是韩国的第二大节日，仅次于农历新年。尽管从传统和文化上看，韩国是一个儒家传统的社会，但大约30%的韩国人信奉基督教。虽然这个国家正面临自朝鲜战争以来最严重的经济危机，但仍然处处灯火通明，每家商店的橱窗都装饰得五颜六色。人们纵情欢乐，从一个聚会场地驾车前往另一个聚会场地，街道上车水马龙。透过酒店房间的窗户，我可以看到汉城的建筑物被节日的明亮灯光笼罩。大街上车灯连成一片，车流缓慢地蠕动着。妻子和孩子们想去一个室内滑冰场，但由于交通太过拥挤，只好作罢，回到酒店。

* * *

圣诞节那天清晨，阳光灿烂。我收到庞德曼的传真，他要求我立刻停止谈判，给他打电话。

他很不安，认为在我做出诸多让步之后，交易可能对我们不再可行了。我自以为很小心，没有内部的共识，尤其是没有得到庞德曼的同意，我绝不会做出任何实质性的让步。我报告了前一天的谈判情况。他建议开个电话会议，检讨一下到目前为止谈判的结果，以确保在进一步谈判之前我们内部达成共识。

电话会议安排在圣诞日的晚上。我总算在白天抽出一些时间陪陪家人。我和妻子带着孩子们去了汉城的乐天世界——一个大型室内游乐园。这里挤满了孩子，熙熙攘攘，欢声笑语，看着兴高采烈的人群，我很难想象当时的韩国正处于经济危机之中。虽然比较拥挤，但我们还是玩得很开心。

当晚，孩子们睡下后，我上楼到酒店商务中心的会议室参加电话会议。在线的有新桥团队的成员，包括唐开罗、陈焕彪、潘德邦和我，还有厄兰格带领的雷曼兄弟团队成员，以及瑞安率领的佳利律师事务所团队。我们天各一方，时区不同，但对所有人来说，此时是圣诞日，本应和家人在一起欢度佳节，但由于"保险箱"项目，我们不得不在电话上聚在一起，逐条讨论了条款书上的每一条，而且列出了悬而未决的问题。直到汉城时间凌晨1点，我们才散会。

次晨，孩子们还在睡觉，我溜出房间，回到19楼的会议室，给庞德曼打了电话。他没有参加头天晚上的会议，但听取了厄兰格的汇报。总体来说，他对到此为止的谈判结果表示满意。他只提了一个建议，就是如果政府借据的规模超过60亿美元，我们需要将借据的到期日延长至三年以上。

我们判断韩国经济的复苏会比较缓慢，他担心，如果韩国政府过早偿还借据，银行无法及时将现金转化为生息贷款，导致收入下降。

午饭后，石滨与金地鸿的妻子苏茜带着孩子们一起去了龙平。龙平是个滑雪胜地，位于汉城以东约两个半小时车程。我真希望能同去，但谈判尚未结束，走不开。

他们走后，我和金地鸿、金载昱一同前往金监会的办公室与金星勋博士见面。("金"是韩国最常见的姓，占韩国人口的20%，所以这几个人都姓金就不足为奇了。）由于是圣诞假日，金监会的办公楼里除了我们空无一人。

下午2点会议开始。我们仔细地重新滤过每一项条款，缓慢推进。我代表新桥谈判，雷曼兄弟的金载旻做笔记。我的谈判对手是金监会的金星勋，给他做笔记的是大摩的一位年轻副理。我们一直谈到深夜。我深深体会到，金监会团队的专业、敬业和勤奋，与我方相比毫不逊色。这样的对手，让我肃然起敬。金星勋尽量争取对韩国政府一方最有利的条件，直到把我逼到极限才肯罢休。就这样，我们又一次逐项审核了全部条款，最终达成一致。

会议结束之前，金星勋提出一个新的要求——增加政府的认股权证。在我看来，我们主动给政府的认股权证已经是过分慷慨了，我心想，这不是得陇望蜀吗？人心大凡如此，只有来之不易的东西才珍贵，才体会对方的好意，得来全不费工夫的东西就想当然了。我此时后悔过早做出了如此巨大的让步，而对方全然不领情。我决定守住底线。

金星勋很能磨，不达目的则不休，你来我往谈了很久之后，为了结束谈判，我勉强同意将优先股的权证比例从5%提到5.5%。金星勋用难以置信和责备的目光瞥了我一眼，仿佛在说：你怎么能这么小气？但也就不再坚持了。

时至三更，几天没怎么睡觉的金载旻明显开始打盹。0点30分，谈判终于结束。该谈的都谈妥了，至少我认为如此。我返回酒店，而疲惫不堪的金载旻还得回到雷曼兄弟的办公室，根据谈判的结果修改投资条款单，之后将修改的文本发给庞德曼和团队其他成员。

次晨，我和金地鸿可算能够抽出空来陪陪家人。我俩一起乘车前往龙平滑雪场，赶在午饭前到达。龙平是韩国最著名且最大的滑雪场，2018年冬季奥运会就在此地举行。龙平横跨4座山峰，有十多条缆车，以及适合各种水平滑雪者的滑雪道。龙峰是最高峰，海拔1 458米，峰顶景色壮观，确有一览众山小的感觉。寒冷而清新的空气，沁人心肺，将几周积累下来的紧张压力一扫而光。

午饭后，我租了滑雪装备，但就在前往滑雪缆车的路上，庞德曼打来电话。一听他的声音，我就知道他不大高兴。他说："我看了最新修改的条款，比头一天的差多了。"顿了一下，他接着说："我不能同意这样的交易。"

他的话让我困惑，因为我不认为修改的条款比上一个版本对新桥更为不利。我问他在哪项条款上他认为不如之前了，但还没有听到答复，信号断了。原来是手机没有电了。电池在寒冷的环境中耗电非常快，而此地气温很低，但是匆忙之间我忘记把手机揣在怀里。我只好急急忙忙回到度假村的酒店找座机给他回电。

回电之前，我拿出金载旻在头天晚上谈判之后打印出来的条款单，仔细审阅了一遍，发现其中有不少错误。我这才意识到，这位睡眠不足的雷曼兄弟银行家昨晚做笔记的时候打了瞌睡，所以做了一些稀里糊涂的修改，有些地方表述不清楚、模棱两可。例如，本来很清楚的一个概念是，韩国政府用现金或政府借据替换韩国第一银行的不良资产，使其成为一家干净的银行，之后，新桥和韩国政府都将按照商定的比例注资，使银行达到所需的资本充足率，但是金载旻修改后的条款可以被解释成韩国政府无须注资就可以得到49%的股权。难怪庞德曼认为与之前的文本大相径庭。

我从头审阅条款书，按照昨夜谈判的结果逐条重新修改。好在记忆犹新，所以准确性不成问题，但滑不成雪了，只好回到酒店的房间里工作。修改完毕，我写了一个很长的备忘录，逐条解释改动的原因和对于整个交易的影响。写完之后发现，很不巧，酒店里没有传真机，发不出去。说来也是，酒店怎么会想到来滑雪的客人需要发传真呢？金地鸿不得不开车带着我转了几家附近的酒店，才找到一个传真机。把文件传给庞德曼之后，我又用电子邮件将同一份文件发给了新桥团队的成员和顾问。好容易忙完了，已经过了午夜，妻子和儿女一天没有见到我，此时早已入睡。

第二天是 12 月 28 日，我总算可以和家人一起滑雪了。此日蓝天白云，阳光明媚，空气清新。我与石滨和孩子们在白雪皑皑的山谷里上下纵横，非常开心。7 岁的女儿跟一位英语说得不错的瑞士教练上课，很快就学会了自己上缆车和滑雪下山。当天结束时，她成了全家滑雪技术最好的。

但轻松的时间并不长。午饭后，我又回到房间和庞德曼还有其他的团队成员开电话会议。不光我连续熬夜，大家都是如此，会议开完时，庞德曼所在的科罗拉多州的时间是凌晨 2 点，对正在美国东海岸的同事来说，已经是凌晨 4 点。看过我修改之后的条款书以及我的备忘录，再经过讨论，大家对谈判的结果都满意了。

会议结束之前，我对庞德曼说："大卫，以后你再看到谈判结果有什么不对劲的地方，先不要着急。你一急，我也发慌。打个电话来，没有解决不了的问题。"

虽然是假期，但是我们整个团队都没闲着，与金监会谈判，内部讨论，修改文件，马不停蹄。我想竞争对手汇丰银行很难跟上我们的速度。此时离韩国政府规定的在年底之前达成《共识备忘录》的限期还剩下三天时间。我们的团队优势在于灵活性，可以随时就任何谈判的条款召开电话会议，随时商量，随时决策，就连圣诞节那一天也不例外。就凭这一点，我想汇丰银行很难与我们竞争。我曾在两家大银行工作过，一个是世界银行，另一个是摩根银行。我深知大银行的官僚体制不容许在如此重大的项目的谈判过程中迅速决策。我很有信心，一定能击败汇丰银行，率先和韩国政府达成协议。

那天下午，我给金星勋打了电话，告诉他第二天早上会把修改后的投资条款书（此时已经写成《共识备忘录》的形式）发给他。他很高兴，说政府准备在 12 月 30 日签署。

尽管他言之凿凿，意在必得，但过程并不顺利。

12 月 29 日上午，雷曼兄弟的金载旻将修改后的《共识备忘录》传真给金星勋。11 点左右，金监会的人打电话给金地鸿，要他通知我立即返回汉城。我正和家人一起滑雪，接到电话后，只好下山，收拾行装。下午 6 点左右，我和金地鸿一起开车回汉城。路上，我给伟凯律师事务所的菲利普·吉利根打电话，问他出了什么问题。伟凯律师事务所是韩国政府的法律顾问。吉利根告诉我，在伟凯律师事务所的建议下，金监会对《共识备忘录》中的条款又提出了不少修改意见。看来我回到汉城后将面临艰苦的谈判。

晚上 9 点，我刚刚抵达希尔顿酒店，就在 19 楼的会议室里见到了金星勋和他的团队。新桥方的金载旻、金地鸿和我一起参加了会议。我们逐一讨论了伟凯律师事务所对于条款的修改。在我看来，他们修改的条款中，有七八条是完全不可接受的。例如，最初的条款书包括一个拖售权，即允许新桥有权在出售自己所持的股份时，也替政府出售其持有的股份，只要是同等条件就可以了。拖售权对于新桥至关重要。当我们最终退出投资的时候，很可能把韩国第一银行卖给其他银行之类的战略投资者。战略投资者一般倾向收购一家银行 100% 的股权。如果我们满足不了买方 100% 收购的需要，要么根本卖不出去，要么无法吸引最好的买家，要么达不到最高的卖价。因此，非有拖售权不可。如此重要的条款，伟凯律师事务所却将其删掉了。

我向金星勋解释说，拖售权对双方实现投资价值最大化都至关重要。金星勋问："如果你们找到一个回报率更高的投资机会，低价将银行卖掉，然后去投资那个项目怎么办？"

我说你的担忧是没有必要的，我们绝对不会那么做。为什么呢？私市股权投资的行业惯例是每个基金的资本只能用于投资一次。在我们通过退出一个投资项目之后，变现的钱必须立即还给有限合伙人，而不能转投其他项目。如果一个基金投完了，那么我们必须筹集下一个基金，才能做进一步的投资。一般而言，我们不能重复使用已经收回的资金。新桥作为普通合伙人，从投资收益中按比例分成。由于资金只能使用一次，因此，除非我们认为该项投资的增长潜力已经到顶、回报不可能再提高，否则我们不会退出。这就是为什么我们有足够的动力让每笔投资的收益最大化。当然，有了拖售权，新桥利益最大化的同时，也使得政府的利益最大化。

最后，金星勋接受了我的说法，同意保留拖售权条款，但是双方仅在这一项条款上就纠缠了三个小时。

经过一整夜的谈判，双方都在不同的条款上做出了一些妥协。谈判在 12 月 30 日上午 8 点多结束，我们再次就所有重大问题达成共识。

散会后，金星勋还要回去与他的同事们进一步磋商。金监会内部需要取得共识后才能认可这些条款。

我也需要在新桥内部就谈判的结果达成共识。虽然一夜无眠，但是还不能休息。我打电话给雷曼兄弟的厄兰格，与他沟通修改的内容。然后我打电话给佳利律师事务所的瑞安律师，征求他的意见。最后，我拨通了庞德曼的电话，向他报告了最新的进展。他同意所有的修改，但提出两个条件：第一，韩国政府在新桥退出的时候必须行使所有的股票认购权证，不留尾巴；第二，银行在行使权利将不良贷款售还给韩国政府的时候，韩国政府必须及时完成交割，不能拖延。

打完电话，我冲了个澡，然后马上和金地鸿一起去金监会见李宪宰。李宪宰是个一本正经、不苟言笑的人，我从来没有见他露出过笑容。尽管如此，我看得出来，他对谈判的进展很满意。很显然，他强烈希望能够在年底前宣布和我们达成协议。

金大中总统的内阁，也就是部长会议，在当天下午举行会议，讨论和评估与新桥谈判的结果。我不清楚几位部长参会，但知道有三位部长的意见起关键作用，即金监会的李宪宰、总统的幕僚长以及财政经济部部长。在这三个人中，李宪宰和总统的幕僚长投了赞成票，而财政经济部部长投了反对票，最终以简单多数票通过。闻讯，我才松了一口气。

读者大概会好奇，我如何了解到政府内部的决策过程。其实不难，有不少渠道通风报信，而韩国的媒体尤其善于钻营，打探消息。当然报道不尽准确，但是身处事件之中之人不难判断真伪。后来李宪宰出版了回忆录，也印证了幕后发生的事情。

对于财政经济部部长投反对票，我并不感到意外。因为在最后一刻，财政经济部还要求修改条款。我认为已经让无可让了。金监会的官员们理解，告诉我说，除非我愿意，否则不必接受财政经济部的要求。金监会负责重组和改造银行体系，但出钱的是财政经济部，所以他们的意见很重要。财政经济部当然希望得到最有利的条件，但是他们并没有参加谈判，所以不知道最终的结果是双方可以妥协的极限。财政经济部没有达到目的，当然不满意。

与此同时，我则忙着和团队成员以及顾问整理与交换条款书的修改稿，形成最终的《共识备忘录》。一直忙到晚饭时间，我才意识到自己完全忘记吃午饭了，也不觉得饿。为了这个项目，我全力以赴，真正废寝忘食了。

晚上9点，金星勋和他的团队来到酒店，还有一些问题要谈判。还好，除了财政经济部部长要求修改的部分外，其他都是小细节。但是，我还是觉得再无让步的余地，所以不得不拒绝再做任何改动。对方也知道把我榨干了，就不再坚持。大约晚上11点，我们就所有条款再一次达成共识。

从龙平回到汉城已经超过24个小时了，我一刻不停地谈判和修改文件。12月31日0点5分，我把最后一稿包括所有条款的《共识备忘录》发给了新桥团队的全体成员。这份文件凝结了几个月的心血，此时让我感到很欣慰。《共识备忘录》的主要条款构成了新桥收购韩国第一银行交易的整体框架，概述如下。

• 交易方为新桥和"代表大韩民国政府的韩国财政经济部、金融监督委员会、韩国存款保险公司和其他适当的机构"。

• 交易完成后，韩国第一银行将基本保留全部正常贷款、现金、投资和存款，以及新桥希望保留的任何设施和固定资产，比如办公楼、分支机构、家具等。所有不良贷款和不良资产将转移给政府或政府所拥有的"坏银行"。

- 新桥将对银行的所有资产和负债做彻底的尽职调查。选定保留在韩国第一银行的每项资产和负债都将由新桥逐个"按市值估值"。

- 资产负债表中因不良资产转移及按市值估值而造成的资产缺口将由政府用现金或政府借据填补，其金额足以使资产与负债回归相等。

- 政府借据的利率将不高于银行自身平均资金成本的2.5%，最初的兑付期限为三年。

- 在用现金或政府借据使银行资产和负债平衡后，政府和新桥将各自出资，通过认购普通股和优先股的方式，对银行注入资本金，从而使新桥持有51%的股权，政府则持有49%的股权。

- 政府将获得韩国第一银行股票的认股权证，其数量相当于在与新桥成交时所发行的普通股总股数的5%和优先股总股数的5.5%。认股权证的行权价将以股票原始股价为基础，从发放日起到行权日止，以每年10%的增长率复合递增。

- 新桥将代行政府持有股份的投票权，从而拥有100%的投票权。在投票表决的议题可能对政府作为股东的利益有实质不利影响的特定情况下，政府有权自行投票。

- 在交易完成后的第一年内，韩国第一银行有权向政府转让贷款和其他资产，没有限量。这些资产统称为"回售资产"。转让价格为原始账面值加累计利息。在交割后的第二年，韩国第一银行仍将有权向政府转让"回售资产",但转让的金额不得超过在交割时韩国第一银行账面上贷款总额的 20%,转让价格也同样为原始账面值加累计利息。

• 对韩国最大的 5 家财阀集团(现代、大宇、三星、LG 和 SK)的贷款将给予特殊待遇。韩国第一银行有权不受任何限制将这些财阀集团的贷款回售给政府,但如果银行决定保留任何此类贷款,则其给予所有 5 家的条件和待遇必须平等。

• 政府将对韩国第一银行保留的所有投资证券给予担保,担保值为固定收益证券投资组合的本金和股票投资组合的账面价值。

• 韩国第一银行将 100% 享受以往累计的亏损抵销未来的收益从而减少公司所得税的待遇。

• 新桥将有任命和解雇银行管理人员与员工的唯一和完全的权利。

• 政府和新桥将制订过渡期韩国第一银行的管理计划,在签署《共识备忘录》和最终交易完成的期间,确保银行的稳定和其价值不受到损伤。在新桥正式接管控制权之前,这个过渡期的安排可能的形式是新桥和政府共同成立一个过渡期的监督小组,对银行的经营实施监控。

《共识备忘录》给予新桥与韩国政府独家谈判的权利。排他期为 4 个月,从 1999 年 1 月 1 日起,5 月 2 日到期。《共识备忘录》相当于一个框架协议,一般而言,从签署框架协议到成交不需要 4 个月的时间,所以双方应有足够的时间来谈判最终文件。我当时想,谈判中最有争议的问题已经通过《共识备忘录》解决了，其后的谈判不大可能改变这些基本的共识。

我后来唯一后悔的是，当时同意了"政府借据的利率将不高于银行自身平均资金成本的2.5%"这项条款。问题出在"不高于"三个字上。当时双方谈判代表的意图是资金成本以上的溢价大约在2.5%，但不超过2.5%。基于双方已经建立的信任，我没有想到这个措辞留下隐患。后来政府方面换了人，就不认这个账了，说零也是不高于嘛。结果这个2.5%就变成了毫无意义。

当我把最终文件传真或用电子邮件发送给新桥团队成员和顾问时，我已经不眠不休连续工作了43个小时。我十几岁时在内蒙古戈壁务农，有一次挖一条名为"义和"的大渠，领导要我们发扬"一不怕苦，二不怕死，连续作战"的精神，指挥我们苦干了31个小时。那是强体力活，其艰难困苦使我几乎不支，也使我终生难忘（这个故事写在拙作《走出戈壁》里）。但这次最后一轮谈判，我自觉自愿连续工作43个小时，我并不觉得疲劳，也不困，反而一直亢奋。我要做的事情，一旦咬住了，就不会松口，志在必得。现在胜利在即了，我感到兴奋，但我知道这个胜利只是阶段性的，因为离最终协议和完成交易还甚远。

直到凌晨1点我才上床睡觉，但6点就起床了。然后例行晨跑。早餐时，我看到韩国出版的英文报纸（韩文的看不懂，国际媒体消息没有这么灵通）都报道了韩国第一银行的出售"取得进展"。尽管基于猜测，但有些媒体已经嗅出来，与政府谈判的是新桥。

整个上午我都在酒店房间中等金监会的消息，但是毫无动静。我不知道韩国政府方面发生了什么，也不知道该不该担心。今天是元旦前一天，是韩国政府自设的签署《共识备忘录》的最后期限。我该做的都做了，能量耗尽，打起了瞌睡。突然，床头的电话铃声大作，把我惊醒。我拿起电话，听到金地鸿的声音。他说金监会准备在下午1点半举行《共识备忘录》的签字仪式。我看了看床头的闹钟，正是上午10点半。

我很高兴，开始穿衣服，准备出门。然而一个小时后，金地鸿又打来电话，说："遇到麻烦了。"

"什么麻烦？"我问他。

"财政经济部部长又有了新的要求。"金地鸿说部长要求进一步增加政府认股权证的数量。

这位部长没有参与过谈判，所以不知道新桥已经做出了很多让步。显然，他不过想在最后关头尽可能地挤压我们一下，看看是否还能挤出一点油水。我也很清楚，事已至此，戏台都搭上了，韩国政府方面不会因此取消演出。所以我决定对部长的要求置之不理。

下午1点半，我来到位于汝矣岛的金监会办公大楼。金监会的团队已经在等候了。新桥的代表只有我一个人，其他人都回家过节去了。与以往的会议不同，这次气氛相当轻松。艰难的谈判已经过去，大家都如释重负，享受双方所取得的成就，像同事之间一样互相问候。我们站在一起聊天，等待签字仪式的开始。

闲谈了几分钟后，一位金监会官员把我拉到一边，说："增加认股权证的要求是由财政经济部部长亲自提出的。"他的言外之意是，如果我不答应，就拂了部长个人的面子。

这的确有所不同。虽然我知道即便不答应，文件也还是要签署的，但为了表示对部长的尊重，我提出将优先股认股权证再提高0.5

个百分点，从 5.5% 上升到 6%。我担心对方会得寸进尺，赶紧补充说："这是我的最终让步，一个小时内有效，如不接受就收回。"

此时《共识备忘录》的文本已经摆在桌面上了，大家都在等待签字仪式开始。剩下的时间不多了，该画上句号了。

金监会团队将我的提议传达给了李宪宰，李宪宰又与财政经济部部长做了沟通，部长接受了。这才万事俱备。

下午 2 点左右，签字仪式开始，只有双方代表参加。一张长方形的桌子上放着打印好的《共识备忘录》，一式若干份。我和金监会的陈栋洙局长坐在桌前，面对的只是双方的团队成员和顾问，其中当然有金监会的谈判代表金星勋博士。新桥一方除了我，只有顾问金地鸿博士和雷曼兄弟的金载昱在场。入座之后，我和陈局长在各自面前的文件上签字。签完之后，交换了文本，又签。整个过程花了不过 10 分钟。经过几个月的艰苦工作、许多不眠之夜、种种压力和悬念之后，《共识备忘录》终于正式签署。

在韩国的银行史上，这是历史性的一刻。对新桥来说，这更是具有里程碑意义的一幕。

签字之后，在场的人都相互握手，李宪宰也加入了我们。我和他一起走出签字的会议室，步入了邻近的一个大厅。那里簇拥着一大群记者，很多架着"长枪短炮"，看到我们进来，就一起开火，噼里啪啦，镁光灯闪烁。

用这样的方式庆祝新年之夕，令人再开心不过了（见附图 1）。

第 4 章　物是人非

新桥与韩国政府签订《共识备忘录》，独家收购韩国第一银行，在市场中引起了不小的轰动。国际媒体一直高度关注此事，但都猜想最终夺魁的非汇丰银行莫属。名不见经传的新桥脱颖而出，让人大跌眼镜，不禁要问，新桥是哪路神仙？签约的时间也平添戏剧色彩。对许多人来说，1998 年已经过去，全世界都在放假，而韩国政府居然在元旦前的最后一刻做此爆炸性的宣布，震惊了市场。

《纽约时报》向来以严谨著称，但其记者在 1999 年 1 月 1 日发出的新闻稿，想当然地报道："韩国政府今日签署一项协议，将韩国第一银行控股权出售给由全球最大非银行金融机构（通用电气资本公司）牵头的财团以及新桥。"

这位女记者显然未经查证就大胆假设。我们早前为了满足金监会引进战略投资者的愿望，曾试图拉通用电气资本公司入伙，但后来金监会没再坚持，也就作罢了。《纽约时报》的记者可能当初有所耳闻，现在就捕风捉影，猜想只有知名的大公司才有能力干此大事。

新年伊始，有关新桥收购韩国第一银行的报道占据了所有主流韩文和英文报纸的头版。不少外国投资者认为，亚洲金融危机还不知何时到头，在如此深重的危机之中，收购一家已收归国有的破产银行是铤而走险。也有不少人来电话祝贺，赞佩我们有魄力，捷足先登。虽然褒贬不一，但可以肯定的是，这笔交易让新桥在市场上名声大噪。

《华尔街日报》编辑部专门发表社论，题为《汉城实用主义的胜利》，称赞韩国第一银行的交易是韩国政府的一项"大胆壮举"。

> 如果新股东将韩国第一银行扭亏为盈，那么政府所持49%的股份将会……比现在更有价值。这一前景应当会让出了钱的纳税人感到欣慰。此交易带来的巨大价值无法以金钱来衡量，其中包括巨大的良性广告效应，以及韩国第一银行顺利成交能够吸引多少以其他形式投入韩国的外资。
>
> 韩国第一银行是个石破天惊的交易。……毫无疑问，政府将面临一场舆论风暴。不过，如果此事发生在一年前（也就是金融危机发生之前），媒体和公众的愤怒呼声可能会更不得了。有些人会痛心疾首，抱怨韩国政府把国家"王冠上的宝石"拱手让人。请这些人听好了：韩国第一银行根本不是什么宝石，但现在有机会成为一块宝石。

对于韩国政府主导的银行体系的改革，韩国境内外的态度形成强烈的反差。国际市场热烈赞扬重大改革迈出一步，将韩国第一银行出售给新桥视为韩国政府改革决心的有力证明，而韩国国内的部分舆论则认为将两家国有化的银行出售给外资是IMF乘人之危，强加给韩国政府的，几近丧权辱国。《华尔街日报》的这篇社论，就产生在这个背景之下，所以才有赞扬韩国政府和斥责反对派的语言。正如社论所说，如果没有在一年多前发生的金融危机把韩国逼到主权破产的边缘，政府的这一举措可能更加不得人心。

有趣的是，直到今天，韩国还有人翻历史的旧账，对政府当年接受 IMF 的条件愤愤不平。2020 年，韩国上演了一部 16 集的电视剧，英文的名字居然是 "Money Game"，与本书的英文版书名 "Money Games" 只差一个字母 "s"。这部电视剧讲的是在金融危机之中，韩国央行的一个女官员如何抵制她的上司以及政府部门屈服于国际机构的压力而几近卖国的行为，是一部女英雄抵制 "韩奸" 和 "外辱" 的神剧。

本书的英文版也是在 2020 年出版的。幸亏书稿和书名早在 2018 年就写好，并在 2019 年递交给美国的出版商，否则有人可能怀疑我剽窃了韩剧的名字。我知道韩国的这部神剧，是一个韩国朋友读了本书英文版之后告诉我的，真是无独有偶，无巧不成书。

国际舆论对新桥收购韩国第一银行的热烈反应，与韩国国内舆论的冷淡态度形成鲜明对比。我想韩国政府的感受一定像是吃油炸冰激凌，外热内冷。只是多年之后回顾的时候，我才充分体会到民族主义情绪对政府的行为产生了多大的影响。空前的金融危机以及随后 IMF 要求的政府紧缩措施，让韩国感到颜面尽失。将曾经最大的金融机构之一卖给外资更是引发非议的浪潮。英文版的《韩国时报》在 1999 年 1 月 5 日刊登的一篇文章称，政府做出了 "太多让步"，包括 "（同意）负担未来两年发现的额外的不良贷款"。

这种排外情绪并不稀奇。几年之后中国进行银行体制改革，引进外资，也引发了多年的关于是否贱卖了国有银行的争议。

《共识备忘录》相当于外国机构投资者逆市而行，在韩国经济最困难的时刻给它投下了一张强有力的信任票。此举对国际金融界产生了很大影响。新年的第一个工作日是 1 月 4 日。当天，国际信用评级机构标准普尔将韩国的主权信用评级的展望调整为"正面"，表示可能会提升其主权信用评级。标准普尔对正面展望给出的一个重要理由就是韩国第一银行的交易："韩国第一银行完成出售，加上预期的政府还要卖的汉城银行，应该标志着韩国疲软银行业将重振。"标准普尔称，《共识备忘录》体现了韩国政府要"全面结构改革"的意愿。

　　国际评级机构的认可对仍处于金融危机中的韩国来说是巨大、实质性的帮助——主权信用评级的改善使得韩国政府在国际市场借钱再一次成为可能，而且会降低其借贷成本。

　　不久，国际媒体的积极报道开始扭转韩国国内的舆论风向。《华尔街日报》社论和标准普尔的声明都被翻译出来刊登在韩国各大报纸上。不久，支持政府改革的声音渐渐占了上风，尽管自始至终批评的声音不断。

　　一石激起千层浪。《共识备忘录》签署的消息公诸报端之后，许多竞争对手也浮出水面。大约一周之后，金地鸿告诉我，已经有 5 个新的竞标者站出来，表示有收购兴趣，其中包括一家大银行。该银行代表与韩国第一银行的一位董事接触，说愿意以和新桥同等的条件收购韩国第一银行。

　　新桥收购韩国第一银行一事公之于众后的短短一周，大大改观了外资和国际市场对于韩国经济的态度，不能说已经阴转晴，至少是阴转多云，阳光透过云层照射下来。

　　重新引发外资的兴趣，对韩国来说当然是件大好事，可谓雪中送炭，但给新桥带来的是隐忧。《共识备忘录》只是一个框架性的协议，不具法律约束力。我们要完成这笔交易，还要在《共识备忘录》的基础上进一步谈判以达成有法律约束力的最终协议，这还需要做很多工作。此时跳出来的竞争对手，恰似半路杀出的程咬金，对我们构成威胁。庞德曼警告各位同事，我们必须在 5 月 2 日排他期结束之前完成最终协议，否则，项目仍然可能被别人抢走。

元旦过后，我、陈焕彪和潘德邦与金监会的陈栋洙局长和金星勋博士一起吃晚饭。席间，我们得知陈栋洙被提拔了，将要到总统府青瓦台去工作。谁会接替他还不知道。他的离去令我颇感遗憾，但我也替他高兴。他是一个通情达理、公正务实、勤恳敬业的政府官员，非常值得尊敬。

* * *

1月6日，是一个阳光明媚的冬日，气温在 0℃以上徘徊。我第一次踏入韩国第一银行总部大楼。虽然我已经为了收购这家银行谈判了好几个月，但是还从未拜访过。银行的总部是位于汉城市中心钟路区的一栋 22 层高的大楼。该楼建于 1987 年，外形让我想起纽约市的联合国大厦，像一块直立的砖头。虽然它不如联合国大楼那么高大，但也很气派，白色的石头外墙上嵌着略有色泽的窗户。韩国第一银行的标识是一个翘起的红色大拇指，竖立在楼顶，几千米外都可以看到。

虽然离成交尚远，但当我穿过天花板高悬的宽敞大厅时，我已经有主人的感觉了，当然是代表新桥。董事长兼行长是柳时烈，曾任韩国央行的副行长，在韩国第一银行被政府接管之后，被派来做董事长。他和其他高管热情接待了我们。柳先生 60 多岁，满头银发，文质彬彬。他表露出的欣喜神情，就像一个即将被攻陷的城池守将看到救兵一样。他曾在哥伦比亚大学获得学位，所以英语说得很流利。

当时，韩国第一银行因缺乏资金几乎停摆。银行的资金主要来自存款，贷出的钱必须收回来才能再贷出去。如果贷款收不回来，资金入不敷出，渐渐就无法周转了。一旦无法应付存款提取，银行就实质上倒闭了。当时韩国第一银行就处于这种状况，许多主要客户（包括起亚汽车和大宇集团下属的一些公司）已经停止还本付息。只是依赖政府偶尔注资，这家银行才得以勉强维持运转。

在 1997 年被任命为韩国第一银行行长之后，柳时烈聘请美国安盛咨询公司制订重组计划。他缩小了银行规模，将员工从 9 000 人裁减到 4 000 人左右，并关闭了一些亏损的分支机构。他还将管理层和普通员工的薪水分别削减了 30% 和 10%。为了改善贷款的风险管理，他建立了 10 人信贷审查委员会，独立审查贷款，而他本人不是该委员会成员。在发达国家，设置独立的信贷决策机制是惯例，但在韩国几乎闻所未闻，管理层通常拥有最终决定权。柳时烈告诉我们，实行这些措施后，银行在 1998 年最后两个月已开始赢利，尽管宏观经济尚未稳定。

我很钦佩柳时烈先生。他接手的是一个烂摊子，但他力挽颓势，激励士气，稳定局面，做出了很大的贡献。员工经历了不少的痛苦，做出了很大的牺牲。当新桥与韩国政府签署了《共识备忘录》的消息公之于众时，柳时烈立刻给员工打气："卖给外国投资者是银行重生的唯一途径。"显而易见，柳时烈和全体员工都期盼外国投资者尽早到位，使银行彻底摆脱困境，也使他们的处境得到改善。

柳时烈慷慨地把韩国第一银行大楼的一整个楼层提供给我们做临时办公室。交易的下一步需要大队人马帮助，除了新桥自己的团队，还有各类顾问，包括财务顾问、律师、会计师、咨询公司等，分工负责建立财务模型、起草法律文件、对贷款和财务状况做尽职调查、制定未来战略等。这么多人，当然需要很多办公的空间。桌椅摆满了一层楼，也没有什么间隔，各个团队就在自己的地盘工作。虽然有100多人，但是异常安静，大家都埋头处理手头上的文件，或在电脑上办公。

财务顾问雷曼兄弟团队的任务是与新桥的团队一起建立财务模型，并对银行资产估值。安永是全球领先的会计师事务所之一，其团队需要对每笔贷款、每项资产按市值估价。安永的团队中有80名左右会说韩语的专业人士。协助他们的是资产评估专业公司华利安。咨询公司贝恩的职责是深入调查韩国第一银行的运营和管理，做出诊断，找出问题并提出解决方案。法律顾问仍然是佳利律师事务所，以及新聘请的韩国最著名的律师事务所金张。后来金张律师事务所在幕后谈判中扮演了重要的角色。

1月19日下午，我们召集各个顾问团队的代表，召开首次协调会议。会议在韩国第一银行总部我们所在的楼层召开，由新桥的陈焕彪主持。陈焕彪在私市股权投资方面比我有经验。他和潘德邦负责所有准备及尽职调查工作的实施，而我主要负责与韩国政府方面谈判。会议开了两个多小时，讨论了工作范围、时间安排以及各方的职责。为了密切协调各方的进度，我们决定每周二和周四召开全体会议，各方或者到场，或者通过电话参加。不久，整个楼层就像工厂的厂房，所有团队在堆积如山的文件环绕中没日没夜地工作。

我们心急如焚，金监会方面却不紧不慢。我们天天催促，但过了两周，对方才同意见面谈判正式协议。

1月20日，布朗姆与唐开罗飞抵汉城。我们一起去韩国第一银行大楼见柳董事长。管理团队做了简报，然后大家一起吃了午饭。次日，我和布朗姆、唐开罗、金地鸿去汝矣岛的金监会大楼拜访李宪宰。这是一次礼节性的拜访。双方就签署《共识备忘录》一事互相道谢，均表示将尽最大努力向前推进。

不用说，大家都心情愉快，毕竟走到这一步不容易。此项交易备受关注，也让我们感到在做一件比一般投资更有意义的事情。

这一次，我们见到了一个全新的金监会谈判团队。银行重组特别工作组的新组长是南理宇（并非真名）局长，替代了以前的陈栋洙。他手下的处长是尚可倚（并非真名），取代了过去的金星勋。

南理宇和尚可倚都是一个校友圈里的人。在韩国的精英中，尤其是在政府官员中，许多人出自两所名校。一所是京畿高等学校。这是一所高中，男校。此校在1899年奉国王的敕令筹建，1900年开学。10年后，朝鲜被日本吞并而亡国，这所学校也成了国王最后的遗响。另一所是汉城国立大学（现在叫首尔国立大学），也是精英荟萃之地。韩国的高官显贵多出自京畿高等学校和汉城国立大学，往往是从京畿高等学校毕业后就考入汉城国立大学。这一层次的同学关系遍及韩国的政商两界。

南理宇和尚可倚都是京畿高等学校和汉城国立大学的毕业生，而且都毕业于汉城国立大学经济学系。经济学被普遍认为是韩国大学最热门的学科。金监会主席李宪宰也毕业于这两所名校。

韩国政府方面换将让我有些担忧。在过去的几个月中，我已经熟悉了旧团队和他们的报告路线：金星勋主谈，向陈栋洙报告，而陈栋洙向李宪宰报告。据我的观察，金星勋深得陈栋洙的信任，而陈栋洙又得到李宪宰的器重，这三个层次很有默契，配合密切。新的团队如何操作还是个未知数。

陈栋洙调升总统府任职，而金星勋则离开了金监会。为什么离开，我们不得而知，他也闭口不谈，但很显然，他不是主动离去的。按说他作为金监会的首席谈判代表，谈成了轰动市场的《共识备忘录》，是有功之臣，但此时不知缘何出局了，这给我以不祥之感。也许不赞成韩国第一银行交易的不只是见诸报端的舆论，韩国政府内部可能歧见很深呢。

按照《共识备忘录》的规定，我们只有4个月的独家谈判权。此时离5月2日的最后期限还剩下三个多月，而我们必须从头开始与金监会的新团队建立起信任，进入谈判。随着时间的流逝，我越来越感到紧迫。

我们本来期待与金监会新团队在《共识备忘录》的基础上谈判正式合同的细节，但他们似乎准备不足，对《共识备忘录》的条款并不是特别感兴趣，甚至回避我们。当初与陈栋洙和金星勋打交道，双方可以随时见面，深入交谈。现在谈判对手换成了南理宇和尚可倚，就不能如此随便了。他们两位都摆出一副拒人于千里之外的样子。南理宇更是如此。他的英语水平有限，所以交谈需要翻译。和他们安排一次正式会谈，竟然花了好几周。直到1999年2月3日，我们才开始第一次实质性对话。那天的会从早上一直开到下午4点半，但毫无进展。

2月11日，为了增进相互了解，我邀请尚可倚和他的两位同事吃晚饭。在此三人中，尚可倚的官阶最高。他竟然迟到了45分钟，而且没有表示任何歉意。我在韩国从未见过如此失礼的行为。通常，人们在大街上碰到都会互相鞠躬；年轻人与年长或资历较深的人握手时，会用左手握住右肘，以示谦恭。韩国人对外国人尤其讲礼貌，与人约会，即使不早到，也会很准时。所以，我只能把尚可倚的行为解读为有意怠慢。

2月12日（周五），庞德曼与唐开罗一同飞抵汉城。当天上午，在内部会议上，我向庞德曼介绍了情况，然后一同乘车去金监会与李宪宰共进午餐。

庞德曼不是个含蓄的人，向来直言不讳。午餐开始，双方说完客套话之后，他就看着李宪宰说："我的团队告诉我谈判进展很不顺利，贵方团队不大配合。"

李宪宰似乎吃了一惊，也许他期待着一顿礼仪性的轻松午餐，庞德曼的话让他不知如何应对。他扭过头，用韩语和身边的人交谈了几句，然后转过身说，他会调查此事，并随即向庞德曼保证，韩国第一银行的交易对政府而言是最为优先的要务。

庞德曼的抱怨产生了效果。午餐后，新桥和金监会的团队又坐下来开会。金监会方面出席的是南理宇、尚可倚和李明春（我们在内部称他为"小李"，以别于李宪宰主席）。当时气氛有点紧张，但是一张熟悉的面孔使我松了一口气：前首席谈判代表金星勋也在会议室里。他当然熟悉《共识备忘录》的每项条款，所以我不必向金监会的新团队解释含义，但他自始至终一言未发。

会议之后，我给庞德曼写了一个备忘录，其中说道："南理宇因为你对李宪宰发了牢骚而大为光火。他应该是觉得自己面子上挂不住。"

我对南理宇解释说，是我告诉庞德曼双方之间的进展很不顺利，我认为已经到了危急时刻，如果不能马上取得突破的话，这笔交易可能功败垂成。

我的话引起了对面一片哗然。金地鸿当然懂韩语，后来告诉我们，他们相互指责，而主要矛头对准小李，斥责他要纠正"态度和个性"问题，让他更灵活些。其实这位小李之所以对我们态度有些生硬，大概是因为揣摩了上意，不自觉流露出来的。

随后，我花了一些时间谈论双方建立互信的必要性。我说："你们要是觉得我们在任何问题上的意见有不公平之处，请直截了当告诉我们。"尚可倚回答："我方也很欣赏双方在《共识备忘录》签署之前所建立起来的互信。"

接下来，我们讨论了一项条款。按照《共识备忘录》的规定，所有的贷款都按照市值重新作价。譬如一笔资产，以前值 100 元，现在市值跌了，变成了 60 元，当然应该以 60 元的价格卖给投资者。

再有，估计一个贷款的公允价值，取决于贷款期限的长短。长期贷款的利率一般高于短期贷款的利率。如果市场的利率变了，长期贷款利率与短期贷款利率变化的幅度往往不同。问题在于，韩国的银行绝大多数贷款是一年期的，但到期之后并不要求还款，而是展期，所以实质上变成了长期贷款。在经济危机的状况下，因为企业在贷款到期时无力偿还，展期的压力增加了，所以短期贷款几乎必然变成长期贷款。此时市场的利率大幅攀升，因此要么银行在展期的时候提高利率以维护自己的利益，要么就只能对贷款减值。

根据这种情况，我们要求在评估一个贷款的价值时，把短期贷款视为长期贷款，也就是使用长期贷款的市场利率来计算它们的价值。

我在会后写给庞德曼的备忘录中说："在过去两天'工作层面'的讨论中，小李变得耐心了，颇给人以好感，但在贷款期限这个问题上，他仍然不同意我方的意见。他愿意避重就轻，先跳过棘手的问题，讨论其他问题，把难题留给更高层次去讨论解决。如此，我们才取得了一定进展。"

* * *

接下来的一周是春节假期。韩国在历史上的典章制度以及文化传统与中国差不多，因此春节在韩国也是最重要的节日。有些韩国人在圣诞节仍要工作，我与金星勋谈判《共识备忘录》的时候，圣诞节期间没有一天休假，但春节就不同了，全韩国放假，阖家团圆。金监会的官员当然也不例外。

谈判因此暂停。春节期间，香港的学校也放假了，我和妻子决定带着女儿到韩国的济州岛度假。我正在学习韩国历史，正好趁此机会开阔眼界。选择济州岛的另外一个原因是它离汉城不远，飞机航程不过一个小时多一点，我想假期一结束马上返回汉城。

我们在济州岛入住的是新罗酒店（和汉城的新罗酒店同属一个股东——三星）。酒店靠海，房间宽敞明亮，窗外就是大海，一片蔚蓝，一望无际，景色十分优美。此时汉城气温已是零下，济州岛气候温和，大约10℃。济州岛的地貌十分独特，整个岛屿是由火山爆发形成的，凝固了的熔岩覆盖了大部分地区。千百年来，岛民用火山岩垒墙盖屋，石墙四处蜿蜒。火山岩浆在流入大海的地方，凝固成奇特而美丽的形状。岛的中心是一座巍峨的高山，叫汉拿山，这是一座休眠火山，也是韩国最高的山峰。岛上的绿植郁郁葱葱。

济州岛有个独特的现象，就是生活着以潜水捕捞为生的中年妇女（"海女"）。即使在冬天，她们也反复沉入海底，下潜时没有任何装备，仅仅身着尼龙服，戴着面镜，在腰间用绳子绑上重物，如此而已。她们潜入大海深处，几分钟之后，带着一小筐的贝类、海胆和海参冒出水面。她们把从海底采集到的海鲜卖给过往的游客。游客坐在岩石上，蘸着芥末和酱油生吃。

这份营生实在辛苦。我了解到这些妇女从事这个行业是迫不得已。旧时，渔民出海，可能在风暴中丧生，留下的寡妇只能独自谋生。潜入海底摸各类海产就成了她们谋生的手段。"海女"都年纪不轻了，我想这个传统肯定很快就会消失。以现在天气预报的准确性和捕鱼船的现代化，海难应该较鲜见了。我无法想象现代的年轻女性会愿意从事如此艰苦和危险的工作，但我想即使"海女"消失在历史记忆之中，她们的精神也会继续存在。看着她们义无反顾地跳入冰冷的海浪中，我觉得她们代表了韩国老百姓在面对逆境和困难时的勇气、韧性与自豪感。我想这个国家终将从经济危机解脱出来，并变得更强。这也是为什么我们把宝押在韩国第一银行上。

假期的每一天，我都要参加电话会议，与团队一起讨论韩国第一银行的交易。一天，女儿跑进房间。我把电话调成静音，大声用英文对她说："小莲莲，我爱你！"突然，电话另一端的交谈声停止了。短暂的沉默之后，传来陈焕彪的声音："单，我们也爱你！"电话里的人都笑了。原来酒店电话的静音功能失效了。

＊　＊　＊

春节的长假把 2 月给挤短了，几乎是一晃而过。到了月底，我们和金监会的谈判仍然毫无进展。根据《共识备忘录》，排他期只剩下大约两个月了。

《共识备忘录》中规定，新桥有权对韩国第一银行的所有资产都按市值重新定价。用什么方法来计算市值成了双方争议的焦点。为什么双方有如此大的分歧呢？主要是因为在经济危机期间，市场交易几乎消失了。譬如银行卖掉一个贷款，在正常的经济环境中，总是能够找到买家的，也就是说有市场，但是在危机环境中，每个银行都坏账累累、资金短缺，自然没有钱去买别的银行的贷款，所以贷款没有了市场。在当时的市场条件下，银行如果要卖贷款，即便是正常贷款，也必须以低于账面值的价格出售。至于不良贷款，那就更糟了，根本无人问津。没有市场，就没有了价格标杆，如何确定韩国第一银行贷款的市值呢？

我们花了一周的时间与尚可倚领导的团队谈判，但无法达成一致。

安永会计师事务所是新桥的顾问。安永的会计师们提议双方采用世界先进的贷款分类标准，即前瞻性的分类方法——根据借款人偿还能力和还款可能性分类。

旧的分类方法根据还款的现状分类：正常还本付息的属于正常，不够正常的属于关注类，停止付息的属于次级，再次的是可疑类，然后是损失类。次级以下被统称为不良贷款或坏账，亦被称为特定分类贷款。

前瞻性的分类方法要求判断借款人在未来还本付息的能力。譬如一个借款人仍然在还本付息，但其经营前景堪忧，产品销量不断下滑，今天有能力付息，明天却可能断供。按照旧的分类法，既然仍在付息，就属于正常，至多是关注类，而按照前瞻性的方法，就可能把这个贷款直接归类于次级甚或可疑类，为此贷款潜在的损失计提准备金。

当时，韩国通用的会计准则不用前瞻性，只看借款人还本付息的记录。正常还本付息的都属正常，无须计提准备金。但旧的会计准则已经过时了，不能反映贷款的真正质量和价值。

当时数千家韩国企业在沉重的债务负担下苦苦挣扎，在现金流枯竭的情况下，只能通过裁员削减开支还债，随时都可能违约。若此类贷款仍属正常，无异于自欺欺人，导致准备金严重不足。一旦违约——停止付息，必须减值，则直接冲击银行的资本金。韩国第一银行和其他很多银行就是如此在短期之内资本金丧失殆尽，面临破产倒闭的。

但金监会坚持使用旧的会计准则，实际掩盖隐含的损失，使资产值虚高。

以韩宝钢铁为例。该公司曾是韩国第一银行的主要客户，在1997年年初破产。它的破产加速了韩国的金融危机。其实韩国第一银行高管都知道，韩宝钢铁的杠杆率明显过高，在债务重压下破产是迟早的事。不过，在其宣布破产之前，韩宝钢铁一直正常付息，所以按照韩国的会计准则，对它的贷款仍然归于正常类。如果当时韩国第一银行采用前瞻性的会计准则，早些把韩宝钢铁的贷款列为次级或可疑类，计提准备金，就可以防患于未然。由于韩国第一银行和韩宝钢铁的其他债权银行都未能做到这一点，所以当韩宝钢铁因现金流枯竭而破产时，所有债权人只能核销其贷款，数家银行被拖垮。

其实韩国监管机构已经意识到旧的会计准则有问题。金监会的姐妹机构（金融监督服务委员会）已经准备在全韩国采用前瞻性的贷款分类准则。即便如此，金监会的团队还是不同意按照国际准则评估韩国第一银行资产和贷款的价值。在我方看来，以次充好的贷款，就如金玉其外、败絮其中的橘子，当然不能接受。

金监会坚持使用旧的会计准则，也严重偏离了《共识备忘录》。《共识备忘录》明文规定，双方需要使用国际准则来分类正常和不良贷款。我很快发现，这并非金监会与我们有分歧的唯一问题。

在就《共识备忘录》谈判时，政府的首席谈判代表金星勋博士曾对我郑重承诺，新桥控制后的韩国第一银行有权将任何不良贷款出售给韩国政府。他在 1998 年 12 月 30 日给我手书了一份承诺函："政府允许投资者在交易结束前剥离任何贷款，包括正常、关注类或任何类的贷款，并将这些贷款转给（政府所拥有的）坏银行。"

现在，金监会团队不承认新桥有在成交前剥离和转移给韩国政府不良贷款的权利，也不同意新桥在成交后有不受限制地将贷款卖还给韩国政府的权利。金监会团队的立场转变不但违背了《共识备忘录》，而且使得交易对新桥来说失去了商业可行性。

金监会的财务顾问是大摩，会计顾问是普华永道。大摩和普华永道的团队在私下里告诉我们，在拖售权问题上，他们同意我们的意见，但无法说服自己的客户金监会遵守《共识备忘录》。左思右想之后，我提议，请代表新桥的安永和代表金监会的普华永道两个会计师事务所，在不受各自客户影响的情况下，自行对于采用何种估值方法达成一致。我希望他们能凭借自己的专业标准达成共识，免得新桥与金监会争论不休。

*　*　*

2月下旬，金监会和汇丰银行发布联合公告，称双方已就汇丰银行收购汉城银行一事达成了《共识备忘录》。汇丰银行将先向韩国政府支付2亿美元，再向汉城银行投入7亿美元资本金。消息一出，我们顿时感到巨大的压力。因为汇丰银行给予政府的条件看起来比新桥的条件优惠得多。

先前，汇丰银行在收购韩国第一银行的竞争中输给了新桥，主要是因为汇丰银行坚持将政府的持股比例限制在20%，而且还要求有按净资产买回的权利。新桥签署了收购韩国第一银行的《共识备忘录》之后，韩国主权信用评级提高，市场开始看好韩国，从而导致韩国政府的谈判地位显著改善。这体现在其与汇丰银行达成的初步协议之中：公告中披露的条款包括韩国政府将保有汉城银行30%的股份，并有权进一步收购19%的股份，使其潜在的持股比例达到49%。在这一点上，与新桥旗鼓相当了。汇丰银行又承诺支付2亿美元的"入门费"，这使新桥望尘莫及。

公告还表示，汇丰银行将对汉城银行的资产和负债进行严格审计，双方预计在5月底完成交易。

南理宇局长颇为得意地告诉我，汇丰银行的交易是他亲自谈妥的。我知道在与汇丰银行的谈判中得手会使他更加坚定压迫新桥做出更多让步的决心。他本来就对《共识备忘录》中的诸多条款置之不顾，看来下一步会变本加厉。此时，我严重怀疑韩国政府方面是否还有诚意成交。

我的担心并非没有根据。汇丰银行的交易宣布几天后，我私下会见了金监会前首席谈判代表金星勋。虽然他已经不再是金监会谈判团队的一员，但他对谈判团队的想法还是有所了解的。

他告诉我，金监会内部有人强烈反对新桥的交易。"你们最好在排他期内完成交易，"他说，"否则你们可能会完全失去它。"

然而，我们越是迫切地希望推进，谈判进度似乎越缓慢。

新桥的团队壮大了不少。除了我和唐开罗、陈焕彪、潘德邦以及雷曼兄弟的团队外，还增加了一些新面孔。吉姆·沃纳来自德太，被借调到新桥，帮助韩国第一银行交易。鲍勃·巴纳姆是美国储蓄银行的前总裁和首席运营官，应庞德曼之约，成为本交易的顾问。巴纳姆是一位经验丰富的银行高管，他推荐了几名专家，其中包括韩裔美国人李秀虎。他是一位信贷分析师，曾经是美洲银行韩国分行的信贷审查官，熟悉许多韩国企业的信用状况和财务能力。

韩国政府的团队也扩容了，加进了财政经济部和韩国存款保险公司的代表。有了这么多人，会议效率更低了。在所有重大问题上，特别是如何对贷款估值，我们经常争论几个小时而无结果。对于《共识备忘录》中的每项条款，现在似乎都要重新谈判，好像《共识备忘录》根本不存在一样。而且对于我们提出的任何新建议，对方根本不予考虑，也不讨论，断然拒绝。

*　*　*

转眼就到 3 月了。离排他期终止还剩下两个月，而我们与南理宇的团队仍然没有建立起多少互信。对于我们提出的任何建议，韩国政府方面好像只会说不。我感觉他们是怕，怕犯错误。也许他们认为我们是搞金融的，是投资老手，他们害怕上当，接受了对己方不利的条件。他们不知道我们的底线是什么，所以只好不断探试，反复说不，逼我们让步。

我们的财务模型显示，如果达不成《共识备忘录》中约定的条件，这笔交易就不划算，投资回报率太低。财务模型模拟的是在新桥的控制下，韩国第一银行在未来5~10年经营的结果。模型中的参数和假设包括我们团队对于经济未来走势的判断、韩国第一银行在市场竞争中的地位和能力、贷款增长的速度、贷款损失和资产质量可能产生的变化等。模型可以让我们很容易看到，如果一个参数或假设发生变化，结果会发生什么变化。譬如贷款的实际价值是账面值的90%，而以95%作价，那么银行实际上接受了5%的损失。如果贷款总额为200亿美元，5%就相当于10亿美元，足以将新投入的全部资本金抹去，使银行重新陷入困境。

到目前为止，我们在谈判中的所有诉求都是以模型产生的数据为依据的。金监会的团队当然不了解我们的财务模型。不知为何，虽然他们有大摩做财务顾问，但是好像没有自己的财务模型，所以在谈判的时候，他们好像心中没数，总是担心新桥会从这笔交易中获取暴利，从而损害韩国的利益。

我意识到，要取得对方的信任，我们必须解决这个信息不对称的问题。3月2日，在会议结束之前，我提出一个大胆的建议，与对方分享我们的财务模型。我的想法是，他们看到了我们财务模型中的各种假设，就会意识到我们的要求并不过分，而是基于对各种风险的考虑。

一方向谈判对手主动透露自己的谈判计划，是闻所未闻之举，正如打仗的时候把自己的作战计划和盘托出给敌方一样。我为何如此考虑呢？我想透明可以赢得对方的信任，对方看到我们的模型，就知道我们的每一个建议都是尽可能地公平合理，并无乘人之危的企图。

可想而知，我的建议出乎金监会团队的意料。他们看来很高兴。第二天，我们把模型打印出来，在开会的时候，逐条为他们讲解，花了大半天的时间。他们听得认真，没有什么评论，但气氛变得轻松多了。不过，此后他们对于我们的所有建议，还是始终如一地说不。

如何评估贷款市值仍然陷在僵局。我本以为把这个问题推给安永和普华永道两个会计师事务所，由他们客观公正地找出方法是个好主意，结果事与愿违，他们根本无法形成一致意见。安永多顾及新桥的风险，而普华永道则想极力维护金监会的利益，谈不到一起去。

贷款的估值对于双方都是极为重要的问题。政府需要填补韩国第一银行资产负债表上的窟窿，而且还要在新桥收购后继续承担保留贷款减值的补偿，所以评估值越低，政府的支出越多。

我逐渐意识到，《共识备忘录》规定对每笔贷款和每笔资产按市值作价，在理论上很合理，但在现实中难以操作。为什么呢？第一，当时没有贷款买卖的市场，所以找不到市值。第二，即便双方都同意采用同一估值方法，各自产生的结果也可能不同。这是因为任何模型都要基于各种假设，譬如对于韩国经济走势或市场利率的预测。有两个经济学家就可能产生两种不同的预测，更何况谈判双方要顾及己方的利益。新桥的团队有理由担心韩国经济在近期下行风险大于上行的可能性，因为韩国毕竟仍然处于经济危机之中，很脆弱。韩国政府的团队也有理由对经济复苏的前景乐观。任何一方都可能是对的，因为没有人能预知未来。

此时雷曼兄弟的团队提出了一个全新的概念。他们建议我们干脆对所有新桥决定保留的贷款总额打一个平均的折扣，而不再以"公允市值"对每笔贷款或资产定价。如此就绕开了用何种方法计算市值这个棘手的问题。这个折扣不光要覆盖所有保留资产可能产生的减值损失，还要弥补贷款收益的不足。

假设银行的贷款总额是 200 亿美元，我们认为潜在的减值损失（即有些贷款收不回来而必须核销所产生的损失）为 10%，那么覆盖资产损失的折扣应该是 10%，才能确保投资方新桥不会承担减值的损失。这是第一层次的折扣。

第二层次的折扣基于利率的变化。过去贷款合同中的利率低于市场利率，所以贷款面值需要调整，才能使贷款的实际利率与市场利率相同。比如合同利率是 5%，1 000 元的面值贷款一年产生 50 元的利息收入，但现在市场利率是 10% 了，所以 500 元的贷款就可以收到 50 元的息入，那么原来贷款的面值就应该从 1 000 元调整到 500 元，才能反映市值。

我把新的思路向金监会的团队解释了。他们同意考虑整体打折的新方法，认为比逐个评估每笔贷款的市值要实际且容易操作得多。但折扣应该是多少仍有待双方协商敲定。

* * *

两天后，我们再次与南理宇会面。我提出了两个方案：第一个是贷款整体作价为原面值的 87.5%，即 12.5% 的折扣率，韩国第一银行将不保留已经计提的准备金；第二个是整体作价为面值的 97.5%，但韩国第一银行保留 50% 的已经计提的准备金。

准备金或者称拨备是银行为潜在的贷款损失而计提的，通常从股本金中扣除，实际上就是股东的损失。韩国第一银行的股本金早已损失殆尽，收归国有之后，准备金计提是由政府出资的。因此，第二个方案是把已经计提的准备金的一半留在银行，另一半划归给政府。

根据我们财务模型的计算，这两个方案在经济效果上是等同的，所以韩国政府选择哪一个对我们来说都无所谓。

我们认为给韩国政府的选项是合理的，而且已经很慷慨了。根据《共识备忘录》，新桥原本可以全部保留韩国第一银行已经计提的准备金，同时将所有的资产按市值作价，但现在给政府的选择是：要么按整体资产的 87.5% 标价，也就是说打 12.5% 的折扣，不保留任何准备金；要么按 97.5% 标价，即打 2.5% 的折扣，但保留一半的准备金。两个方案都意味着我方做出了重大让步。

南理宇似乎喜欢这个新方法，说要进一步研究后再答复我们。

因为我们决定放弃对每笔贷款和资产按市价估值的方案，而代之以对整体资产打折扣，我们就不再需要大批的会计师对贷款逐笔做分析和计算，所以安永会计师事务所就撤走了大批人员。韩国第一银行的一些高管人员注意到安永人员清理办公桌准备撤离，不知就里，以为新桥准备放弃投资了，因此大惊。我们也没做解释。我想把这个信息传递给金监会也好，让政府方面认为新桥在为最坏的情况做准备，让他们也感到一点压力。

第二天，我们见了南理宇和他的团队。我们提出两个方案的目的是打破僵局，取得突破。我本来期望对方也有同样的愿望，拿出诚意来向我方靠拢，但他没有采纳两个方案中的任何一个，而是择取了每个方案中对己方最有利的部分。他的反提议是，贷款整体作价为账面值的97.5%，而且全部准备金转交给政府。这就好比我提出以高价买一块新的手表或者以低价买一块残破的旧表，而店主只同意把破表以新表的价格卖给我。

南理宇如此不讲理，令我们瞠目结舌。我觉得他实在没有诚意。考虑到贷款质量，他的反提议简直荒谬。我们尽力弥合双方的差距，他非但不领情，反而得寸进尺。

我深感无奈。争论了一番之后，我说："这样吧，我建议双方共同邀请一个国际组织评估贷款的整体价值。我们可以请IMF或世界银行，它们都会是公平合理的。"实际上，我认为任何第三方都会做出比我们低得多的估值。我知道南理宇不会同意，只是想将他一军。

果然，南理宇坚决不同意。于是就此休会。

事后，我打电话给金星勋。他已经离开金监会了，但是我知道他仍然了解内情。我问他金监会到底是何打算。他不肯说，但认为交易的前景"不乐观"。我们看来是"山穷水尽疑无路"了。

* * *

为了韩国第一银行的项目，我和团队有家难归，一整周都耗在汉城，甚至连周末都不能回香港。

3月6日是个周六，双方照常工作。我们与尚可倚处长及其团队会面。既然此前提出的两个方案都被南局长否决了，我在会议上又提出了第三个方案。我们愿意接受贷款按其原始账面值定价，但韩国第一银行全部保留已经计提的贷款损失准备金。对此方案，我没有寄予任何期待，只不过是按照我们的计算，第三个方案和头两个产生的经济效果对于新桥是一样的，所以我们仍然在原地打转，看看金监会如何应对。

这一次，尚可倚提出了一个反提议，把标价定在账面值的 97.5%，而且让韩国第一银行保留相当于贷款账面值的 3.4% 的准备金。这就相当于标价 94.1%（97.5% 减去 3.4%）。他的提议虽然与我们 87.5% 的提议仍有很大的差距，但至少金监会有所松动了。

有迹象表明，金监会团队开始渐渐理解我们了。南理宇本来是高高在上的，但此周几次参与谈判。也许金监会团队意识到新桥已经被逼到了临界点。看来，金监会虽然态度强硬，但是也不愿意谈判破裂。我们听说，在头一天晚上，金监会的团队工作到凌晨 1 点，与顾问一起讨论分析，准备今天的会议。这些信息使我们在备感无奈之时感到些许宽慰。

我渐渐意识到，金监会团队的谈判技巧很简单，这就是不断试探我们的底线，因为他们并不清楚己方的具体要求。如果我们显示出仍然有让步的余地，他们就会不断挤压我们。

我单独求见南理宇，明确告诉他，我们的最后一个方案是最终方案，不会再做出任何让步。随后，我给他写了一封信，重申我们对于每项条款所持的立场是符合《共识备忘录》中双方承诺的，言外之意是政府的立场违背双方签署的《共识备忘录》，我还暗示他们之所以这么做是出于政治原因。

不出所料，南局长坚决否认，说我对情况的评估是"不实的指控"。

我在发给内部的备忘录中报告了整个情况，其中写道："有趣的是，当我提出双方共同邀请如 IMF 或世界银行之类的国际机构来监督《共识备忘录》的执行时，南理宇的反应表明韩国政府方面对此特别敏感，他表示绝不希望这种情况发生。"

正是因为我知道韩国政府方面最担心的是国际机构的反应，我才提出这个建议。看来我将他一军的棋是走对了。

周一，我收到了庞德曼的传真回复。

> 单，谢谢你的传真和所附的材料。我仍然认为，我们必须非常强硬地坚持遵守《共识备忘录》，而且必须准确地告诉韩方我们是如何打算的，然后照此执行。我们可能还需要再次向他们解释，他们要达到的目的是什么：是要让全世界相信，韩国知道如何管理银行体系，而韩国第一银行的项目是向世人证明这一点最恰当的方法。如果需要的话，我或迪克可以飞去韩国，用一天的时间，与韩国政府和李宪宰面谈。

恰巧，第二天布朗姆就抵达了汉城。我和他一起去拜会李宪宰。这次见面很愉快，双方都承诺努力完成交易。李宪宰建议，如果双方团队在 4 月中旬（也就是排他期截止前两周）尚未取得突破，双方的"首脑"就再次会面，一并解决未决问题。

然而，尽管这两位主席似乎达成了相互理解，但是我在谈判桌上看不出金监会团队的谈判方式有任何改变。

就在此时，世界银行驻汉城的代表佩尔·杰迪福什找到了我。他说想在世界银行向韩国发放下一笔贷款之前，了解一下韩国第一银行项目谈判的进展情况。世界银行和IMF对新桥达成交易有着浓厚的兴趣，因为这两个组织对韩国所提供的580亿美元救援计划的条件之一就是韩国必须出售两家破产银行中的至少一家。我应邀和他见了面，详细介绍了谈判进展，或者说是进展缓慢的情况。

世界银行的官员们了解《共识备忘录》的基本内容。我坦诚地逐条介绍了与韩国政府谈判所遇到的困难以及双方的分歧。听了我的解释，杰迪福什认为，新桥在谈判中遵循《共识备忘录》的规定，并且已经做出了有利于韩国政府的诸多让步。他说将在与韩国官员会面时进言，帮助推进交易。

* * *

距离排他期结束还有6周了。我的工作日程安排得很紧，每天要花10~12个小时或者与金监会谈判，或者做其他与交易相关的工作，然后再花几个小时写详细的内部报告，向同事通报最新情况。3月12日，我向新桥团队分发了一份备忘录，总结了我们所处的困境。

在工作层面，我们自上周三以来没有取得任何有意义的进展。不过，迪克与（金监会）主席会面之后，对方的态度和策略有了明显的变化。过去他们以政治原因、汇丰银行对汉城银行的收购和公众情绪为借口拒绝我们的提议，而现在他们说双方的分歧"纯粹"是出于对《共识备忘录》"理解上的不同"。换言之，他们声称自己也是按照《共识备忘录》行事的，双方的分歧只是由于解释问题的角度不同。他们已经利用负面新闻向我们施压好几周了。

庞德曼的一贯风格是雷厉风行，见信即复。他在同一天传真回复："我认为我们被耍了。他们意识到不能避开《共识备忘录》，但也无意真正遵循。"他写道："我认为现在大概是时候了，我们应该给他们写一封语气强硬的信，清楚地表明我们知道他们耍的花招。"

在我看来，新桥在美国的同事开始对这笔交易失去信心。大家都对进展缓慢感到很沮丧，认为前景渺茫。3月15日是周一，我与瑞安律师通了电话。他曾在收购美国储蓄银行的交易上与庞德曼合作，深得庞德曼的信任。瑞安坦言他认为这笔交易不会成功，并且已经向庞德曼表达了他的悲观看法。我和他商讨了采取什么办法才能迫使韩国政府方面有所作为，我们是否应该诉诸法律。

通话之后，我给他写了封信："我们必须迫使他们做决策，不管用什么方式，而且越早越好。"我的想法是，久拖不决的状况不能持续下去了，金监会是否愿意继续韩国第一银行的交易，需要给我们一个明晰的说法。我建议给金监会发个律师函：要么接受新桥给出的最基本条件，要么我们将追究韩国政府违背《共识备忘录》的责任，并保留采取法律行动的权利。

当然，我们是否有足够的依据在美国或韩国法院起诉他们？在这个问题上，我尊重你的专业判断。我的想法是，我们确实是因为依赖了他们的承诺，才花了大量的时间和资源做这笔交易，如果他们放弃，我们会遭受很大的损失。到最后，即便我们打不赢官司，以起诉相威胁也可能有助于引起最高领导人的关注。

我的措辞是有法律含义的，律师一看就明白。我所说的"依赖了他们的承诺"是指合同法（最起码美国的合同法）中的一个概念，称为"由于依赖而造成的伤害"（detrimental reliance）。这个概念的意思是，如果一方依赖另一方所做的承诺去做某事，并为此付出了代价或受到了损害，即便双方没有签署正式合同，法院也可以认定承诺方有义务兑现承诺。

我的想法是，虽然《共识备忘录》本身不具备法律约束力，但我们仍然有起诉金监会的依据，因为我们依赖《共识备忘录》中的承诺才付出了大量的费用。除了新桥的团队所付出的时间、精力和资源外，还有我们所聘请的众多律师、分析师、会计师和其他顾问一直在为该交易工作，所有这些已经造成了数百万美元的费用，而且还在逐日增加。从法律上挑战政府可以让其明白我们对此项目极其看重，而政府变卦的话，新桥不得不维护自己的利益。

第5章 流水无情

当然，和政府打官司是在不得已的情况下才能考虑的，只要还有一线希望，我们还是希望通过谈判解决问题。

第二天是3月16日。我们与金监会谈判了6个小时。最终，金监会团队同意使用前瞻性的会计准则而不是韩国准则来评估和分类贷款。我们达成一致意见，由双方的顾问制定指导方针，并由韩国第一银行的管理层执行。金监会的妥协也是受形势所迫。韩国的银行管理在改革，其中包括由监管部门制定新政策，改变贷款分类方法，使其符合国际准则。所以，坚持要韩国第一银行使用旧的准则就说不过去了。

这次会议有一个微妙而有趣的变化。在政府方面主谈的竟然是大摩的副总裁戈克尔·拉罗亚，而金监会团队成员很少插话。后来拉罗亚告诉我们，大摩和普华永道花了很多时间做金监会的工作，大意是说反正韩国银行监管的方向是与国际接轨，不如自韩国第一银行始。这才使金监会同意采用前瞻性的分类准则。

不足的是，双方在资产估值和其他问题上的立场仍有相当大的差异。不过，在分类方法上达成一致至少是一个开始。

但我高兴得太早了。第二天，我们回到金监会大楼的会议室。会议一开始，我就提议双方的顾问按照头一天的约定，制定出前瞻性贷款分类的指导方针。然而，尚可倚却表示，他还需要与上级协商，才能同意使用前瞻性的分类方法。

这么快就变卦了？我还来不及回过神来，李尚木博士就插话了。李博士任韩国财政经济部银行体系司副司长，最近以观察员的身份参加了谈判。

李尚木说：“金监会关于分类方法的意见，并没有事先告诉财政经济部。”他说财政经济部对金监会的提议“感到不安”，认为其中的条款对新桥过于慷慨。他用略带威胁的口吻暗示，如果不做重大修改，这笔交易不可能得到各部委的批准。

我看着尚可倚说：“请问金监会是否有足够的权力与我们谈判？”

他说有。不过，他接着说，他最新提出的估值是最终方案了。如果新桥不同意，交易会就此失败。

这时，我觉得没必要再谈下去了。离开时，我在过道上遇到李宪宰。他和我打招呼，问：“进展如何？”

“不太好。”我坦白地说。

* * *

我们第一次尝受到韩国政府内部的政治对于交易的影响。首先是金监会和财政经济部之间的角力。虽然财政经济部没有直接参与《共识备忘录》的谈判，但财政经济部部长曾在部长会议上投票反对。

就在签署《共识备忘录》之前的几分钟，他还坚持要求我们改善条件。现在看来，财政经济部打算直接参与谈判，派出的代表李博士想要逆转时光，从头开始。

我意识到南理宇局长是个障碍。我们接触过的所有官员都很专业、勤奋、有礼貌，而南理宇是一个例外。他在谈判时正襟危坐，面无表情。他有方形下巴，乌黑发亮的头发梳向一边，戴着一副浅色框眼镜，眯着眼睛，透过镜片冷漠而严厉地盯着来访者。我评价此人是寡谋且不善断，谈判风格就是拒绝我们提出的所有建议。他很少亲自参加谈判，几乎不可能通过讨论解决任何问题。很显然，他很不喜欢他"继承"的《共识备忘录》，从一开始就抱有强烈的抵制情绪。

我越来越相信，和南理宇谈成最终协议是没希望的，但据金地鸿说，指望政府更换首席谈判代表几乎是不可能的。他说李宪宰支持韩国第一银行的项目，但是也要礼让南理宇三分。原因是南理宇属于一个不同政治派别，而这个派别往往不认同总统执政纲领的一些议题。

为了打破僵局，金地鸿向李宪宰建议成立一个谈判指导委员会，监督谈判过程。他说政府中大有忠于总统银行改革事业的人，如果他们加入这个委员会，就会削弱南理宇的权力，有助于缓解局面。我担心委员会中若有反对派加入，则适得其反，但金地鸿很有把握，说李宪宰迫切需要找机会来制衡南理宇，从而推动交易。

有一段时间了，新桥的团队在内部讨论，是否给李宪宰写一封措辞强硬的信，陈述我们对谈判进程的担忧，强调新桥快要失去耐心了。现在，我觉得是时候了。我以布朗姆的名义起草了一封信，于1999 年 3 月 18 日寄出。信的开头就说，从新桥的角度看，"谈判已经撞墙了"。信中说，韩国政府如果有诚意以国际最佳的标准来重组其银行体系，那么就必须遵守《共识备忘录》的各项条款。

自《共识备忘录》签署至今已经 10 周了，金监会的团队多次对交易中的关键概念提出质疑。……这种谈判方式自第一次会面以来，没有实质改变，新桥对此深感担忧，因为这使整个交易是否可行都成了问题。

信的结尾写道："我认为谈判已经到了关键时刻，再拖延可能会导致交易失败。"

* * *

就在我试图在政府谈判团队的脚底下点把火，促使他们前进时，新桥的后院起火了。

从德太旧金山总部借调到新桥来的吉姆·沃纳是个年轻人。他给庞德曼和德太的其他人写了一份报告，其中对我提交给韩国政府方面的新估值方案表示异议，认为我提出的条件过于慷慨，动摇了交易经济上可行性的基础。

他在报告中写道："我最关心的是如何确保贷款作价正确。"他认为，我们提出的账面值的 87.5% 的作价"似乎并没有充分考量一个事实，即韩国第一银行的绝大多数贷款是以韩元计价的，而这部分贷款中的 55% 在 1997 年的息、税、折旧及摊销前利润对总利息支出的比率小于 1"。

什么意思呢？息、税、折旧、摊销前利润，英文简称为 EBITDA，是企业经营性现金流。如果 EBITDA 对总利息支出的比率小于 1，意味着其不足以覆盖利息支出，更不要说还本了。不能还本付息，企业就危险了，其贷款很可能变成坏账。沃纳的意思是，韩国第一银行55% 贷款的借款人的现金流连利息都不够支付，明显面临违约风险。既然如此，贷款的整体作价怎么可能值账面值的 87.5%？

沃纳告状说，我"为了达成交易，提出的投资条件既不负责任，也未经内部充分授权"，总之就是自行其是、越权胡为。

不知为何，沃纳在告状之前并没有与我沟通。也许他认为我投资经验少，不足与谋；也许是他借机向大老板邀功。直到庞德曼把沃纳的报告转给我，我才知道此事。我并不在意他不事先和我商量——毕竟他是德太的借兵，无须向我直接报告。我只是觉得哭笑不得：新桥内部有人认为我让步太多，而韩国政府方认为我让步太少。我变成了猪八戒照镜子——里外不是人。不得已，"攘外必先安内"，否则谈判无法进展。

沃纳报告中提供的数据是正确的，无可指摘，但他的分析不全面，而是"攻其一点，不及其他"，顾此而失彼。分析问题一定要全面，否则貌似正确，却失之偏颇。的确，韩国第一银行的大部分贷款都属不良类，但根据《共识备忘录》，所有的不良贷款都不是新桥的责任，也不是新桥收购之后韩国第一银行的责任。新桥有权在收购之前将所有不良贷款转移给政府。对于保留的贷款，韩国第一银行也有权在新桥接管之后的两年之内按照账面值加累计利息卖给政府。所以，新桥控制的韩国第一银行不承担这些不良贷款的风险。

当然，对于资产和贷款的作价越低，对投资方就越有利，但问题在于什么是可以让双方都接受的公允价格。根据新桥和雷曼兄弟团队的分析，87.5% 的标价（即 12.5% 的折扣）足以覆盖保留的贷款中存在的风险。

这个风险主要是呆账不能产生利息收入的风险。我们不怕贷款中有些会变成不良贷款，因为我们有卖还权，可以将坏账在一年或两年内卖还给政府，但是在卖还前，不良贷款就是呆账，无法收取利息，所以需要对资产打折扣以抵销此类损失。

保留的贷款都属于正常类，当然其中可能有潜在的不良贷款。12.5% 的折扣对于不良类确实不足，而对于正常类则有余。两者混合在一起，有余抵销不足，投资方所承担的风险就非常有限了。

我给庞德曼写了一份备忘录，详细分析并解释了为什么 12.5% 的折扣是合理的。我在结尾说："正如你所指出，无论用何种方法计算，最终的作价取决于保留贷款的质量，以及我们在交割前和交割后将不良贷款转移给政府贷款的自由度。"

换言之，如果我们不能行使不良贷款的卖还权，那么什么作价都不足以覆盖风险。使一家倒闭的银行扭亏为盈，就像以深谷为起点，攀登高山：若想登顶，韩国第一银行先要卸下最沉重的包袱——不良贷款。卸去了包袱，风险就有限了。

我召集团队开会，一起讨论了沃纳提出的问题，很快达成共识。包括沃纳在内，大家对我方建议的作价不再有异议。

在此期间，庞德曼还请了几位专家来汉城实地调查。其后，他发来一份备忘录，总结了专家的反馈。他写道："一言以蔽之……这笔交易可以成功……但过程将比我们想象的更漫长、更艰难。成功的关键在于将韩国第一银行客户群多样化，而这取决于韩国整体经济的增长。这意味着我们之前预计用三年时间改造该银行的判断可能过于乐观。此外，还有为韩国第一银行寻找新行长的问题。并非任何一个银行家都可以胜任的。"

* * *

1999年3月23日，离排他期结束还剩下5周了。我和同事陈焕彪、雷曼兄弟的奥汉隆组成的三人小组，以及安永的杰克·罗德曼在金监会会见了南理宇及其团队。在当天的笔记中，我把与南理宇的谈判形容为"打太极拳"。南理宇说，他喜欢贷款"自上而下整体作价"的方法，但他不认可新桥的估值。

此时，我已经掌握了南理宇的思维方式：凡是我们建议的，他都反对，而我们表示为难的，他都坚持，总是反其道而行之。所以，要想取得他的赞同，必须先力陈不可，所谓欲擒故纵。我想验证一下我对他的判断是否正确。

我故意说："我们之所以提出自上而下的作价方法，是指望你们能接受我们建议的价格。既然双方谈不拢，这个方法就失败了，那么我们还不如回到自下而上的方法。"

通常，南理宇反应很慢，这一次他立即回答："单先生，我认为自上而下的作价方法是正确的。我们坚持要用这个方法。"

不知道是因为我们的新招数奏效了，还是由于金监会内部支持韩国第一银行交易的力量占了上风，谈判终于有了一些进展。至少南理宇接受了资产整体作价的概念。而且，尽管财政经济部的李尚木反对，但按国际准则进行贷款分类的议题终究回到了桌面上，虽然双方还只在谈具体操作的方法。我想国际市场正在密切关注韩国的金融体制改革，如果金监会在此时反对国际准则，不利于政府的形象。

3月25日下午，我们会见了尚可倚团队。为了打破僵局，双方都决定避重就轻。我表示面值87.5%的作价建议仍然有效，但可以先抛开这个话题，转而讨论其他问题。最终双方达成一致，由双方会计师共同起草贷款分类指南等相关文件。

当晚，我在内部备忘录中写道："今日的会议'具有建设性'。"此前，金监会团队在一次又一次的会议中采取不妥协立场，使我们备感气馁，现在看到他们终于有了松动的迹象，我们很高兴。

陈焕彪也起草了一个备忘录，详细列出了会议上讨论的问题，说"确实取得了进展"，字里行间露出快意。他还报告，南理宇已经同意由顾问来讨论需要解决的问题，看上去谈判回归正轨。

＊　＊　＊

排他期终止日临近，媒体对谈判进展的关注又升温了，各种猜测频见报端。我们知道，政府方面的行为在一定程度上被舆论左右。他们要顾及韩国国内的批评，免得被戴上将国家"王冠上的宝石"拱手让人的大帽子，同时也要考虑国际市场的反应。

在韩国几十年历史中的大部分时间里，媒体是不自由的。朴正熙总统铁腕治国，在20世纪60年代关闭了国内多数主流报纸，继任者全斗焕总统将新闻机构和电视广播公司国有化。20世纪80年代末，随着政治民主化，媒体也渐渐摆脱政府的钳制而迅速发展。到20世纪90年代末，媒体已经相当独立和自由了，但是经过长时间的观察我才了解到，其实政府对于媒体还是有不小的影响力。

我接受了英文版《韩国时报》（*The Korea Times*）的采访。之后记者写了一篇文章，题为《新桥充分尊重〈共识备忘录〉》。我在采访中说双方都应该尊重《共识备忘录》，根据其条款谈判。其后，这位记者打电话告诉我，金监会要求在发表前审阅文稿。金监会怎么知道我接受采访不得而知，也许是记者也要求他们评论，但可见他们听闻之后很紧张，大概怕我批评。其实这是多虑，我无意公开批评韩国政府。记者说，金监会审阅后没有要求做任何修改。韩国政府对于媒体报道有审稿权，可见对媒体有一定的控制，但这只是局限于韩国国内媒体。

其实，我们知道金监会利用媒体左右公众舆论，微妙地向我们传达信息，譬如借他人之口，批评新桥的立场太强硬，韩国政府应该另寻投资方，等等。我们在很多报道中都看得到南理宇的影子，不过他掩饰得比较拙劣，经常露出马脚。他还怕我们接触媒体，大概担心我们以其人之道还治其人之身。我本来打算和金监会协调对媒体的口径，因为我认为双方的利益是一致的，都应该把积极的信息传递给媒体和公众。我安排与金监会发言人桑迪·朴一起吃午饭，相互认识，以便协调。但南理宇听说后，下令取消了。

南理宇对韩国第一银行项目是否有诚意？我们摸不透。他知道，如果政府方面背弃《共识备忘录》，造成谈判破裂，就会遭到舆论的指责。但是，他的谈判态度软化，究竟是谋求妥协以促成交易，还是为推卸谈判破裂的责任做准备？我们摸不准，因为在谈判桌上看似积极的迹象与从媒体中读到的对新桥日益增多的批评形成反差。

3月26日，主流报纸《朝鲜日报》发表了一篇文章，题为《新桥是唯一选择吗？》。一看标题就知道作者想说并非如此。文章通篇假借"不肯披露姓名"的他人之口，说为什么政府应该放弃与新桥签署的《共识备忘录》。"某外资银行分行经理"说《共识备忘录》并非法律合同，言外之意就是违背也不要紧；IMF 内部的人"开玩笑说，新桥找到了韩国第一银行这个容易下手的目标"。其后，文章责备 IMF 当初要求韩国政府出售两家破产银行，作为获得救助的条件。文章建议政府与其注入资本金拯救韩国第一银行，不如将其关闭，另起炉灶成立一家新银行。文章接着说：

> 曾参与韩国第一银行出售谈判的金融专家称："《共识备忘录》的签署确实很仓促，但新桥是当时唯一可选的交易对象，我们别无选择。"但他还说："政府向 IMF 承诺出售两家陷入困境的银行（韩国第一银行和汉城银行），从并购战略上来看完全是个错误。"

这篇急就章用意明显，就是给政府放弃韩国第一银行交易寻找借口。作者编造出几个不具名的所谓权威人士，以掩盖来源，但字里行间都可以看到南理宇的影子。其实文章中的说法根本站不住脚。作者甚至不懂，如果政府关闭一家破产银行，就要承担几乎全部的损失。因为存款是政府的存款保险公司担保的，一旦银行倒闭，政府就需要拿出钱来支付存款。结果只能是，政府一点钱都不少花，而且花的钱都成了肉包子打狗——有去无回。卖出韩国第一银行，则给了政府回收资金的机会，因为在新桥扭转了银行的状况后，政府作为股东也会从中收益，而政府收益就是纳税人收益。

特别好笑的是，作者假冒 IMF 官员之口批评韩国第一银行的交易。其实国际机构和国际市场对该交易不但乐观其成，而且非常支持，把它视为韩国是否有决心改革金融体制的试金石。

文章的结尾露馅了："一位谈判专家说，如果交易不成，不一定要信守《共识备忘录》，但须拿出证据说明这不是韩国的错，以免韩国的信誉受损。"不难猜测这位"谈判专家"是谁。南理宇在谈判桌上的表现就说明了一切。

南理宇进退两难。新桥多次公开要求双方信守《共识备忘录》，而他想摆脱《共识备忘录》。他知道，违背《共识备忘录》对韩国的国际形象不利，影响投资者对韩国市场的看法，而外资对于韩国经济的恢复是至关重要的。我们怀疑南理宇对于接受国际准则的表态不过是阳奉阴违。

一方面，最近几天谈判似乎取得了一些进展；另一方面，《朝鲜日报》的文章让我不得不对金监会团队的诚意产生新的怀疑。如何应对呢？

3月26日，庞德曼起草了一封信，以布朗姆的名义发给南理宇。以后者的名义是因为布朗姆上次在汉城会见李宪宰的时候，曾经与他达成共识：如果在最后关头双方仍然达不成协议，由最高层会面解决问题。在信中，布朗姆强调新桥认为遵守《共识备忘录》的核心原则至关重要，不会接受任何更为不利的条件。此信虽然没有点破，但潜台词是反驳《朝鲜日报》那篇文章的说法。我们想让南理宇知道，我们不是那么好糊弄的。信的结尾说：

> 上次见面时，我和李宪宰主席达成共识，如果到4月中旬双方团队仍未达成协议，最高层见面一次性解决所有问题。请你让

李宪宰在 4 月中旬的日程表上预留几天。现在看来，如果在未来的几周没有实质性的进展，只能留给双方最高层谈判解决了。

我们的用意是给南理宇施加压力：你如果不合作，我们只能越过你，在上层解决问题。

但是没用。我们天天和金监会团队谈判，但是所有的努力基本白费。很快进入 4 月，离排他期终止日 5 月 2 日越来越近，媒体开始猜测为什么谈判仍然没有突破。韩国的报刊时而援引政府"消息人士"的话，将进展缓慢的责任归咎于新桥。令我们担心的是，这些负面报道会使金监会的态度更强硬。

4 月 2 日，正在和金监会团队谈判的时候，我被叫进南理宇的办公室。他坐在办公桌后面，像背台词一样滔滔不绝地说了好长时间，才停下来让翻译说话。他的大意是，政府永远不会忘记，新桥在韩国最困难的时候挺身而出，签署了《共识备忘录》。我觉得他说此话有点虚情假意，因为在谈判的时候，他从来没有做过这种表示，而且相反，言谈话语之间屡次对《共识备忘录》表示不满。之后，他说政府与新桥交易的承诺不变。他的表态有点出乎我的意料。最后，他发牢骚说新桥的来函时间和内容都有问题，尤其是信中质疑媒体对谈判情况的解读和金监会的意图。他说，不管媒体怎么说，政府仍然坚定支持和信守《共识备忘录》，如果媒体错误引用了政府的话，他们会采取必要的措施予以澄清。

就在我被叫去与南理宇会面之前，金监会团队坚决否认与媒体接触过，我差点相信了。可是当我走进南理宇的办公室时，恰巧看到一群记者鱼贯而出！

＊　＊　＊

打赢舆论战很重要，而媒体是重要武器。到目前为止，我们一直在舆论战中处于下风。金监会团队把谈判进展不利的责任悄悄地推到新桥的头上，暗示是我们的过错。公众不明真相，媒体迎合排外情绪，当然不会替新桥说话。舆论不支持，谈判就更加困难。

我思考后，认为需要主动和媒体建立良好关系，通过它们纠正误解。争取媒体，很不容易，记者们当然想知道内幕，但是双方都有对谈判内容保密的义务，不能披露。我们所能做的，就是通过媒体向民众传递积极信息，诸如为什么新桥的投资以及与政府的合作是改造和扭转韩国第一银行状况和前景的最佳方式，为什么韩国第一银行的改造对于韩国银行体制的改革意义重大，为什么《共识备忘录》公平合理且符合国际市场的惯例，等等。此后，通过媒体与公众沟通，成了我工作的重要组成部分。

韩国和外国记者都很有兴趣与我交谈，以期了解谈判的进展情况。大部分韩国记者不说英文，交流时需要通过翻译，不大容易，而与英文报刊的记者交谈没有语言上的障碍，方便得多。很快，我熟悉了不少记者。英文版《韩国时报》有个记者叫金贤民，他总是有礼貌地以"单博士"称呼我，有时也叫我"博士"。英文的"博士"和"医生"是一个词，我开玩笑对他说我已经不是江湖医生了，但是他也不改口。虽然我觉得金贤民太客气了，但我也欣赏他的真诚。

《韩国时报》是韩国最重要的英文报纸。早在1月，这份报纸对韩国政府将韩国第一银行出售给新桥一案持批评态度。我花了很多时间向金贤民做解释，包括《共识备忘录》谈判的来龙去脉，之后，该报对于新桥的报道就客观公正多了。

4月的一天，金贤民传真给我一篇计划在次日见报的文章样稿，并且附上一张便条，说我有什么要说的可以随时和他联系。我读了之后，觉得蛮好，没有什么要说的。

这篇文章是他对世界银行一位名叫斯里·拉姆·艾耶的执行董事的采访。大意是说，韩国第一银行的交易是国际社会所期待而且坚决支持的。艾耶说："不管是《共识备忘录》还是最终的合同，谈好的交易就是谈好的交易，双方都需要尊重和遵循，不能说话不算数。"艾耶还说，在韩国投资仍然风险高得不得了，所以对外资的吸引力不大。他之所以这么说，是因为在韩国政府与汇丰银行签署《共识备忘录》公布之后，很多官员就忘乎所以，傲慢起来。南理宇就是典型的代表。艾耶提醒，就在一年前，新桥对韩国经济充满信心，而其他外国投资者避之唯恐不及。

我从未与艾耶见过面，也没有通过电话，他表达的完全是他个人的观点。我非常赞同他的话，也佩服他的坦率。国际组织的代表一般善于外交辞令，说话语焉不详，而此人直来直去，毫不掩饰。我把文章发给同事们，并在封面邮件上说："不同于国际机构的一贯作风，此人替我们说话，直言快语，令人耳目一新。"

* * *

排他期只剩下不到一个月了，但仍无迹象表明金监会在努力弥合与新桥之间的差距。看起来，他们是想拖延时间，坐等排他期结束。我们决定安排金监会的李宪宰和新桥的两位联席主席（布朗姆和庞德曼）举行一次会议。我们希望能一次解决全部关键问题。高层会议定于 4 月 16 日举行，距离排他期结束仅有两周。

随着日期的临近，我们为会议做了精心准备。为了营造友好气氛，我和唐开罗建议布朗姆和庞德曼各准备一份小礼物。李宪宰和庞德曼是哈佛大学的校友，李宪宰参加过哈佛大学的高级管理进修班，庞德曼是哈佛法学院的理事。因此，我们让庞德曼送一对镶嵌哈佛大学校徽的袖扣。布朗姆是一位登山爱好者，他会带去一本书，内容是新西兰人埃德蒙·希拉里和尼泊尔人丹增·诺盖于 1953 年登顶珠峰，成为历史上征服世界最高峰的第一批人。他在书中附上一张自己在珠峰山坡上的照片。我们希望用这些小礼物表达个人情谊，拉近双方的距离。

我们在准备"和谈"，而金监会好像在"备战"。随着高层会议临近，我感到来自各方面的压力与日俱增。许多记者打来电话，打探谈判的情况。其中有韩国记者，也有《华尔街日报》和《金融时报》等外国报刊的记者。本地的报纸上充斥着预测谈判失败的报道，而且把失败归咎于新桥。《韩国时报》似乎是唯一表示支持韩国第一银行交易的韩国报纸，但它是英文报纸，所以读者不多。因为知道这家报纸的记者可以听进我们的话，我特意和他们见面，介绍情况。我告诉他们双方的分歧正在缩小。

在会议前几天，我接到了金监会顾问大摩的一位董事总经理哈里森·扬的电话。

他直言不讳地说："你们就要失去这笔交易了。"他没有说别的，但言下之意很清楚：我们必须做出更多的让步来挽救这笔交易。

之前，金监会的大部分威胁是通过媒体传递的，这次由其财务顾问的高层直接传达，我知道此言不虚，因为扬不会把自己不相信的信息传达给我。他的话引起我们焦虑，但也无可奈何。即便金监会以退出交易相威胁，我们也没有再让步的余地。看来高层会议是我们挽救交易的唯一希望。

*　*　*

4月15日，布朗姆和庞德曼从旧金山飞抵汉城。我们一起到金监会大楼最大的会议室，会见了李宪宰和他的团队。会议室两侧各摆着一排长桌，桌子后面靠墙的一边摆着椅子，双方的团队面对面坐下。两排桌子之间的空间很大。庞德曼和布朗姆先起身，各自向李宪宰赠送了礼物。李宪宰表示感谢之后，大家回到座位上。此时，我们准备开始正式谈判。事前，我已经把一份经过反复修改的投资条款单草稿和问题清单发给了金监会团队，以便李宪宰提前准备。

条款单是一份新文件。先是我方根据《共识备忘录》起草的，丰富了细节，除了商业条款，又加入了必要的法律语言，譬如文件适用什么法律，争议在哪里解决，等等。在双方谈判的过程中，有些条款又根据双方达成的一致修改，还有些条款双方的意见不一样，用方括号圈起来，以示有待进一步讨论。

出乎意料的是，李宪宰并没有开始讨论关键条款，而是宣读了一份事先准备好的声明。首先，他指责新桥与世界银行等第三方接触。显然，《韩国时报》对世界银行执行董事艾耶的采访使他震怒。他照本宣科，头也不抬，没有给我们任何机会解释，艾耶的访谈和我们无关，而且我看到那篇文章的时候，和他一样感到惊讶。当然我很高兴艾耶仗义执言，而李宪宰则怒不可遏。

李宪宰说："钱对我们来说不是问题。我们希望新桥能带来两样东西——经验和管理。"他说，韩国政府和老百姓都没有信心新桥可以提供任何一样。说这些话的时候，他声色俱厉。

李宪宰的话音一落，庞德曼回应说，新桥和韩国政府的目标是一致的。然后，为了让对话言归正传，他说："回到主席刚才的讲话和《共识备忘录》，我们的问题是：什么是干净的银行？如果解决了（贷款）按市值作价的问题，其他问题都不难。我们应该把精力集中在这一个问题上，把它彻底解决。"

但李宪宰并不认同，说："不能为了杀跳蚤而烧毁房子。"

我从未听过这个比喻。一般情况下，我会觉得可笑，但此时此刻，他的比喻揭示了新桥和韩国政府之间的鸿沟：我们认为贷款和其他资产按市值作价是交易中最关键的问题，但他认为不过是一只"跳蚤"，不足为虑。

布朗姆紧跟着发言道："应该按照国际惯例让银行重回正常。当然，市场是在韩国，需要做出相应的调整。"然后他也用了一个比喻："我看双方的分歧就好像争论杯子是半空还是半满一样。"意思是说政府方面认为够了，而我们认为不足。

李宪宰没有再说什么。他起身离开会场，留下我方两位联席主席，面面相觑，再看看对面的南理宇，南理宇用他一贯的冷漠目光回视。

李宪宰愤怒的语气和突然离去使我们感到很震惊。世界银行执行董事的言论与我们毫无关系，国际组织根本不可能听命于我们，他不过是发表了独立见解，而李宪宰却归罪于新桥。显然，令韩国官员愤怒的是，世界银行的观点与新桥一致，这让政府方面更难摆脱《共识备忘录》的束缚。

李宪宰离开会议室之后，南理宇主持会议。金监会团队中的小李开始逐一陈述政府在双方有分歧议题上的立场，其中包括评估银行的负债——银行的存款和其他形式的有息负债。金监会方面现在居然想降低活期存款的作价，从而使净资产上升。这种说法简直是莫名其妙，如果负债减少，净资产当然增加，但是负债是刚性的，如何靠重新作价的方式减值？韩国和美国一样，存款是由国家存款保险公司担保的，所以存款必须以全值加利息偿还储户，又怎么能减少呢？

小李逐一拒绝了我们所有的提议，而且像过去一样，不说理由。

轮到我方说话的时候，庞德曼指出："如果银行的资产不按市值作价，也不能要求对负债重新估值。我们认为银行的负债没有理由不按面值，或采取任何不同的方法计算。"

南理宇回避了庞德曼讲的逻辑，而是说："我不同意庞德曼先生的说法。"然后他大发了一通牢骚，把谈判陷入僵局归咎于新桥。

就在开会之前，布朗姆把我拉到一边，说："单，谈判时保持冷静和耐心很重要。"显然他听说我有几次耐不住性子了。他说得没错，我点头表示同意。

此时，随着南理宇不断指责我们，我看得出来，布朗姆越来越压不住火了。他的面容紧绷，眼神也变得很犀利。终于有机会发言时，他一边说话一边拍桌子。我坐在他旁边，轻轻拉了拉他的袖子，想让他冷静下来。他突然转过身来，脸憋得通红，冲着我吼道："对于这些胡言乱语，你怎么能忍受了这么久？"

这个所谓"最高层见面一次性解决所有问题"的会开完了，一无所获。我们都感到垂头丧气。谈了好几个月，没有结果，而且种种迹象表明，金监会团队准备退出交易。我感觉我们所有的努力，包括熬夜开会、有家难归，都变成徒劳。那天是周五，我们全体乘飞机离开了汉城，各自回家过周末去了。没有人知道接下来会发生什么。

*　*　*

周日，我在香港的大街上碰到了菲利普·吉利根。他是金监会的法律顾问美国伟凯律师事务所的律师。他的合伙人埃里克·尹参加了周五的会议。吉利根说尹告诉他会议开得很好。

他这么一说，我都蒙了，就好像自己被别人劈头盖脸骂了一顿，旁观者却说他们的交谈很融洽。菲利普解释说，李宪宰声色俱厉的声明不过是做样子，因为金监会担心新桥会退出谈判。

这就更奇怪了，简直有违常理。新桥两位联席主席专程从美国飞到汉城来谈判，试图挽救这笔交易，金监会怎么可能黑白颠倒，认为我们要退出谈判呢？他们的葫芦里到底卖的是什么药呢？

我去请教大摩团队牵头人哈里森·扬。他说，韩国政府内部仍然存在意见分歧，甚至连作为顾问的大摩也不知道政府到底想要做什么。他的建议是，耐心等待，直到政府的意图明朗化。我很难判断是否如此，但他的解释好像更符合逻辑。

*　*　*

又一周过去，金监会有动静了。4月22日，突然，金监会送来一个新提案。我们看过之后，认为其中很多条款都是不可接受的，但提案本身表明金监会还没有放弃。也许情况没有我们想象的那么糟糕。

第二天，我们回到汉城，和金监会团队会面。在我们看来，会议的目的是要澄清他们提案中的条款。南理宇在会议开始时说："希望我们的讨论能有好结果。"我觉得他是想知道我们是否会接受金监会的提议。我说，新桥方面只是想要澄清这些条款，之后我们会仔细审阅并在内部讨论，然后再提供反馈。南理宇显然没有兴趣讨论技术细节，不久就离去了。

这次谈判，双方都客客气气，而且很投入。我们对金监会的新建议提出一系列的问题，他们乐于解答，似乎也愿意听我们的反馈。我们需要进一步思考和分析，才能正式答复金监会。双方同意在下周二即 4 月 27 日续会。

会后，我给一位关系不错的金监会成员打电话，探听虚实。尽管看上去有一些进展，但他并不乐观。他告诉我，金监会对其建议的条款不会有弹性。他们认为韩国的金融市场和信贷状况有所改善，其谈判地位也因之提高。他认为，最新提议大概是他们力所能及的了。

确实，市场情绪正在改善。当月，《华尔街日报》报道，投行高盛将向韩国最大的零售银行（国民银行）投资约 5 亿美元，成为最大股东，持股 16.8%。高盛将指派一名董事，但是没有任何管理权。此前，韩国的银行以净资产打折的价格招股也无人问津，而高盛的出价高于净资产值。这个投资释放了一个强烈的市场转向的信号。我担心高盛的交易也会让政府和公众产生疑问：是否仍有必要将韩国第一银行的控制权卖给新桥？

我想必须加强公关。我打算举办一场记者会，和众多媒体同时交流，这样做最高效，影响也最大。我想达到两个目的。一是让媒体和公众了解新桥的立场是合理的，与《共识备忘录》是一致的，我们信守承诺。言外之意当然是政府方面也不应该违背承诺。二是向金监会表明新桥不会在舆论中逆来顺受或代其受过。

金监会的新提议是个进步。新桥团队中不少人担心，我们此时在公关上采取主动是否会被金监会误解。李宪宰对世界银行执行董事艾耶的强烈反应言犹在耳，此时召开记者会，是否会又捅了马蜂窝？万一惹恼了金监会，他们的立场可能更趋强硬，或者干脆退出交易，岂非适得其反？我们知道金监会对媒体关于新桥的报道很敏感，有时有些正面报道都会引起他们的不满。我的同事担心一言不慎都会导致我们好不容易取得的一点进步付诸东流。

尽管有这么多的顾虑，我思考再三之后，还是决定，主动出击利大于弊。我认为如果没有公众舆论的支持，韩国第一银行的交易难以成功。我坚信这个交易符合各方利益。不仅我们需要它成功，政府更需要。这些都应该对媒体讲清楚。

记者会定于 4 月 27 日上午举行。我们约好当天下午与金监会开会。

在记者会之前的几天里，我频繁与记者们沟通，往来最多的是《华尔街日报》的迈克尔·舒曼、《金融时报》的约翰·伯顿以及《韩国时报》的金贤民。我向他们通报谈判进展概况，而又小心谨慎地不透露细节。他们也礼尚往来，经常告诉我从政府方面听到的消息。这种交换有利于我们知己知彼。显然，金监会不仅要对付韩国媒体，也影响外国媒体。

谈判久拖不决，韩国第一银行则每况愈下。4 月初，金监会通知韩国第一银行准备再接受 2 万亿 ~3 万亿韩元（合 17 亿 ~25 亿美元）的注资。此前政府已经注入了两三万亿韩元的资本。所有注资都用于填补贷款损失造成的窟窿。收归国有之前，银行股本金就早已消耗殆尽。银行一直处于资金饥渴状态。由于谈判陷入僵局，政府不得不投入更多资金来维持其运营。

崔元圭是韩国第一银行的一名高管，英语说得很好。他支持新桥的收购，而且因为交流方便，我们关系很好。他告诉我，工会强烈支持新桥的收购。员工对交易的态度可能左右舆论，政府方面也不能忽视。

就在这周，韩国总统金大中会见了现代、LG 等五大财阀以及其他重要企业的领袖。韩国第一银行的董事长柳时烈和金监会的李宪宰也应邀参加。会上，总统向李宪宰询问了新桥收购韩国第一银行的交易情况，并要求他提供一份进展报告。总统亲自过问的消息传来，新桥团队很受鼓舞。既然政府的最高层仍然支持和关注韩国第一银行项目，金监会就不可能轻易言退。

可是，就在记者会召开的前一天，《华尔街日报》和《金融时报》都发出报道，称韩国政府可能会退出向新桥出售韩国第一银行的交易。道琼斯、彭博社、《韩国经济日报》相继打电话给我，要求评论。显然，政府方面先发制人，发动了一轮舆论攻势。

第二天上午 11 点，记者会在韩国第一银行总部的一个大房间举行，里面挤满了记者。韩国第一银行的崔元圭先生为我担任翻译。南理宇曾在记者会前给银行打电话，试图劝阻崔元圭担任我的翻译，但崔元圭没有理会。一个银行的职业经理人敢于无视监管部门的高官，确实需要胆量，可见他对新桥交易的支持是诚心实意的。

我在开场白中先道歉，一是因为我不说韩语，二是因为没有早点与媒体见面。然后我说：

> 但我正在学习韩国的语言、历史和文化。我们之前没有开过记者会，是因为我们认为多做少说比较好。但是，我们在媒体上看到不少对新桥的误解，所以觉得有责任向大家解释新桥是什么，不是什么。

针对报纸上时而报道新桥是个对冲基金，是乘人之危的"秃鹰"，我说：

> 我们不是对冲基金，不是短期投资者。短期投资者不会在市场低迷时投资，但我们会这样做。
>
> 我们是私市股权投资公司，是扭亏为盈的专家，通常通过长线投资创造价值。我们是优秀的企业公民，有信心重组韩国第一银行并使其扭亏为盈，因为我们有资本、经验和成功的记录。这就是为什么政府的财务顾问大摩邀请我们竞标。政府之所以与新桥签署了《共识备忘录》，是因为我们的方案是政府收到的方案中最佳的。

我接着解释了新桥在韩国投资的原因。

第一，我们对韩国人民充满信心。他们勤劳刻苦，有在世界市场上竞争成功的潜力。第二，我们相信韩国政府对改革的承诺。第三，我们比任何人都更懂得如何改造银行，我们会组织一个世界级的管理团队搞好韩国第一银行。

我强调新桥与韩国政府有两个共同目标：经营一家健康的银行和采用国际最佳标准。我强调了政府在这笔交易中的重大利好："韩国第一银行的改造将成为韩国银行业改革的标杆。"我描述了如何建立新的"信贷文化"——不靠关系、不靠政策，而靠客户还款能力放贷，减少坏账的风险，使韩国第一银行成为名副其实的国际竞争者。

"会裁员吗？"有记者问。

我说："没有裁员计划。我们期待着与韩国第一银行的员工和管理层合作。"

当时韩国第一银行的董事长柳时烈已经大幅裁员，所以我们认为没有必要再进一步裁员。

根据《共识备忘录》，排他期将在一周后到期，大家迫切地想知道谈判的进展情况。

我回避了这个问题，只讲积极的一面。我把韩国第一银行的收购描述为新桥与韩国政府的完美联姻。双方相互尊重，当然，也有一些分歧。我只肯说，如果交易破裂，会是双输。

我反问："不做这笔交易的代价是什么？"

我不需要回答这个问题，因为大家都清楚：如果交易失败，政府可能违反与 IMF 和世界银行达成的 580 亿美元的救援协议，纳税人承担拯救和维持韩国第一银行的巨额成本。

排他期满后会怎么样？我避而不答。事实上，我也不知道。

第二天，内外各大报纸都报道了我的讲话。舆论反应总体来说是积极的，说明记者会很成功。通过这些报道，我们驳斥了指责新桥贪婪无理的谎言。就连韩国财政经济部也对记者会做出了积极的回应，发表声明支持新桥对韩国第一银行的收购。据我所知，只有金监会对记者会不满意，但是他们选择了沉默。

* * *

尽管韩国第一银行的经营面临着压力，以及政府最高层对交易持续关注，但是在谈判桌上仍然没有什么进展。我召开记者会当天下午，双方又坐到谈判桌前，金监会团队的谈判策略与以前差不多。谈判再次陷入僵局。

我们迫切需要了解政府内部到底是怎么想的。为此，我们聘请了一家总部设在纽约的政治咨询公司来帮助我们。游说是美国政治和经济生态的一部分，各种利益集团通过游说公司了解政坛的走向，影响政客、政府以及国会的决策。有些美国的此类公司在其他国家也很活跃。

我们聘请的两位顾问据说对汉城的政坛很熟悉，有不少关系。他们总是笼罩在一种神秘的气氛中，好像知道很多内幕，但是从来不透露信息的来源。他们可以讲很多故事，包括支持和反对总统改革议程的各种政治派别之间的明争暗斗。听他们的描述，就像听侦探小说一样，很有趣，但是很难判断真伪。

譬如，他们说，我们的电话和传真线路都被监听了，政府方面对我们在内部电话会议上讨论的所有策略和计划都了如指掌，手机和酒店电话一样不安全。在这之后，我们小心地避免通过打电话讨论机密信息。为了保密，我们有时只能使用大街上的公用电话（那时公用电话还存在）。我记得有几次陈焕彪不得不冒雨跑到酒店对面的电话亭去打电话。在韩国境内，我们尽量减少在电话、传真和电子邮件中传递信息。只有在韩国之外，才敢于无所顾忌。

两位顾问说，韩国的情报机构不仅监听我们的谈话，还为我们每个人取了个代号。据说庞德曼的代号是"KIM CHEE"（泡菜先生）。为了保密，顾问也给我们每人取了代号，包括他们自己。两位顾问一位是"高个子"，另一位是"矮个子"，我是"瘦子"，而唐开罗是"帅哥"。

即便有了这些保密措施，我也不觉得自己像特工007。我想如果他们所说的这一切都是真的，那么情报人员比我们更有创意、更专业。我们自己起的代号太小儿科了，瞒不了任何人。如果我们站成一排，我7岁的女儿都可以分辨出谁是"高个子""矮个子""瘦子""帅哥"。恐怕代号比真名更容易分辨出我们呢。

"高个子"和"矮个子"陆续带一些韩国人来见我们。他们声称了解政府内部的情况，可以帮助我们联系能够影响国会和青瓦台决策的人。我无法判断他们的话是否可信。在"高个子"和"矮个子"的安排下，我确实拜访了一些国会代表和青瓦台官员，向他们介绍了交易情况和新桥对韩国第一银行的改造计划。

我不知道这些会面是否有用，甚至不知道见我的人是想帮助我们，还是想从我这里套情况。韩国第一银行的交易受到公众如此广泛的关注，几乎是饭后茶余的热门话题，因此很多人对谈判的内幕感兴趣，政府官员也不例外。但是，我想这些接触至少无害。我把这些活动作为教育舆论领袖工作的一部分，就像见媒体一样。我们搞不清楚谁赞成、谁反对这笔交易，但争取尽量多的人支持和同情绝对是错不了的。

在排他期即将结束的几天里，"高个子"和"矮个子"一再告诉我们，交易实际已经敲定了，政府打算在某日签署文件。我觉得他们的说法太不可思议了，原因是谈判并无实质进展，对方也没有积极争取解决所有问题的迹象，双方并没有形成新的文件，拿什么签字呢？难道新桥说签什么，政府就签什么吗？这不可能。果不其然，"高个子"和"矮个子"先后预测了几个签字日期，结果什么都没有发生，但是每次，这两位顾问都能为他们预测的失败找到一些似是而非的理由。

5月2日，排他期将在午夜结束。还剩下几个小时的时候，"矮个子"对我坚持说，"交易已经敲定"，但是他警告我："这笔交易不可能在谈判桌上赢得，却有可能在谈判桌上失掉。"

我当时并没有认真思考他说的话，还认真在笔记本上写下，"所以策略就是守住阵脚，等待幕后水到渠成"。事后回想起来，我才恍然大悟，他的意思是，如果赢了，不是我的功劳——因为不可能在谈判桌上赢得；如果输了，则是我的过错——因为可能在谈判桌上失掉。我整个就是成事不足，败事有余呀。

在5月1—2日的两天里，我们感到紧张不安。金监会断然拒绝了我们最新的提议，还增大了双方的分歧。他们仍然坚持将银行的负债减值，具体的是将银行存款减值1.5万亿韩元（约合12亿美元），这就意味着资产端的作价增值同样的幅度。

我们实在不明白金监会葫芦里卖的是什么药。他们的建议明摆着不合理，双方在关键问题上的立场渐行渐远，金监会似乎无意弥合与我们之间的差距。

与此同时，其他竞标者也浮出水面。一家从未听说过的、据说总部设在香港的对冲基金，叫作 Regent Pacific，在 5 月 1 日发了一个公告，称在新桥的排他期满后，它将提出比新桥的条件更优惠的建议书。

我们在内部商量之后，决定换个方式做最后的努力。我们想，如果我方让财务顾问出头谈判，对方可能减少戒心，愿意妥协。所以我们请雷曼兄弟的奥汉隆在 5 月 1 日的会议上代替我担任主谈。

这一招多少有点效果。金监会方面的态度果然有些放松，好像听得进去一些，但是根本立场并没有改变，还是坚持我们必须接受他们 4 月 22 日的方案，而那是我们已经拒绝了的方案。奥汉隆明确地说，双方只能在新桥 4 月 27 日方案的基础上谈判。4 月 27 日的方案与金监会之前提议的条款之间差距比较小，更容易弥合。金监会在过去的一个月从自己的提议中不断向后退，每一次新的方案都比上一次糟，所以在他们方案的基础上谈判不会取得任何进展。会议开到最后，奥汉隆向对方口头陈述了一个折中方案，我们在当天晚上就将新方案形成文字，传给了金监会。

5 月 2 日下午，距离最后期限还剩大约 8 个小时，新桥整个团队都来到金监会参加最后一次会议。到了之后，听到一个消息，李宪宰当天参加了金监会内部的每次讨论。显然，在最后关头，他开始认真对待此事了。我们的解读是，金监会也许收到了政府最高层的信号。

双方的人员还正在握手寒暄，就有人告诉我，南理宇有请。我和奥汉隆被带到南理宇的办公室。坐下之后，奥汉隆简要地向南理宇解释了新桥的新方案。南理宇答复说，政府需要一些时间审查新方案，然后才能提供反馈。如果是这样的话，双方不可能在排他期截止之前，也就是在当天，达成最终的协议。因此，奥汉隆说："那么双方需要延长排他期。"

南理宇眼睛一亮，好像听到了盼望已久的好消息，立刻问："这是新桥方面的正式请求吗？"

我当然希望排他期延长，但并没有抱很大希望。我回答："我可以让它成为正式请求。"

南理宇转头对他的一个属下说："记下来，新桥正式请求延长排他期。"然后又转向我，说："我们需要你书面提出请求。"

他的言谈举止传递了一个很清晰的信号，他想利用排他期作为筹码，迫使我们接受他的条件。他大概期待新桥会在最后一分钟缴械投降，接受他的全部条件，所以单独会见我们，等着收礼物。他如果真是这么想的，那就太天真了。看到他难以掩饰的得意神态，我估计他不可能同意延长排他期。

那天的会面就结束了。我随后给他发去一封函，正式要求金监会将排他期延长 10 天，以便双方就主要条款达成一致，纳入新的条款单，然后再用三周的时间完成最终协议的起草，之后尽快交割。

信发出去了，剩下的只有等待。

1999 年 5 月 2 日午夜 12 点，新桥与韩国政府就韩国第一银行独家谈判的排他期到期。政府方面鸦雀无声。第二天早上，仍无动静。

我给布朗姆、庞德曼和团队的其他成员写了一个备忘录，报告最新的情况：排他期结束，没有任何突破。还没有发出，我收到了金监会的来函。看完之后，我在备忘录的开头补充了一段话："收到了金监会函，拒绝了我们延长排他期的请求，说将继续在非排他性基础上与我们谈判，到 5 月 12 日为止。"

看来南理宇不愿意放弃他所认为的手中的筹码。

第6章 双重身份

汉城位于朝鲜半岛中部三八线以南，和山东烟台在同一纬度上，所以气候也相似。5月可能是一年中最宜人的月份。4月还春寒料峭，到了6月，就夏日炎炎了。5月很少下雨，所有的树木都披上了绿油油的新叶，仿佛打过蜡一样，在微风中反射出闪烁阳光。

新桥团队已经把新罗酒店当成了家，每次来汉城都在此入住。酒店坐落在龙山区南山的山麓，紧挨着古城墙的遗迹。

南山位于汉城中心，海拔262米。山顶上矗立着电视塔，称为"汉城塔"（2005年改译为"首尔塔"），塔高237米。

酒店藏在一条私家路的尽头，主楼是红褐色的砖砌成的，约20层高。它建于1979年，已经开始显现出年代。紧邻的是一栋年代久远的建筑——朝鲜古建筑的风格与中国古代建筑大同小异，大门上方有一块横匾，上面有三个书法遒劲的汉字"迎宾馆"。此馆曾经是国宾馆，后来在青瓦台内建立了新的国宾馆，这个建筑和周围的土地就变成了新罗酒店的一部分。我隔着酒店房间的窗户可以看到主楼和迎宾馆之间的草坪。5月的每个周末，草坪上都有婚礼举行。

在 15 世纪之前，汉字是韩国唯一的书面文字，直到世宗大王主持创造谚文——一种表音文字，也称朝鲜字，但到了 1948 年，韩国和朝鲜才逐渐废用汉字。谚文和韩语拼音类似，有些同音字或词，用谚文写，没有前后文则不解其意。我在 20 世纪 80 年代末第一次来韩国时，许多街道名仍然使用汉字，商店的字号更是如此；报纸上文字，也是掺杂汉字和谚文，类似日文中既有汉字也有假名。后来，除了名字仍用汉字书写外，汉字渐渐消失，就连首都的中文名字，都在 2005 年从汉城改为首尔，虽然流经首都的汉江名字中文翻译仍然没改。在老一辈的韩国人中，许多人仍然精通汉字。今天，韩国人的名片上也普遍不写汉字了。

能够读汉字对于了解朝鲜历史很有帮助。朝鲜的历史典籍不光是用汉字书写的，而且用的是文言文的文法，所以粗通汉语的人都读得懂。遗憾的是，韩国的年轻人看不懂本国的历史典籍了，可谓数典忘祖。韩国的很多古迹，包括宫殿的匾额、寺庙门柱上的对联、古亭中的诗抄和博物馆中的陈品等，都使用汉字。

我经常跑步，5 月天气宜人，沿着蜿蜒的山路跑步特别享受。跑到南山顶峰、汉城塔下，举目远眺，整个城市尽收眼底，汉江像一条闪亮的丝带从城中穿过，美不胜收。

* * *

5 月 3 日是周一，金监会对外宣布将继续与新桥就出售韩国第一银行的交易谈判，以 10 天为限，到 5 月 12 日为止，但新桥不再有独家谈判权。金监会的意图很明显，如果有人愿意出更好的条件参加竞争，此举可能迫使新桥让步，接受对政府更有利的条件。

5月7日是周五，我在香港发出一份内部备忘录，题目是"保险箱项目——另一个期限"。项目的代号仍然是"保险箱"，尽管在这个时间点，这笔交易看起来一点也不保险。

我写道，尽管"高个子"和"矮个子"都信誓旦旦，说协议已经敲定，政府方面一定会签字，但我们在谈判桌上没有察觉到对方有任何妥协的迹象。对方似乎比过去更愿意同我们会面，但在主要条款上的立场没有改变。

"鉴于双方存在巨大分歧和如此众多的悬而未决的重大问题，"我总结道，"我不认为双方能在最后一刻突然达成协议。我猜想，即使对方有意愿达成协议，可能也只是期待我们接受他们的条件，而这是我们无法接受的。"

5月11日上午10点半，也就是政府自己设定的又一个谈判截止日的前一天，新桥团队在金监会的办公室再一次会谈，听取对方对我方提议的反馈。南理宇只是礼节性地出席了5分钟，就离开了。金监会团队没有对我方的提议做任何评论，而是坚持要我们再给他们一个新提案。

这样毫无结果的谈判使人难以忍受。雷曼兄弟的奥汉隆是个极有耐心的人。有一次对方毫无商量余地的谈判方式使我恼火，他劝我说："单，别往心里去，这不过是一笔交易而已。"后来我几次请他代为主谈，因为我认为他的无限耐心是对付对方无休止争辩的最好武器。

但现在连奥汉隆也受够了。他对金监会的谈判代表说："我们之间的是商业谈判，请不要摆出一副监管者的样子。"意思是说对方高高在上、态度傲慢。新桥顾问、美国储蓄银行前行长巴纳姆插话问："你们觉得不可接受的是经济问题还是交易结构？"对方的回答是："新桥的提案就是不可接受的。有了更好的方案再来谈吧。"

会后，团队回到酒店商务中心的会议室，讨论如何应对政府的要求。谈到一半，"矮个子"来告诉我们，交易已经敲定，没有问题了，要做的就是给对方我们最好的方案。无独有偶，《韩国时报》记者和其他人也打来电话祝贺，说一家通讯社刚刚报道，韩国第一银行的交易已经是新桥的掌中之物，政府只是在做最后的努力来争取更好的条件。

我觉得这一切都难以置信。就好像跟一个女孩约会，她拒绝和我说话，还打了我一记耳光，但回家后，朋友们告诉我，她已经准备和我结婚了。这怎么可能呢？

我们觉得在过去的 4 个月里，我们一直在和自己谈判，在政府的催促下提交了一个又一个方案，在政府的一再要求下不断改善条件，但无论我们做什么，对方都无动于衷。

那天下午，我们做了一个大胆的决定，希望能彻底改变谈判的进程。雷曼兄弟团队建议采用所谓"资产覆盖模式"（covered assets model）。我们曾经考虑过这个模式，但是从未向对方提出过。这个模式可以消除两个障碍：一个是对贷款整体作价多少，另一个是贷款分类方法——以确定需要卖还给政府的不良资产。既然以前的模式走不通，我们就只能另辟蹊径。

按照资产覆盖模式，银行将保留所有贷款，政府对贷款本息担保 5 年。期满后，韩国第一银行有权将不良贷款卖还给政府，政府有权选择或者按照原始账面值加累计的欠息（担保值）买回，或者支付担保值和银行对该贷款估值之间的差价。这种安排的考虑是，从政府的角度考虑，不必担心银行估值低于市值，因为政府有权按担保值买回然后按市值出售，优于支付担保值和银行估值之间的差价。从银行的角度看，如果估值低于市值，贷款被政府买走，自己失去一个客户，对自己不利。当然，银行也不会对贷款估值过高而导致损失。所以，双方利益都得到保护。

按照这个新模式，我们不必在交割前大规模地将不良贷款转给政府，除了不可救药、需要完全核销的贷款外，其他的都可以保留。因为有政府的担保，银行并不承担不良贷款的风险，而假以时日，客户财务状况改善，也许不良贷款就会变成好资产。对客户来说，如果银行把其贷款转给政府的坏银行，等于给市场发出一个负面信号，增加其财务压力。能够继续和银行保持客户关系，对于处于困境的客户当然有帮助。

我们要求，在 5 年担保期结束时，所有贷款将按照韩国金监会届时采用的准则而非国际准则做贷款分类。我们预计那时韩国的准则应该已经和国际准则接轨了，所以没有区别。

其实，哪一方拥有对贷款估值的权力都是一样的。如果政府方面估值，银行有权决定是按担保值卖还是接受政府用现金支付担保值和估值之间的差价，其效果是一样的。这就类似于两个人共同拥有一个不可分割的资产要分家，譬如一块钻石，双方商定，一方定价，另一方决定买还是卖。如果定价方定得过高，对方自然会卖；定得过低，对方当然会买。这样就迫使定价方合理定价，因为他不知道自己会成为买家还是卖家。如此一来，公平合理，任何一方都没有占另一方便宜的余地。我们把这种安排称为"买或卖"安排。

资产覆盖模式既不增加韩国第一银行的风险，也能消除政府的诸多担忧。譬如，政府担心新桥控制下的韩国第一银行在贷款到期时不予展期，而是行使卖还权。在这个模式之下，韩国第一银行一般没有理由不展期，因为贷款是政府担保的，所以对于银行几乎没有风险。

一般的谈判是零和游戏，任何一个条款，对卖方有利，就对买方不利，而我们提出的新模式，同时改善双方的条件，所以不同寻常。作为买方，我们担心的是经济下行风险，正常贷款也可能变成不良贷款，因此如果现在对贷款估值，必须保守。政府方面则期待经济能够迅速复苏，不良贷款也可能变成正常贷款，所以会对贷款的价值高估。因为双方的预期迥异，所以结果会大相径庭。按照新模式，今天根本不必估值，若干年之后，事实会证明贷款会改善质量还是成为坏账。我们认为，5年担保期内，经济一定会恢复，贷款损失会减到最小，需要卖还给政府的不良贷款也会比今天的少得多。这对双方都有利。我们希望金监会也能看出来。

5月11日晚上6点半左右，我们又回到金监会。奥汉隆率先发言，仔细解释了新模式。离第二个限期到期日还有仅仅几个小时，我们抛出了如此全新的概念，完全在金监会团队的意料之外。他们一脸惊讶，简单问了几个问题，然后说需要研究一下，就散会了。

回到酒店之后，尚未坐定，大摩的拉罗亚打来电话。他没有参加会议，但显然金监会要求自己的财务顾问解释新模式，而他不知就里，只好打电话问。看来新模式至少引起了对方的兴趣，但他们需要时间消化，如果他们认为可以进一步探讨，双方才能坐下来谈细节。

当晚，布朗姆乘私人飞机抵达汉城。他来访是两位政治顾问安排的，专门来见一位叫崔云志的先生。金大中总统的政府由三个政党组成，据说崔云志属于其中的联合自由民主党，又是三个党的财务主管。不仅如此，他还是金监会李宪宰的师父。"矮个子"和"高个子"说，崔云志会把李宪宰一起拉来和布朗姆见面，于时，李宪宰会为4月会面时的失礼向布朗姆道歉，然后双方握手言欢，一举达成协议。

我对这个预先排练好的节目将信将疑，直觉不会如此简单，但两位顾问信誓旦旦，说这就是韩国的国情，你就看好吧。

第二天是5月12日，第二个限期将在午夜到期。一早起来，新桥团队就聚集在一起，一边闲聊，一边等候布朗姆与崔云志会面时间和地点的确认，但一上午过去，杳无音信。我们知道两位顾问的工作需要保密，所以不便打听，只能耐心等待。后来实在不耐烦了，布朗姆和唐开罗驱车前往韩国第一银行拜会柳时烈董事长。直到下午2点左右，"矮个子"传来消息，说请布朗姆给南理宇打电话，南理宇会在电话机旁等待。他还说，南理宇会告诉布朗姆一切都搞定了。

布朗姆拨通了电话，但是接线人根本不知道布朗姆是何许人，也不知道南理宇在哪里。他的英语很勉强，说得结结巴巴。布朗姆沉不住气了，高声说："好些重要人物都在这里等着呢。"电话开着免提，我们都围拢在四周倾听他们的对话，对方显然不知布朗姆所云，但很有礼貌地用蹩脚的英语答道："我知道你是个大人物！"（You are a big shot!）他的用词其实略带贬义，没有人当面称人为"big shot"。大家闻言赶紧捂住嘴，免得笑出声来。

我只好到处打电话找南理宇。在我和他联系上之后，才知道他根本不知道布朗姆会给他打电话。我把电话交给布朗姆，两人交谈了不到三分钟，就挂线了。南理宇的英语不好，连寒暄话都说不利索，所以三分钟已是极限了。他说的大意是，金监会还在研究新桥提议的新模式。如此而已。

　　尽管这么多人浪费了一天的时间而不着要领，既没有见到布朗姆专程来汉城要见的人，也没有在电话上得到任何新消息，但两位顾问还是坚持说，一切都搞定了，交易将在午夜之前完成。

　　当天，被视为政府喉舌的韩联社发出快讯，称新桥提出了一个新方案，金监会正在研究。它援引一名"匿名政府人士"的话说："预料新桥的新建议中会设置很多陷阱。"我不用猜也知道谁是这位匿名人士。

　　当天早晨，《文化日报》发布一篇题为《新桥／韩国第一银行交易达成——政府决定承担 4.5 万亿韩元》的报道。文章称，合同将在中午 12 点签署，并在晚上公布，但因为政府担心交易对其主权信用评级的影响，所以谈判仍在进行中。文章没有说明政府为什么要担心主权信用评级。这篇报道与两位顾问讲的故事如出一辙，使我怀疑是他们圈子里的人在背后鼓捣出来的。

　　一时之间，好像许多不相干的人对交易的前景比我们自己还了解，跑来告诉我们何事在何时会发生。经过一番折腾，我再也不相信这些鬼话。最终，除了布朗姆和南理宇之间那三分钟的通话外，金监会团队和我们没有进一步的联系。第二次截止期就这样过去了。

　　当天下午 4 点，已经无事可做也无所期待的布朗姆飞返旧金山。他在汉城待了不到 24 小时，没有见到要见的人，也没有等来任何消息，万里迢迢，一无所获，白跑一趟。

　　事已至此，我不再相信两位顾问的说辞了，但我还是想听听他们如何自圆其说。他们声称，一些极有影响力的反对派人士在 5 月 11 日晚间突然发起反击，把已经煮熟的鸭子打飞了，而牵头的正是大宇的董事长金宇中。据说，金宇中反对新桥的交易，因为韩国第一银行是大宇的主银行，他担心如果老板成了外国人，就不会让大宇为所欲为了。

大宇当时是韩国最大的财阀集团之一，与现代、三星等齐名，其势力和影响不可小觑。但我相信，如果金宇中了解新桥提案的内容，就不会反对新桥的交易。按照新模式，韩国第一银行无须在交割前转让不良资产，可以保留现有的客户关系，给他们足够的喘息时间从经济危机中恢复。

我决定去拜访金宇中。无论关于他领头反对新桥交易的说法是否属实，如果能把如此有实力、有影响力的韩国财阀争取过来，对我们总是有利的。

我和金宇中早有私交。1987 年，我还在沃顿商学院当教授时，他就想请我当顾问。我应他的邀请到韩国访问，由他亲自陪同，乘坐直升机到各地参观大宇属下的公司和工厂，留下了极深的印象。韩国的企业几乎是准军事化的管理，纪律严明，而且大宇的业务范围很广，囊括纺织、酒店、造船、军工、飞机零件制造、汽车生产等，几乎包罗万象。

我很快和他通上电话，约好 5 月 18 日在希尔顿酒店的顶层吃午饭。

我认真做了准备，起草了一份备忘录，概括解释了新模式的关键条款和优点。我知道金宇中的英语很好，不过我还是请人把这份文件翻译成了韩语。

我想他可能最感兴趣的是根据新模式，在新桥完成收购后至少 5 年内，韩国第一银行不会将已有的贷款转给政府，所以大宇或其他借款人不必担心银行会中断和它们的关系。

席间，我告诉金宇中，新桥收购韩国第一银行会是一笔双赢的交易，我们需要银行的客户成功，这样我们才能成功。如果交易失败，各方都会输。

金宇中认真地听着，当着我的面把备忘录仔细阅读了两遍，然后说，他会尽力去了解政府内部的情况。

恰巧，几天后，雷曼兄弟的董事长兼首席执行官迪克·富尔德到访，在奥汉隆的陪同下拜访了李宪宰、金宇中等政府官员和企业领袖。我和奥汉隆事先为富尔德准备了关于韩国第一银行交易的背景资料，以便在任何会议上提及时，他心里有数，知道该说什么。

奥汉隆陪着富尔德走访了一天，下午 6 点左右回到酒店，看起来情绪低落。他们报告说，李宪宰表示，政府希望达成韩国第一银行的交易，他本人对交易前景乐观，但他说，关键不是价格，而是银行的管理和客户。富尔德解释道，新桥已经请好了新管理团队，但是收购未完成，他们就无法就位。此外，新桥提议的新模式意味着 5 年内不会改变现有客户的关系。

说到新模式，李宪宰一脸茫然。雷曼兄弟的两名高管意识到，李宪宰对新桥的新提议一无所知。看来南理宇知情不报。

他们与金宇中的会晤更令人失望。几天前我见金宇中的时候，他的态度很积极，但见到富尔德，他的口气变了，直截了当地说，要挽救韩国第一银行的交易为时已晚，没有希望了。奥汉隆说，金宇中的态度消极，在谈及这笔交易时用的是英语的过去时态。

第二天上午，金宇中打电话邀我去希尔顿酒店。会面很简短，他只有一个口信，让我直接与他联系，不要让任何第三方知道，对我们之间的交流严格保密。他说要在当天下午 4 点与李宪宰见面。

一些韩国朋友告诉我，李宪宰曾经是金宇中的幕僚长，因此他俩彼此熟悉，私交很好。我认为这是一个积极的信号。

晚上 9 点左右，我又接到金宇中的电话，请我去希尔顿酒店。见面后他告诉我，李宪宰对新桥的交易并不消极，但他担心韩国第一银行的一半客户会因此流失。这个反馈与我从奥汉隆那里听到的一致，进一步证明了李宪宰对新方案一无所知。显然，对于新桥的新建议，南理宇压了下来，既没有和他的主席分享，也没有给我们任何反馈。

* * *

我猜想，金监会迟迟没有答复是因为在忙与汇丰银行的谈判，无暇顾及新桥了。自从 2 月他们就收购汉城银行达成《共识备忘录》以来，我们没有听到进一步的消息。不久前，《华尔街日报》记者舒曼告诉我，它们两家已经谈得差不多了。我将信将疑。以我对南理宇的了解，很难想象汇丰银行的运气比我们更好。很快，有消息证明我的怀疑没错。

5 月 20 日，我和韩国第一银行的崔元圭一起吃午饭。一入座，他就说："汇丰银行的交易遇到麻烦了。"

我在 4 月召开记者会，崔元圭不顾南理宇的反对为我做翻译。因此，我对他非常敬重。我不知道他有什么可靠的关系，但发现他消息相当灵通。

崔元圭说，汇丰银行提交了一份新方案，其中包括许多新要求。有些听起来和新桥在《共识备忘录》中的条件类似，比如用国际而不是韩国准则对贷款进行分类、将重组的贷款减值等。不同的是，汇丰银行并没有将这些条款写入《共识备忘录》，而现在作为新要求提了出来。汇丰银行还要求将汉城银行办公楼的估值从账面值削减 1/3。

崔元圭说："汇丰银行的新提案大大出乎金监会的意料，他们都惊呆了，不知所措。现在一比较，才知道汇丰银行提出的条件不如新桥的对政府有利，金监会不知道拿汇丰银行怎么办好了。"

"你猜怎么着？"崔继续说道，"现在金监会认为新桥的人并不坏，因为与汇丰银行相比，你们一直是直来直去，而且很讲道理。"

听说金监会的团队终于认可了我们的诚意，我自然高兴。事态的发展并不完全出乎我的意料。如果汇丰银行不改变当初承诺的交易条件我倒觉得奇怪了。这就好像有人明明知道买的是一辆旧车，却拍胸脯要支付新车的价，而且承担所有的修理费，谁会那么傻呢？我对汇丰银行承诺分担不良贷款损失向来就怀疑，除非能够量化这些损失，而这几乎是不可能的，他们如何能算过来账呢？如何拨备呢？按常理，即便有人愿意出高价买东西，也要知道价格是多少吧。

看来，汇丰银行的谈判策略与我们正好相反。我们是把丑话说在前面，一旦达成共识，就不吃后悔药，而他们的做法似乎是避重就轻，签了初步协议后再往回找。

搞投行的都知道一个说法，叫作"先钓上来再调包"（bait and switch），意思是先抛出诱人的条件，待对方上钩后再慢慢调包，对方一旦进入一个程序，就不容易退出来了。在工程项目竞标中，这种事常见。出价高的，第一轮就出局了，完全失去机会。最终得标的，如果在工程过程中以种种原因要求提价，买方几乎毫无选择。所以，我们时常听到某项工程超标——实际成本超出预算，或者承包商无法按预算或按时完工。这种行为有时候是被没有经验的卖方逼出来的。如果招标方只看价格，而不考虑报价的合理性和竞标者的能力，就有可能把质量高因而成本也高的竞标者排出局外，最后吃亏的是自己。先钓上来再调包的做法是有风险的，一旦对方大失所望，交易就可能破裂。

我认为谈判成功的关键是双方建立互信，尤其是双方将是长期合作的伙伴，没有信任基础难以持久。建立互信的唯一方法是坦诚相待，即使有时因此失去机会。从长远来看，在市场上建立起信誉，比什么都有说服力。

我回想起南理宇与汇丰银行签订初步协议之后得意扬扬的样子。他当时一定自以为比前任能干得多。其实，他太天真了。有经验的人都知道，任何一个头脑正常的投资者都不会在投资之前先赔钱，所以指望投资者分担坏账风险是不现实的。

"现在金监会不知道该怎么办了。"崔元圭告诉我。如果他说的属实，那我们就可能又时来运转了。他还说，"金大中的人"（指那些支持总统的人）正在推进银行体系改革。他希望总统的盟友能够压倒反对派，为金监会达成韩国第一银行的交易提供政治保护。

崔元圭接着说："除非金监会有更好的理由，否则总统的支持者一定会贯彻他的意愿，完成韩国第一银行的出售，因为这符合国家利益。"

"他们脑子里想的是什么样的交易？"我问，"我不确定总统的人是否知道新桥的新提案是什么。"

崔元圭很确定地说："我认为他们知道。"

他告诉我当天的报纸上有两篇文章，都表达了对韩国第一银行交易进展缓慢的失望，而且对金监会提出批评。其中一篇质疑其能力，另一篇称韩国第一银行的员工正逐渐失去士气，甚至引用崔元圭本人的话说："每当政府注资时，员工就很担忧，因为在其他人眼里，韩国第一银行拿到的是纳税人的钱，员工的士气因此特别低落。"

我关注韩国媒体的报道，请人翻译每天的报道，但翻译稿往往迟一两天完成，所以如果不是崔元圭告诉我，我还不知道媒体中这些细微的变化。

崔元圭最后说，他很有信心新桥最终能取得成功，他建议我们耐心等待金监会出下一张牌。

与崔元圭的一席谈话，使我有拨云见日之感，他坚定不移的信心令我大受鼓舞。

当天下午，我应美国大使馆经济参赞凯文·霍南之邀，去拜访他和他的上司本·费尔法克斯。潘德邦和我同往。寒暄之后，我简要介绍了和金监会谈判的情况与新桥的新提案。出乎我的意料，他们对情况相当了解，看来是在密切跟踪。他们说，美国驻韩国大使史蒂夫·博斯沃思对韩国第一银行的收购非常关注，认为这是检验韩国改革银行体系决心的试金石。我不知道他们的情报从何而来，但肯定不是来自新桥，我们团队的人此前从未和美国驻韩国大使馆的官员见过面。看来崔元圭又说对了，总统的人正密切关注谈判的进展，随时与美国驻韩国大使馆交流也未可知。

临别之前，霍南拿出一幅从韩国《每日经济新闻》中剪下来的彩色漫画。我一看就乐了。一个面容丑陋的女孩坐在村庄中央的地上号啕大哭，手里拿着一把韩国传统扇子，上面写着"韩国第一银行"。

两位穿着传统韩服的女子在不远处站着聊天。一位对另一位说："为了尽快把她嫁出去，他们给她做了整容手术……"另一位说："听说还要 3 万亿韩元才能整完。"画面的右侧，一名同样穿着传统韩服的女子追着一个手拿"新桥"公文包的西方男子，试图把他拉回来，后者满脸是汗，一边摇手，一边快速走开。他头上的气泡里写着："她和照片上的一点也不像……"（见附图 2）

这幅漫画巧妙地反映了公众情绪的转变。为了维持韩国第一银行的经营，韩国政府已经注资了两三万亿韩元。现在，政府计划再注资 3 万亿韩元。对于韩国第一银行的出售，民众的心理是矛盾的，既担心政府贱卖了纳税人出资拯救的银行，让外国人捡了便宜，又怕交易失败，再次冲击韩国脆弱的经济和金融体制。当交易好像进展顺利的时候，前一种心理占上风；当交易看来遇到麻烦的时候，后一种焦虑又成了主导。舆论的变化，有助于推动政府。

尽管有舆论压力，金监会还是没有松动的迹象。金监会之前宣布谈判延期 10 天，但限期已过，金监会方面毫无动静。我们在汉城无事可做了。我和潘德邦从美国驻韩国大使馆出来之后，就直接去了机场，乘班机飞回香港。

* * *

刚到家，我就收到了一则电话语音留言。金张律师事务所的一位律师留言说，该所的高级合伙人玄鸿柱大使希望与布朗姆或庞德曼取得联系。

我第一次听说玄大使是在一个多月前，我当时与金张律师事务所的几位律师共进早餐。他们告诉我，金张律师事务所的一位高级合伙人名叫玄鸿柱，此人曾在 20 世纪 90 年代初担任韩国驻联合国大使，后来又担任韩国驻美国大使，因此大家都称他为玄大使。此人资历深厚，当过国民议会代表，也曾在韩国政府担任要职。因此，政府的高官都对他很尊敬。他们说此人可以起桥梁作用，将新桥的真实想法传达给金监会高层。

4 月中旬，有一次我去金张律师事务所，碰巧见到了玄大使。此人 50 多岁，头发微显灰白，戴着一副无框眼镜，西装革履。他笑容可掬，热情地与我握手。他的英语很流利，胜过我遇到过的所有韩国人。他说话慢条斯理，温文尔雅，好像每句话都经过深思熟虑。他给人的印象是一名绅士外交家。

5 月 21 日，我给金张律师事务所的另一位合伙人打电话。他说，玄大使应金监会的要求，希望面见新桥的两位联席主席，当面问清新桥的真实意图。他的任务是帮助我们更好地与金监会沟通。

无独有偶，大摩的拉罗亚当天下午也打电话给我，说："单，我要给你传递的信息是非正式的。"他说金监会正在准备一份反建议书，大概下周就可以给新桥，但具体时间并不确定。不过他提醒道，金监会的想法仍然不切实际，所以新桥的期待不能太高。他叹了一口气又说："希望他们不要拿出一个完全不靠谱的方案。"

不知是因为舆论压力，还是汇丰银行的交易黄了，抑或是"金大中的人"推动，金监会方面开始动了起来，经过这么长时间的沉默之后，他们又要回到谈判桌上来了，但我不敢太乐观，也不相信谈判会因此变得容易。我当天给布朗姆和庞德曼发去一份备忘录，告知玄大使希望拜访他们。我写道：

现在金监会内部似乎感受到了压力，欲与我们达成交易，但他们可能不知道该提出什么方案。他们想要最好的条件，但不知道我方的底线。他们不像我们一样做分析，也不征求顾问的意见，唯一的标杆是能逼我们做出最大让步，也就是测试我方的底线。这就是为什么他们对我们到目前为止提出的所有方案都说不……因此，要让他们认真对待我们的提案，唯一的办法就是让他们明白，我们的最新方案在财务上已经达到或超过了我们的底线。只要他们认为我们能让步，就不可能接受我们的提案。不幸的是，正如我们所了解的那样，这是典型的韩国式挑战对方极限的谈判风格。因此，我们要很小心，不能让步，但是可以为了照顾对方在政治和其他方面的敏感灵活应对。

庞德曼当天传真回复道：

谢谢 5 月 21 日关于谈判策略的备忘录。完全同意你的意见。具体来说，我认为对玄大使的立场应该是，虽然我们总是愿意改动一些条款以照顾金监会内部的一些需要，但是在经济实质上，最新提案已经是我们的底线了。

带着这样的想法，我们准备再次开始与韩方谈判。布朗姆和庞德曼期待与玄大使会面。

第 7 章　峰峰相连

1999 年 5 月 24 日，玄鸿柱大使到访旧金山，拜会了布朗姆。我的搭档唐开罗和新桥顾问巴纳姆也参加了会议。布朗姆立即对玄大使产生了好感，对这次会面很满意。出乎意料的是，玄大使代表李宪宰提议，李宪宰与布朗姆和庞德曼在 6 月举行一次"峰会"，地点在韩国境外，最好是中国香港。听到这个消息，我很高兴，这说明李宪宰的确有意愿和我们达成协议。我也终于相信"高个子"和"矮个子"的警告——在韩国境内无法保密。你看，连金监会的最高首长都要在境外开保密会议。

同时，南理宇要求与雷曼兄弟驻汉城的首席代表赵建镐会面。此前，金监会态度消极，两次"截止期"过去，他们不紧不慢。现在，突然积极起来，当然还端着架子，没有直接来找我们，而是通过顾问与我们接触、传递信息。

像过去一样，金监会传递的信息仍然自相矛盾，让人迷惑。一方面，南理宇向赵建镐表达了与新桥交易的强烈愿望，强调："我们没有与其他可能的竞购者谈判。"而且说，金监会要"做最后的努力，除非没有结果，不会改变和新桥达成交易的既定路线"。赵建镐对我解释说："金监会要与新桥一起过河。"

另一方面，南理宇对新桥的新提案仍然不屑一顾，说新模式反映出新桥对韩国的国情缺乏了解。他对赵建镐说，金监会最担心的是，新桥会限制韩国第一银行借款人的商业行为。这恰巧是大宇的金宇中转告我的李宪宰的担忧——新桥会与一半客户断绝关系。我当时以为南理宇蒙蔽了上级，没有把新模式如实上报，现听说他本人也有同样的担忧，使我一头雾水。也许南理宇根本就没有理解我们的新模式：保留所有客户关系，而在5年内由政府担保贷款质量。

南理宇也让赵建镐去了解新桥的"底线"。金监会显然希望我们再让步，一直让到"底线"。这就好像卖房子，找个中间人去打探买方能出的最高价是多少。在企业并购的交易中，一般来说，买卖双方有各自心中的底价，最终谈成的价格当然是在卖方的底价之上、买方的顶价之下，但看来金监会的团队心里没数，只想让买方把价格抬到极限。

赵建镐回答，新桥的建议书就经济条件而言已经是底线了，无法再让了，但是在其他条款上可以灵活变通，以适应金监会的需要。

然而，当赵建镐问到金监会的具体想法是什么时，南理宇不肯说。为什么不肯说呢？他的解释是政府方面不能轻易表态，因为担心"凡是写在纸上的东西就收不回来了"。其实他大可不必担心，因为双方在没有签订最终协议之前，政府当然可以改变主意。所以，我认为他根本不知道自己的底线，所以也不知如何反建议。

虽然新桥提出的新模式已经是尽力迁就金监会，帮助其解决难题，但南理宇并不领情，也许也没有搞懂，所以他认为新模式与过去的提案相比没有实质变化。他说按照新模式，"新桥将继续拥有对于存量贷款的裁处和管理权"。他抱怨说，新桥希望政府提供风险保护，自己不愿意承担风险，而且5年的担保期太长了。他表示，新桥说在经济条件上不能再让步了，但是在结构上可以灵活变通。这种说法既自相矛盾又毫无帮助。

最后南理宇告诉赵建镐，新桥应该相信政府："我们不会让这项投资失败。"

南理宇说的都是外行话。如果新桥和金监会在基本条款上无法达成协议，而且连他这个级别的官员都搞不清楚银行必须排除已有的风险，对贷款有管理裁处权，谁能凭他的一句话，就相信投资不会失败？如果失败了，政府会承担责任吗？

金监会方面通过大摩的拉罗亚、雷曼兄弟的赵建镐以及金张律师事务所的玄大使传递来的信息是一致的，就是没有放弃新桥，愿意继续谈判，但是并不准备接受新提案，而是希望我们能提出更好的方案——我方的底线。

让我们困惑的是，为什么几天前谈判已经到了无路可走的地步，金监会已经停止接触，现在突然积极起来了呢？不久，谜底揭开了。据报道，就在几天前，李宪宰应召去青瓦台，向总统汇报出售银行的进展。而且，李宪宰还需要向总统的咨询机制（副部长联席会议）进一步报告。既然总统如此关注，而且政府各部都要了解情况，金监会大概不能按兵不动了，而是必须给总统一个明确的交代。

金监会突然积极起来的另一个原因，看来与汇丰银行的谈判彻底陷入僵局有关。《每日经济新闻》相当于韩国的《华尔街日报》，很有影响力。它的报道证实了几天前崔元圭所透露的小道消息：汇丰银行和韩国政府在存量贷款作价的问题上争执不休，无法达成一致，因此交易时间会推迟。金监会发表声明否认这个报道，但《华尔街日报》的一个记者给我打电话互通情况，他所了解到的情况与韩国报纸的报道是一致的，可见无风不起浪。

水面之下，暗流汹涌。我们从一个可靠的消息来源得知，尚可倚对他的顶头上司也不满，私下抱怨说，南理宇完全没有决策能力。金监会团队其他成员也有同样的看法。消息来源称，尽管如此，但是李宪宰不可能抛开南理宇，因为李宪宰本人不了解具体情况和交易细节，没有南理宇的推荐，李宪宰不可能自行拍板。

有鉴于此，我认为李宪宰主动提出和新桥的两位联席主席见面，令人鼓舞。我在一份内部备忘录中给布朗姆和庞德曼打预防针："根据以往和他打交道的经验，这次见面也可能只是浪费你们宝贵的时间。不过，想要有所突破，现在似乎是最佳时机。如果李主席真的想坐下来谈，这可能是唯一的机会让他明白我们建议的新模式不会引起他或者金监会所担忧的那些问题，而且实际上还解决了这些问题。"我们内部都知道，李宪宰担忧的是新桥接管韩国第一银行之后切断和许多客户的关系。

*　　*　　*

在雷曼兄弟的赵建镐与南理宇那次会面之后，赵建镐在南理宇的要求下成了双方沟通的一个渠道。南理宇告诉赵建镐，用韩语交谈更容易传达微妙的信息。我们也很认可这条渠道，希望借此了解南理宇的真实想法。

几天后，赵建镐又和尚可倚吃饭。席间，尚可倚再次表露，金监会希望达成交易，而且他们没有和任何第三方就此交易接触，但作为政府官员，有些事情他们不能做，或者说怕承担责任。具体来说，他们不能接受新桥所提出的对贷款的整体标价，也不能给新桥卖还不良贷款的权利。如果新桥坚持在资产端按公允市值标价，他们就必须坚持在负债端打折扣，结果是相互抵销，没有变化。

此前，南理宇拿排他期做文章，扭扭捏捏不肯给我们，后来搞了一个非排他延期 10 天，目的就是营造一个假象，好像还有第三方有兴趣，借此施压，迫使我们让步。现在看来，他完全是虚张声势，金监会根本没有和其他方接触。

尽管尚可倚在条款上态度很强硬，但他对新桥的评价还不错。他说，经过长期相处，金监会对新桥有好感了。之前他们认为新桥不是乘人之危，就是充满阴谋诡计，现在意识到新桥的人坦诚。他说，相比之下，汇丰银行出尔反尔，让金监会非常恼火。

又过了几天，我们进一步了解到李宪宰向总统汇报的内容。李宪宰说，金监会认为新桥 5 月 11 日的建议（指资产覆盖模式）看起来有希望，比《共识备忘录》有所改进。李宪宰还说，新桥和汇丰银行的交易是互相关联的，与一家谈判的结果会影响另一家，因此金监会需要尽可能与新桥讨价还价。李宪宰最后报告总统，为了维持韩国第一银行的运转，政府还要再注资 3 万亿韩元（合近 25 亿美元），但此举不会影响与新桥的谈判。

根据这些情报，我在 5 月 26 日写了一份备忘录，其中写道："所有的证据表明，他们非常愿意达成协议，但同样明显的是，他们不知道自己能得到多好的条件，所以一直在试探我们的底线。"我的看法是，当南理宇、尚可倚以及李宪宰最终意识到新桥除了在结构上可以灵活一些，而在经济条件上已经让无可让的时候，双方谈判就会加速。

＊　＊　＊

5月27日，赵建镐再次与南理宇会面。南理宇的抱怨和以前一样：如果新桥获得卖还不良贷款的权利，将对韩国第一银行的大客户造成不利影响，而且新桥将从交易中获得超额回报，这是不公平的。赵建镐的回答也没有变：新桥5月11日提出的是最终方案，金监会该下决心了。南理宇称他很失望，但是金监会打算准备一个反提案，说："就当是表示我们想达成交易的诚意吧。"

同日，我从美国驻韩国大使馆的经济参赞霍南那里得到了一些很有用的情报。大使史蒂夫·博斯沃思与李宪宰见了面，讨论了有关两笔银行交易的最新消息。

大使告诉李宪宰，他担心如果这两笔交易失败会影响经济和银行体制的改革。李宪宰向大使保证，两笔交易都仍在进行中。李宪宰还说他认为新桥现在已经理解了金监会所担忧的问题。

李宪宰担心的还有形象问题，即如何向公众解释。他知道媒体将来会穷追不舍地找他的麻烦，他必须能够证明他达成的任何协议都是对国家和人民有好处的。他知道如果与新桥的交易失败，很难回到市场上再找别的买家，所以他希望与新桥的交易能够尽快完成。

他还有一个层次的担心，即如果韩国第一银行对贷款的分类与其他银行不同，那么其他银行也会对同一借款人采取同样的做法，这将给客户和其他银行都带来麻烦。此外，他表示，按照资产覆盖模式的提议，政府提供 5 年的担保，这样的安排会造成道德风险。我理解他的意思是，如果所有贷款由政府担保，韩国第一银行就没有动力尽力收回贷款，尤其是坏账。

无论如何，"双方将很快恢复谈判"。他告诉大使。

大使让李宪宰放心，新桥声誉良好，曾使许多公司扭亏为盈，完全有能力扭转韩国第一银行的经营。

时隔多年，我回想起来，深感美国外交官的影响力。新桥是美国公司，得益于此。汇丰银行是英国公司，我估计英国就没有这种影响力。美国的大使馆将为美国公司提供服务视为工作职责的一部分，尽心尽力帮助，不是我们去找他们，而是他们找到我们，主动帮忙。从我的经验来看，这不光是在韩国，在中国也是如此。几年后，我率领的新桥团队收购深圳发展银行，美国驻华大使也是关怀备至，还主动出面拜会监管部门，表示重视。如果一个国家的外交机构和外交官为本国的公司服务到这种程度，岂非很好地维护了本国的利益？这段体会，在本书的英文版中没有，行文至此，与中文版的读者分享。

* * *

5 月 30 日，金监会团队通过大摩要求，6 月 1 日（周二）上午 10 点半开会，讨论新桥最新提案，同时传递一个"温馨提示"，此次见面不是谈判，不要透露给媒体。以前双方谈判，事先透露给媒体的从来不是我方，这次打招呼，大概是以己度人。这是双方自 5 月 11 日以来，也就是近三周来的第一次直接会面。

金监会提醒我们保密，但是自己的保密工作不到位。"矮个子"从他的渠道立刻察觉到情况在变化，他兴高采烈地报告说，他的关系告诉他，在本周之内，金监会就会接受新桥提案。到此时，我根本不相信这种说法了。

结果，周初就出现了一些不祥之兆。金监会先发制人，通过发言人对英文媒体说，金监会将给新桥一个反提案，而且反提案不会遵循《共识备忘录》，如果新桥拒绝接受，政府将退出交易。英文的《韩国先驱报》(Korea Herald)发表了题为《金监会将向新桥发出最后通牒》的文章。韩联社援引另一位金监会官员的话称，政府将为贷款提供不超过两年的担保，但必须以账面值计价，意思是说不能打折扣。这句话显然是对新桥要求 5 年担保的回应。有意思的是，这些信息没有传递给韩语媒体，显然金监会想通过英文媒体把信息传递给新桥。

周二早上，我们带着紧张的心情来到金监会总部的会议室，期待着对方剑拔弩张。未料到的是，一进去就感到气氛不同，不是对立，而是友好和欢迎的态度。我的心情一下子就放松下来。

新桥方面参加会议的有我、陈焕彪，以及雷曼兄弟的奥汉隆和金载旻。金监会方面牵头的是尚可倚和小李。

会上，针对新桥的方案，金监会团队的成员提出了不少问题。显然，他们认真研究过了，对一些主要条款表达了不同意见，分为三大类。

首先，我们建议留存的贷款由政府担保本金和利息，为期 5 年。他们担心政府很难在 5 年期满之后建立一种机制来管理韩国第一银行不要的不良资产。5 年之后很可能是下一届政府了，未必可以处理本届政府遗留下来的问题。而且，5 年时间太长，有些贷款的价值可能会随着经济复苏而增加，从不良贷款变成正常贷款，但随后经济形势变了，正常贷款又变成了不良贷款，这样政府要两次承担资产质量恶化的风险。

其次，他们不同意对资产整包的作价。我们提出以账面值的 96% 作价，因为即便有政府担保，呆账也没有收益，所以对账面值打折可以补偿收益。他们认为折扣太大。

最后，他们提出要限制新桥的投资回报率。他们说，如果新桥在韩国第一银行的投资上赚得太多，会引起公众不满，因此建议将股本回报率限制在 25% 以内。

我们没有马上答复金监会的意见，而是表示回去考虑之后再反馈。我们只是着重解释了卖还不良贷款的定价机制，即为什么一方定价，另一方行使买或卖的权利是一个公平合理的机制，而政府可以选择当定价方还是行使买或卖权利的一方。我想金监会的团队听明白了，但他们也决定搁置这个问题，以待进一步讨论。

开完会之后，我去见了玄大使，向他介绍了情况，请教他如何解读金监会的表现。他认为金监会的态度是积极的。

我问："为什么报纸上反映的却完全相反，对新桥或韩国第一银行交易的报道都很负面？"

玄大使说："其实这些消极报道正说明金监会自知形势对己不利。真正说明问题的是，李宪宰很想达成交易，所以提出和你们两位联席主席见面。"

我想他说得有道理。往往谈判者越没有底气，就越要虚张声势，所谓色厉内荏，这未尝不是谈判的策略。

我和他讨论了李宪宰与布朗姆和庞德曼见面的计划，最后敲定

"峰会"的时间为下周，地点是香港。

我告诉他，我会继续接触政坛的人士和意见领袖，和他们交流意见，争取他们对交易的支持。他认为此类沟通没有问题，但建议："不要说太多，提纲挈领的几句话，便于记忆，就可以了。"对于他的建议，我心悦诚服，沟通的有效性在于点到为止，说得越多，能够记住的就越少，能够复述的就更少了。看来他深谙此道。也难怪，他是资深的外交家，经验丰富。

金大中总统对于重组韩国银行体制和经济有很大的决心，不断向官员施压，贯彻他的改革政策。6月4日，他会见外国银行家时特别强调："我们会把韩国第一银行和汉城银行卖给外国投资者。"总统公开这么讲，想必给金监会更大的压力。改革和保守两派在角力，新桥收购韩国第一银行的交易是这场拉锯战的关键。

本周初，媒体的报道比较消极，但到周五，媒体开始转向了。《朝鲜日报》援引一位金监会高级官员的话说，新桥的新方案比过去的方案可行，余下的只是政府对贷款担保的期限问题。报道称，新桥的新方案不再需要对贷款按市值减值，也不需要额外的准备金，如此将减轻纳税人的负担。

* * *

峰会于6月8日（周二）在香港港岛香格里拉酒店举行。

清晨5点半左右，我照例在港岛半山的宝云道跑步。这条路贴着太平山的山腰蜿蜒，全长4千米，其中3.5千米禁止车辆通行，所以特别适合跑步和运动。我一般跑10~12千米，一个半来回。路很平坦，一侧是植被茂密的陡峭山体，另一侧可以俯瞰中环的摩天大楼和维多利亚港。

跑步是个枯燥的运动，却利于思考，一个小时，没有任何打扰，可以把很多问题想透彻。我写文章，往往在跑步时构思，一边跑，一边想，时间不知不觉就过去了。

跑到一半，下起大雨。回到家，身上被雨水和汗水浸透了。

早上 8 点，我到达香格里拉酒店的商务中心。那里有几间会议室。先是新桥内部开碰头会。除了我、布朗姆和庞德曼，参会的还有顾问巴纳姆、奥汉隆，新桥的唐开罗、陈焕彪和潘德邦。我们重温了我方提案的要点以及与金监会的主要分歧点。我们都希望峰会可以一举解决所有问题。

大约 9 点，李宪宰和玄大使到了。他们是在头天晚上到达香港的。

布朗姆、庞德曼、玄大使和李宪宰走进一间会议室，其余的人在隔壁房间等候。庞德曼不时出来，向我们咨询这个或那个问题，搞清楚之后再回去。

大约中午时分，峰会结束了。李宪宰径直去了机场。其他人都走进大会议室。庞德曼起草了一个会议记录，此时逐条地和玄大使确认。按照他一贯的风格，记录简单明了。

会议记录：1999 年 6 月 8 日，香港

讨论内容：

1. 韩国第一银行的资产将分为三个资产池。

（1）由韩国政府确定的不良贷款。

（2）由新桥确定的正常贷款。

（3）所有其他贷款，称为"灰色池"贷款。

2. 政府拿走不良贷款；韩国第一银行保留正常和"灰色池"贷款，正常贷款总体作价为账面值的 96%，"灰色池"贷款作价为账面值的 94%，并按下述第 3 条处理。

3. "灰色池"贷款的处理方式如下。

（1）对于所有重组贷款和任何其他超过两年期的贷款：

①三年内发生违约的贷款可以卖还给政府。

②在此期间，由政府支付按照监管部门规定需要的额外坏账准备金，支付的形式是政府借据，在三年期满时兑现。

（2）对于所有其他"灰色池"贷款，处理方式和上述（1）款相同，但期限为两年。

4. 对于大财阀集团的贷款，政府豁免韩国第一银行限制单一客户贷款额过于集中的新监管规定，或以其他方式保护韩国第一银行不会因为所保留贷款过度集中而违规。

5. 投资者的回报由市场决定，韩国政府不会提供任何最低或最高回报的保证。

注：关于不良贷款和正常贷款的作价有待进一步讨论。

讨论结束后，我们大家和玄大使一起在酒店里吃了午饭。席间，大家都很兴奋，认为今天的峰会取得了很大的进展。李宪宰概述的框架和新桥提出的资产覆盖模式几乎完全一致，现经双方认可，成了韩国政府和新桥之间的共识。看来，前进的道路上不应该有大的障碍了。

后来的事实证明，我们高兴得太早了。

*　*　*

当天下午，我全家、布朗姆和其他一些同事搭乘布朗姆的私人飞机飞往巴厘岛，参加新桥的年度投资者会议。巴厘岛是印度尼西亚群岛中的一个具有田园意境的岛屿，以其海滩、冲浪和闲散的氛围著称，虽然是印度尼西亚的一部分，但文化迥异。印度尼西亚的国教是伊斯兰教，有 80% 以上的人口是穆斯林，而巴厘岛的主要宗教是印度教，这里 80% 以上的居民信奉印度教，几乎家家户户都有一个小小的印度教神龛，每天供奉鲜花，形成独立的景观。为什么一个岛上的居民所信奉的宗教与本国其他地方如此不同？好像已不可考，但可以想象在海上交通不发达的时候，宗教的传播也受到阻碍。印度尼西亚以前是印度教国家，后来大部分皈依伊斯兰教，但是巴厘岛孤悬海外，受到的影响很小。

新桥的投资者会议在一家酒店的宴会厅举行，酒店俯瞰波光粼粼的蓝色大海。新桥的投资者主要是大的政府和企业退休金系统、高等学府的捐助金等机构。他们都在报刊上读到了新桥在韩国收购银行的报道，但不了解内情，也不知道这个投资好在哪里，是否能够成功。我对谈判的情况做了简单的介绍，还用幻灯片展示了几幅韩国报纸上关于此案的漫画。我觉得这些漫画非常精练有趣地反射出谈判所面临的困难以及民众对此案的情绪。在这些漫画中，韩国第一银行通常被描绘成一位待嫁的丑女，而新桥则是失望的追求者（见附图 3）。

英语有句俗话，千言万语不如一幅画。真是如此。漫画是一种跨文化、跨语言的表达方式，其含义一目了然，几乎不用解释，使人会意大笑。几张漫画放完了，大家心情放松了许多，但仍然提出了很多问题，包括能够争取到什么交易条件、收购成功的可能性等。最后，庞德曼开口了，他说，我们并没有十足的信心最终谈成这笔收购，但如果谈成了，我们有信心可以成功改造该银行，使其扭亏为盈。

会议未半，我收到了金监会尚可倚发来的传真，其中包括一份政府方面的新提案。我打开阅读，越读越觉得吃惊，好心情一扫而光。

金监会的新提议与李宪宰在香港建议的交易架构毫无相似之处。譬如，它将新桥的投资回报率限制在 12% 以内，这是任何投资者也不可能接受的条件。再譬如，它要求新桥接受资产以账面值作价，没有一丝折扣。更有甚者，它取消了投资者将不良贷款卖还给政府的权利。如果说李宪宰在香港提出的框架是前进了一步，那么金监会的新提议等于后退了十步。这巨大的变化，令人既费解又恼火。

6 月 10 日，我给玄大使写了一封信。我很庆幸有他作为我们和政府之间沟通的桥梁。我们不愿针锋相对地反驳金监会，但又不能不说明立场，通过他转达，既可以表达我们的意见，又不必顾忌一言不慎得罪对方，因为玄大使比我们更知道如何最有效地和政府官员沟通。我在信中说：

> 我希望您能理解，迪克（布朗姆）和大卫（庞德曼）都对金监会的新提案深感不安与困惑。它不仅没有反映出我们与李主席讨论的内容和达成的共识，而且与金监会自己在 4 月 27 日提出的关于按市值计价和给予投资者不良资产卖还权的方案相比，也是巨大的退步。本来，金监会 4 月 27 日的方案就比其 3 月 16 日

的方案退步，而新的方案又比 4 月 27 日的方案退得更远！他们应该知道自己的提议在商业上根本不可行。他们的做法让人怀疑：金监会是否真的有兴趣达成交易，或者只是想激怒我们？现在许多顾问告诉我们，尽管金大中总统坚定地致力于银行业改革，但官僚机构并非真心想达成韩国第一银行的交易。他们说，官僚机构处于进退两难境地，只是在争取时间罢了。我们对这一说法持疑了很久，但金监会的行为似乎印证这种说法。

当然，您对情况最清楚，可以告诉我们（尤其是迪克和大卫）我们的想法对不对。我最担心的是，他们两位以及新桥的投资者会失去耐心，因为我们在这笔交易上不断花费资源和时间，但看不到希望。新桥的两位主席很难理解，李主席身为内阁成员，他的下属怎么敢对他的意见置之不理？而且金监会似乎无法体会新桥的建议对于政府方面是非常有利的，尤其是与另一笔交易相比。这一切都让我们感到不可思议。我们一直相信，这项交易对所有利益相关者（包括政府、纳税人、银行、银行客户和投资者）都是有利的。

我在信中暗示，新桥不会黯然退场，被逼无奈的时候，我们会采取必要的手段保护自己的权益，我接着写道：

我们相信政府在《共识备忘录》中的承诺，所以花费了大量的时间和资源以完成此项交易。我们的投资者不会允许我们默默放弃，我们会尽力争取自己的权益，虽然不希望陷入两败俱伤的境地。我们希望双赢，希望赢得金监会的信任，希望现在和将来都能与他们紧密合作。但是，如果金监会连自己主席的话都不遵从，我不知道这笔交易如何才能完成。所以，问题是：金监会是否有达成协议的政治意愿？

玄大使，我们所有人都非常尊重、信任您。您的意见对迪克和大卫来说很重要，将影响我们的看法和决策。

6月11日，我接到玄大使的电话。他说："收到你的信之后，我和李主席谈了。我问他这一切到底是怎么一回事。我对他说：'你这是出尔反尔，推翻了自己提出的方案，违背了与布朗姆和庞德曼两位主席在香港达成的共识。新桥的人很困惑，我也不解。'"

玄大使说，李宪宰的答复是，有些问题需要澄清，要与新桥进一步沟通。不过，李宪宰要求我们不要正式答复"工作层次的人"——南理宇的团队。他希望新桥通过玄大使与他直接沟通。

玄大使接着说："我认为，他对香港会议中的某些共识可能有不同理解，但他希望本着诚意解决这些问题。我看不出有什么值得担心的大问题，也不觉得他没有诚意。请你给他写封信，把你们的想法详细告诉他，之后我们接着推进。"

雷曼兄弟的金载旻打来电话，说雷曼兄弟团队（其中包括赵建镐、奥汉隆和他本人）集体的建议是不要对金监会的提议逐条回复，否则给他们错误印象，以为可以在他们提议的基础上谈判。这样一来，恐怕金监会又会花一个月时间考虑如何应答。

我接受了玄大使和金载旻的建议（其实也是李宪宰的意思），没有直接答复金监会的反提案，而是起草了一封以布朗姆和庞德曼的名义写给李宪宰的信。新桥内部推敲了一番之后，由庞德曼于6月15

日发出。

尊敬的李主席：

我们对1999年6月8日（周二）与您和玄大使会面时取得的进展感到鼓舞。我们仍然认为，您在会上建议的条款（会后传阅的纪要附后）是双方成功完成有关韩国第一银行谈判的基础。因此，我们对尚处长1999年6月9日函深感惊讶，因为该函完全未反映出就在一天前的会议上您所建议的内容。事实上，尚处长6月9日函不仅在实质上与您建议的条款相矛盾，而且严重背离了金监会在以往各个提案中建议的主要条款。现将不同之处摘要附后，供您审阅。有鉴于此，我们不认为逐条批驳尚处长6月9日函所提出的议题是有益的。不过，我们仍然相信完成谈判中的交易是很重要的，愿意以您在6月8日会议纪要中所建议的条款为基础完成谈判。为此，我们建议进一步谈判的基础应该是会议纪要中的条款，以及新桥在5月13日提交给金监会的条款和条件。当然，我们愿意与您和玄大使再次会面，以达成协议。

* * *

此时，我实在无法揣摩金监会了，也不知道李宪宰有无将香港峰会的内容传达给他的团队，因此无法理解为什么他的说法和他的团队如此不同。

我想还是需要利用媒体施压。6月14日上午，我给记者舒曼发了一份短函，通报谈判的最新情况。次日，他在《华尔街日报》发出报道，标题是《美国公司收购韩国银行又遇阻》。摘要如下：

> 汉城——美国新桥投资公司收购已被收归国有的一家银行的交易一直麻烦不断，现在又严重受挫，因为韩国政府的新提案扩大了双方分歧。
>
> 新桥的一位高管说，在韩国第一银行资产估值方法以及新桥未来向政府卖还不良贷款的权利等问题上，政府的新提案比过去还倒退了。这些议题一直是谈判的主要胶着点。
>
> 该新桥高管说："这就引发了一个问题，即他们是否愿意达成交易。"但他仍对收购最终成功持乐观态度。

金监会的官员们不用猜就知道给记者提供消息的是鄙人，但我并不担心他们会如何反应，我只想把事实公之于众，即谈判受阻的责任在他们而不在我们。金监会团队一直利用媒体向我们施压，我们只能以其人之道还治其人之身。我知道争取韩国媒体的支持太困难了，毕竟我们是外资，而且也很难保证当地报纸能够准确客观地报道，所以我们不得已而求其次，通过诸如《华尔街日报》之类的外国报刊传递信息。我了解国际主流媒体在此类问题上的专业和客观性（并非在所有事情上），而且政府方面不光注重韩国国内舆论，也关注外国的报道。韩国的报刊往往会转载外国媒体登载的有关本国的消息。

当然，我接触的不光是外国记者，也有韩国记者。在一周之内，我见了好几位。有的告诉我，汇丰银行的团队也和他们接触，而且鼓励他们写关于新桥收购出现困难的报道。我听了一笑了之，但心想竟争对手够狡猾的，对自己面临的困难藏着不说，还暗算我们。鲁迅在 1926 年发表过一篇杂文，题目是《论费厄泼赖应该缓行》。"费厄泼赖"是英文"fair play"的音译（那个年代翻译出来的词句不知为何如此拗口，难怪没有流传下来），就是英国人崇尚的"公平竞争"精神，但看来和我们竞争的这家英国公司，缺少费厄泼赖精神，最起码缺少"费厄"。

投资者会议结束后，我和团队成员一起返回汉城。6 月 17 日，我们与金监会团队会面。此时，他们已经了解到 6 月 8 日香港峰会的一些内容，不过鉴于李宪宰对于峰会保密，我估计他们并不知道会议在哪里举行，也不知道是谁主导了谈判。为什么李宪宰要对自己的团队保密呢？我无从得知，但我猜测是因为他不信任南理宇。否则他何必亲自出马（而且单枪匹马）千里迢迢到香港面见新桥的两位主席？而且果然，他亲自谈判，立刻取得突破，但问题是由于他不能把话对自己的团队说清楚，工作层次的人还是不能执行。

我们和金监会团队见面时，南理宇并没有出席。他遵守自己的规则，只通过新桥的顾问沟通。所以，雷曼兄弟的奥汉隆和赵建镐应邀去见南理宇。两位回来说，南理宇接二连三地要求他们劝说新桥接受政府 6 月 9 日的提案。当天，玄大使也见了南理宇。之后他对我说，他向南理宇强调，新桥已经被逼到了极限，准备放弃了。南理宇听了此话似乎感到非常惊讶。

* * *

第二天，玄大使发来一份传真。这是李宪宰写给他的一封信，但内容显然是答复庞德曼 6 月 15 日函。现在双方都通过玄大使沟通，这样话可以说得直接一些，又不必担心过于刺激对方。李宪宰不承认曾经同意 6 月 8 日峰会记录中的内容，表示这些只是布朗姆和庞德曼的建议。他并不赞成将某些贷款归为"灰色池"。接着他敦促新桥考虑并回应尚可倚 6 月 9 日的提案。

我觉得很奇怪，李宪宰否定了自己的提案，好像峰会没有发生过。相反，他认可尚可倚的提案，而庞德曼在给他的信中已经拒绝了尚可倚的提案。事实上，金监会迄今为止提出的三个提案，每一个都比前一个向后倒退。经过一系列谈判，包括峰会，双方的差距不是缩小了，而是扩大了。

此时，玄大使也有些失去耐心了。他给李宪宰打电话，质问他到底是否想做这笔交易。言外之意是，如果不想做，不如直截了当告诉新桥方面，而不要玩游戏。

玄大使告诉我，李宪宰的答复是，"我真的想达成这笔交易"。玄大使还说，他觉得李宪宰是真诚的，而且李宪宰认为新桥和政府之间没有重大分歧，他只是希望新桥能够尽量向金监会的立场靠拢。

我想我们唯一可做的就是对于所有未决的问题用书面形式表明立场。玄大使同意，但是他建议在回复金监会的时候，我们应该尽量采用对方行文的方式和语言，这样他们会认为我们认真考虑了他们的建议，比较容易接受。他还建议避免使用新术语或引入新概念。比如，他注意到金监会不喜欢"灰色池"这个词，建议我们换一种说法，"尽量使用他们的词汇"。

我赞同他的建议。他毕竟是一名老资格外交官，懂得如何在不违背原则的情况下让对方感觉良好。此外，尽管李宪宰好像忘记了在香港达成的共识，令人失望，但金监会的态度比过去积极了，又让人觉得还是有希望的。

玄大使认为，李宪宰和他的团队有所不同，更有意愿谈成交易。他还认为，为了达成协议，李宪宰也不排除再开一次峰会。

既然如此，我们在其后的几天中重新修订了条款清单。我们与玄大使和他的同事们花了很多时间，逐条讨论，使文字既严谨，又容易让对方接受。律师们认为，金监会之所以对"灰色池"的提法很敏感，是担心一旦入池，该贷款客户等于被打入另册，给市场的信号是该客户出现财务问题了。这个考虑很切实，如果一个企业上了黑名单或是灰名单，当然会影响其经营，这一点我们确实始虑未及。据此，我们取消了"灰色池"的概念。之前的想法是对韩国第一银行保留资产中的正常贷款和灰色贷款不同作价，分别为账面值的 96% 和 94%，现在干脆混在一起，对所有贷款按账面值的 95% 作价，也就是取两者的中间点。

我们于 6 月 23 日将修改的文件送交金监会。我在面函中写道："这份条款单反映了与金监会讨论的结果，而且代表了新桥为达成交易所能做的最大努力。"我在信尾说："我们很乐意在这份条款单的基础上与金监会进一步商讨细节。"

雷曼兄弟的赵建镐报告说，他和尚可倚在吃晚饭时进一步讨论了韩国第一银行交易。言谈话语之间，他了解到金监会内部的分歧。酒酣耳热之际，尚可倚坦白地说，南理宇是交易的障碍，他本人也对南理宇不满。他认为，南理宇过滤汇报给李宪宰的信息，导致交易无法进展。要取得突破，唯一的办法就是绕过南理宇直接与李宪宰联系。他建议赵建镐说服新桥提议再召开一次峰会，解决所有问题。他的想法是，双方投入了如此多的时间和资源才走到这一步，不能前功尽弃，他和团队都希望能取得突破。

我心想，又是南理宇。问题就是出在这位局长身上。干成任何事，他的上司必须绕着他走，现在他的下属也想绕着他走。这笔交易得到了总统、金监会主席以及工作层次的人的支持，之所以无法取得根本性的进展，就是因为这个占据关键位置的人要么不愿意，要么没有能力推动交易。难怪大家都对他失望。他似乎除了说"不"外什么都不会，真是尸位素餐。

赵建镐还带回一条重要消息。尚可倚确认汇丰银行的谈判已经停摆，现在静候韩国第一银行交易的结果。按照尚可倚的说法，由于汇丰银行认为自己的方案不如新桥的方案对投资方更有利，所以希望能够以新桥最终达成的方案作为基准重启谈判。

* * *

亚洲金融危机是从 1997 年年中开始的，两年之后，到了 1999 年年中，韩国经济开始明显好转。这对韩国当然是好事，但对我们的交易不利。此时，政府正式将当年预期经济增长率修改成 6%，比上一次公布的数字有所改善。政府所属韩国资产管理公司的业务是处理从各个银行收来的不良贷款。几个月前，其出售不良贷款的平均价格是账面值的 20%，今天已经涨到 50%。韩国的股市也在上涨。这一切说明投资者对韩国经济的信心有所恢复，同时也意味着韩国政府完成与新桥交易的动力大大降低了。

6 月 23 日，《华尔街日报》刊登了对新任财政经济部部长康奉均的采访。仿佛是为了证实我的担忧,康部长说:"目前与外国投资者谈判的两个银行出售都会被推迟,交易条款需要改变,以反映出韩国经济前景的改善。"第二天,该报刊登了一篇文章,题为《汇丰银行或因经济好转不再购买汉城银行》。文章说,最近的经济增长数据促使人们重新思考金监会的谈判立场,"政府也由此推断,或许没有必要为吸引外国买家而做出巨大让步"。

然而不知为何,金监会方面突然又有了推进交易的新动向。就在《华尔街日报》刊登财政经济部部长采访后的第二天,我获悉李宪宰希望与我们会面,并要求自己的团队尽快向他汇报谈判情况。看来李宪宰要在周末做出某种决定,因此需要我们与金监会会面,讨论最新的条款单。

此时已经是周四了。我立刻赶往香港机场,乘坐下一趟航班飞抵汉城。

此次与金监会的会面出乎意料地顺利。对方提出了一些问题,也提出了一些我认为颇有建设性的建议。他们对我方提出的贷款整体作价为账面值95%的方案没有表示异议,虽然也没有明确表示接受,而此前,作价问题一直是谈判的胶着点。

尽管如此,我不敢过于乐观。当时恰值韩国政治上的一个敏感期:美国方面刚刚宣布,金大中总统将于7月初到访白宫,会见克林顿总统。当时韩国与朝鲜的紧张局势加剧,因此可以预料两位总统见面时会讨论朝鲜问题。众所周知,美国政府对韩国经济改革的步伐缓慢有所不满,因此如果与新桥谈判的韩国第一银行项目有所进展,也许金大中可以把它作为好消息带给克林顿。"果然如此的话,"我在当天给同事们的备忘录中写道,"那么今天会议之顺利,让人感觉好像不大真实。"

*　*　*

无论是什么原因促发了政府方面的紧迫感，都使我精神一振。李宪宰和团队积极与我们接触，我们当然要积极响应。我向来都认为新桥的提议对政府是有利的，使政府裹足不前的是政治方面的考量，同时照顾韩国国内的民意和国际社会的反应。只要政府下了政治决心，双方不难达成协议，但政府内部的反对派总是在拖后腿，而他们的力量不容小觑。

我周六回到香港。周日，我获悉李宪宰对新桥的方案没有大的问题了，但提出三点要求。第一，他希望新桥遵循韩国判定贷款是否违约的一般规则。我们要求贷款90天逾期就算作违约，他希望改为180天。第二，他希望我们提高贷款的作价。第三，他希望将韩国第一银行的股本收益率（不是新桥的投资回报率——作者注）限制在25%以内。

我打电话给庞德曼，商量对策。

我俩一致认为，第一点要求可以接受。韩国第一银行有权将违约的贷款卖还给政府，所以延长允许逾期的时间对政府有利，而增加银行的风险。但由于这些贷款最终受政府保护，所以风险是可控的。

对于第二点，最初庞德曼不同意提高贷款作价。我认为可以同意将贷款作价从账面值的95%提高到96%，但是作为交换条件，韩国第一银行在卖还不良贷款时，不转让占该贷款账面值3.5%的坏账准备金。根据我们的计算，这样银行既不吃亏也不占便宜。实际作价没有变，但是从形式上满足了政府的需要。有时形式比实质对于政府更重要。庞德曼同意了我的意见。

庞德曼还同意将韩国第一银行的股本收益率上限定为 25%，但我打心眼里认为这个限制是不合理的，对于政府也未必有利。银行赚钱越多，其价值越高，将来出售银行的时候政府作为股东的收益越高。我的想法是，既然庞德曼没有意见，实在不行的时候，我就让步，但是不到万不得已的时候，我不会答应李宪宰的要求。其实，一个银行的股本收益率几乎不可能达到 25%，所以庞德曼并不认为这个条件是难以接受的。我的担心是，金监会最终会混淆银行的收益率与新桥的投资回报率的区别，如果进一步限制投资回报率，任何投资者都是完全无法接受的。为了避免掉入这个陷阱，我想最好的策略是一口回绝。

次日，6 月 28 日（周一），我飞回汉城。在飞机上，我起草了一份给金监会的说明。在说明中我强调，我们已经根据《共识备忘录》给了政府 5% 的认股权证，使政府方面获得比其持股更多的收益，因此也超过新桥将获得的收益。所以我们不同意限制收益率，也不会同意与政府分享更多的利益。

周二，我去金张律师事务所见玄大使和他的两位合伙人——丁启声和朴炳武。此时，玄大使不仅看了我在前一天发给金监会的立场说明，而且已经和李宪宰沟通了。我在说明中指出政府方面已经获得了额外的认股权证，所以不应该再要求我们在收益率上让步。李宪宰则说，认股权证已经写入了《共识备忘录》中，不应视为新桥的新让步。他不但坚持股本收益率要封顶，而且要封在 16%~17%，而不是之前所说的 25%。此外，他要求所有贷款完全按账面值作价，没有折扣。他唯一的让步是同意政府为贷款提供准备金，并回购所有违约贷款。

6月30日（周三），一天都在紧张的谈判中度过。谈判的方式很独特：我的意见通过玄大使向李宪宰转达，而李宪宰的意见也通过玄大使转告给我，就这样来回往返。可是李宪宰很忙，不时有其他要事要处理，所以电话中断了三四次。

韩国政府已经公之于世，金大中总统将于7月1—2日访问美国。他显然想给美国总统带去韩国第一银行项目有突破性进展的好消息。金监会已经向媒体透露，新桥收购的协议将在总统出访前达成。此时，李宪宰亲自与我谈判，虽然方式仍然是通过玄大使来回传递信息。李宪宰接见媒体，暗示与新桥的谈判即将完成。金监会的积极性如此之高，我心想机不可失，必须抓紧时间完成谈判。

根据《共识备忘录》，政府有责任用政府借据或现金填补韩国第一银行不良贷款损失造成的窟窿，然后双方按比例出资共1万亿韩元（按当时的汇率大约为9亿多美元），注入韩国第一银行。如果是这样的话，新桥应出资51%，即不到5亿美元。此时，李宪宰提议，新桥在未来两年内注资6亿美元，而政府方面的出资额则不变，仍然不到5亿美元。他答应新桥多出资可以换取更大比例的股份。我说只要可以换取更多的股权，我们多出资没有问题。

对于贷款的作价，他力劝我接受按账面值，不打折扣。双方争执一番之后，他让步了，同意打折扣，但坚持作价为96.5%，比之前谈的95%多了1.5个百分点，不能再少。他还提出，在其他问题解决之前，我们暂时不必接受96.5%。在这一天结束的时候，还有不少问题悬而未决，所以贷款的作价也没有落实。

7月1日（周四）是香港回归祖国日，是香港的公众假期。我的家人当天离港去美国，而我从谈判中脱不开身，无法同行。家人一走，我索性也不回家了，扎在汉城，和同事陈焕彪一起，继续谈判。我们都认为必须尽一切可能在7月1日结束前与韩方达成协议。我们都知道，金大中和克林顿两位总统定于美国东部时间7月1日在华盛顿会晤，而美国东部时间比汉城时间晚13个小时。很显然，李宪宰想在两位元首见面之前达成协议，使之成为韩国总统带给美国总统的见面礼。为了赶这个时机，金监会才有压力和我们尽快达成协议。一旦错过，压力消失，金监会就又可以慢慢悠悠地和我们磨蹭了。机不可失，时不再来。

7月1日一早，我收到了庞德曼连夜传真给我的一份备忘录。他写道："这个交易能否达成，就在这个时刻了。"我们还有4个问题要与金监会商议解决，但我们只剩下一天的时间完成任务。

庞德曼在备忘录中提出了他对4个待决议题的意见。

1. 标价。假如李宪宰坚持，而你们认为是时候了，可以接受他96.5%的作价。我想接受了这个作价也问题不大。

2. 出资额。我认为你的建议（指可以多出资但要换取更多股权）可行。

3. 政府支持（指诸如回购银行不良资产等政府支持）。你们必须继续坚持我方的立场。我们可以用第一点和第二点的让步来交换此点。

4. 与政府分利。看来对方已经不再坚持此点了，如此很好。

总之，你们应该尽一切努力明天和李宪宰达成协议。第四点已经不是问题了。第三点我们一定要坚持不让。至于第一点和第二点，必要的时候接受他的要求。

我们一切准备就绪。花了这么多的时间和心血，我们等待的时刻就在今日了。

*　　*　　*

我再次通过玄大使与李宪宰电话谈判，谈了一个上午。最终，我们达成一致，新桥在未来两年内出资 6 亿美元。至于对资产的作价，我说既然出资多了，投资回报率会相应下降，作为补偿，作价应该是94%，不过我可以妥协，接受 96%。

我不敢马上接受李宪宰 96.5% 的要求，否则手头没有谈判的筹码了。我必须留有筹码，用以解决其他问题。我的想法是，如果其他问题都解决了，我再接受 96.5% 的标价不迟。

谈判的结果是，李宪宰不再坚持对投资回报率设置上限，也不再坚持新桥进一步与政府分利，对政府救援的一揽子方案也没有意见了。

此时，我觉得协议唾手可得了。我打电话给正在度假的潘德邦，请他停止休假，立即赶到汉城和我们会合。我们准备彻夜不眠，完成投资条款书的起草。

下午，我继续与李宪宰谈判，直到所有重大问题都得到解决。

同时，陈焕彪和团队的其他成员在金监会办公室与尚可倚谈判。让我惊讶和失望的是，他们越是谈判，出现的问题就越多。到了日落时分，陈焕彪报告说，还有 18 个问题悬而未决。我惦记的是，汉城日落就是华盛顿日出的时分，两位总统很快就会见面，留给我们的时间不多了。

与李宪宰结束谈判时，我还在金张律师事务所，和玄大使在一起。我匆匆告辞，赶往金监会，与团队会合。到达时已是下午 6 点。出乎意料的是，我参加谈判之后，进展异常顺利，在一个多小时的时间里，双方就剩下的所有问题都达成了一致。眼看大功即将告成，双方的团队都非常高兴。

我赶回金张律师事务所，向玄大使报告了最新情况。既然所有其他问题都解决了，我请他转告李宪宰，我可以接受 96.5% 的资产作价。李宪宰有言在先，在所有其他问题解决之前，我不必接受他的价格，现在是时候了。

当晚，我给庞德曼发了一份备忘录，说："双方已经在口头上达成了协议。"

我曾请玄大使向李宪宰转达过一个要求，在签署具有法律约束力的《投资条款书》之前，不要正式公告。所以，我们紧锣密鼓地将商定的所有条款形成文字，然后发给金监会团队。

我又给庞德曼发了一份传真："希望明天可以签署条款书，但仍然不能确定。包括所有细节的条款书草本会在今晚传真给你。我明天会写信再告。"

尽管我明确通知李宪宰，新桥在《投资条款书》签署之前不会同意公告，但无济于事。7 月 2 日一大早，韩国各大报纸都报道称，新桥已经与政府达成协议，正赶上韩美两国总统的会晤。报道引用李宪宰的话说，双方已就所有重大问题达成协议。他还在接受采访时说了许多新桥的好话。

金监会团队的动作第一次比我们还快，上午就发来了他们起草的《投资条款书》，而我们的团队和律师一起紧张工作，直到下午才把我们的版本发给对方。我与大摩的一个成员通了一次简短的电话，讨论新桥和金监会的版本存在分歧的地方。我方的文本发过去之后，我再一次打电话给他，建议一个小时后双方到金张律师事务所的办公室会面，敲定最后的文本。

就在我以为大功即将告成的时候，玄大使打来电话。

他劈头就说："我们遇到问题了。"他虽然轻描淡写，但立即让我想起美国登月飞船"阿波罗号"出现重大故障之后，命悬一线之际，船长向地面报告："休斯敦，我们遇到问题了。"

第 8 章 　 主帅上阵

玄大使向来低调，喜怒不形于色。他说我们遇到问题了，实际上，不是一般问题，而是大麻烦。他告诉我，南理宇大发脾气，并跑去对李宪宰说，新桥对韩国政府发出最后通牒，是对韩国政府的侮辱。我对南理宇的说法感到莫名其妙。原来，他将我一个小时之后见面的动议解释为最后通牒。而且，他对我方律师在条款书中加入的一些法律语言感到不满，指责我们将这些条款强加给韩国政府。李宪宰闻言也勃然大怒，本来接近尾声的谈判因此触礁。

听了玄大使的话，我十分震惊，也感到很愤懑。我觉得李宪宰和南理宇的反应都毫无道理。我并没有也不可能强求他们与我们会面，更谈不上最后通牒。我建议双方会面敲定最后的细节，是再自然不过的事情了。双方一直在谈判，到了最后关头，当面解决未决的问题，本来是件顺理成章的事情。我不知道南理宇发脾气是任性胡为，还是找个借口来枪毙交易。

尽管如此，南理宇仍然要求我们立即赶赴金监会与他的团队会面。这次会面简直是一场灾难。突然之间，金监会团队的态度大变。

南理宇怒气冲冲，劈头盖脸地指责我们，说我们歪曲了李宪宰的话。我希望他发泄过后可以冷静下来，谁知道他一直怒气不减，拒绝和我们讨论实质问题，只是一味地指责。直到半夜，他突然宣布休会，但要求我们第二天上午 9 点半再回去开会。

事态如此急转直下，完全出乎我们的意料。此时，布朗姆、庞德曼和团队的其他成员正在等待双方签署有法律约束力的《投资条款书》的好消息，但我能够告诉他们的只有坏消息。这使我备感挫折、困惑和无奈。凌晨 2 点，我在酒店的房间里草草写了几行字发出，把当天发生的事情报告给他们。

第二天，我们再次会见了南理宇率领的团队。南理宇仍然对任何实质问题都不感兴趣。他只是居高临下地发表声明，毫无建设性。抒发宏论时，他两眼一动不动地盯着天花板，"就像一双冻僵死鱼的眼睛"。我在笔记本中胡乱写道。我觉得大家都在跟着他浪费时间。

似乎这还不够，金监会团队的其他成员开始对他们昨晚已同意的条款提出异议。他们甚至质疑《共识备忘录》的基本前提和条款。双方的分歧越来越大。上午的会议结束时，金监会团队提出了 20 个新问题。

我们十分沮丧，搞不清楚金监会是在开玩笑还是认真的。无论如何，现在达成协议的可能性已经渺然。玄大使向李宪宰解释，南理宇向他汇报的情况根本不是事实。据说听了解释，李宪宰息怒了。我已然不知下一步该怎么走。我觉得南理宇是个不可理喻的人。就在几天前，谈判完成在即，而现在，双方之间出现了一条不可逾越的鸿沟。

7 月 4 日是美国的国庆——独立纪念日，我们获悉在华盛顿举行的韩美首脑会议的情况。金大中告诉克林顿，韩国第一银行交易已经达成，两人相互祝贺。在政治层面，似乎木已成舟，交易必须完成，但实际情况并非如此。而且，随着首脑会议结束，推动交易的动力消失了。

针对金监会提出的新问题，我们一夜之间又准备了一份新的条款书。双方约定在下午2点开会，我们紧赶慢赶将文件在2点之前准备好。

然而，金监会一再推迟会议。黄昏时分，我看表已经过7点了，心里盘算金监会大概不准备开会了。我前往玄大使的办公室，告诉他这一天发生和没有发生的事情，然后和他商讨下一步怎么走。

我还在玄大使办公室的时候，金监会给新桥的团队打电话，召集开会。我的同事去了金监会的办公室。晚上10点之后，陈焕彪从金监会打电话给我，告诉我又出现一个新问题。金监会现在要求在银行出售后政府仍然保留对银行的控制权。

这个要求荒谬至极，令人震惊。本交易的基本前提是外国投资者收购、控制银行，并将新的信贷文化引入韩国银行体制。金监会的新要求与这个前提背道而驰，荒谬到如同一个人卖给你一辆车，然后坚持只有他有权开这辆车。我想南理宇大概真的疯了。

南理宇不光折磨我们，据说，他把自己的团队都快逼疯了。他一整天要求他的团队没完没了地提出新的要求，使他们自己都感到尴尬。因为他们提出的一系列新条件完全没有道理，其中包括要求政府在董事会中与投资者有平等代表权，政府有参与管理层任命以及批准所有超过50亿韩元（约合400万美元）贷款的权力。按照南理宇的这些条件，韩国第一银行在外资收购后仍然是国营的银行。我指示陈焕彪带队"以有礼貌、冷静、有分寸的方式离开会场"。我觉得和南理宇没什么可谈的了。

陈焕彪在会场告诉金监会团队，他们提出的新要求违背了交易的基本原则，我们必须回去和新桥的联席主席磋商，重新考虑这笔交易。令人惊讶的是，南理宇对新桥团队的回应感到震惊，竭力阻止他们离开。此人不自知到如此程度，竟然以为所有的人都会屈服于他的蛮横。

我当晚给庞德曼发传真，报告最新的进展。在传真中，我说："看上去南先生做出比以往更大的努力，让我们不要把他当回事。"

＊　＊　＊

第二天早上我跑步时，接到庞德曼打来的电话。我和他简单讨论了在此情况下应该采取什么行动。回到房间，我收到了庞德曼传真给我的一封写给李宪宰的信稿。在信中，他强烈要求李宪宰把南理宇从谈判队伍中除名。我把信稿拿给玄大使看，他委婉地说，这样写于事无补。他亲自动手修改，改到完全不像庞德曼的语气，但我还是决定接受他较具外交风格的做法，请他把修改的信拿给李宪宰。

大使会见了李宪宰。李宪宰没有提及南理宇提出的任何新诉求，也没有回应庞德曼更换南理宇的请求，他只是提出了两点要求。第一，新桥将投资额从他之前提议的 6 亿美元增加到 7 亿美元，第一步投资 5 亿美元，随后的两年内，每年各增加投资 1 亿美元；第二，政府无须为两年就到期的贷款提供三年期保护。

对于第一点要求，我写信给李宪宰表明我们愿意考虑增加投资额，但必须有条件。至于第二点要求，朴炳茂律师建议，我们可以参照之前条款书中对重组贷款处理的安排，即将这些贷款在到期的时候置于"买或卖"的安排之下。也就是银行有权指定价格，而政府方面有权或者按账面值加累计利息买回该贷款，或者支付账面值和指定价之间的差价。我采纳了他的建议。

＊　＊　＊

"今天的消息有好也有坏。"在玄大使 7 月 7 日会见李宪宰和他的团队后，我函告新桥团队。在这次会议中，许多未决的问题得到解决，其中有几个议题，李宪宰甚至不顾自己团队的反对接受了新桥的立场。在另一些问题上，李宪宰似乎还有所顾虑。

最主要的一个问题是所谓"应尽责任"（due care）。金监会方面希望在条款书中加上一条，即新桥在管理银行时必须"履行应尽的责任"。"应尽责任"是个法律概念，任何企业管理人都有法律责任执行。毫无疑问，我们会履行应尽的责任，任何负责的股东都会如此，但我们的律师反对将此作为对另一方承担的合同义务。原因很简单，判断任何人是否依法履行了应尽的责任是法庭的事，不是合同另一方的事。如果将其作为契约责任，那么判断权就到了政府手里，而政府可能会武断地认为我们没有尽责。这是我们不能承担的风险。如果政府认为我们没有尽到法律定义的责任，尽可以起诉我们，但政府不能既是起诉方，又是裁判。

作为妥协，我们愿意出具一封不具法律约束力的附加函，表示会遵从法律履行应尽的责任，而将来因此产生的任何纠纷可以在法庭上解决。李宪宰接受了，说附加函足够了。一天之后，金监会的律师——伟凯律师事务所的尹律师表示反对，他居然谎称新桥在应尽责任方面有不良记录，说庞德曼在收购美国储蓄银行之后，由于未履行应尽责任出现过法律纠纷。尹律师的说法完全是无中生有。"李主席被他的团队说服，现在似乎又想在条款书中加入应尽责任一条，"我在内部报告中写道，"对此，我们显然无法接受。"

另一个主要问题是李宪宰要求新桥增加投资额。他一天前就提出这个要求，但现在他换了币种，先前是美元，现在是韩元，要求我们先投入 5 000 亿韩元（约合 5 亿美元），在接下来的两年里每年再投资 1 000 亿韩元（约合 1 亿美元）。然而，韩国第一银行破产之后，资产负债表大幅缩水，我们担心李宪宰的要求远远超过了银行所需的资本金。如果投资过多，就会降低投资回报率。

比如一家银行的股本金是 10 亿美元，利润是 1.2 亿美元，那么投资回报率为 12%。增加资本金未必能够增加利润，尤其是在经济不好的条件下，增加贷款并不容易，如果利润仍然是 1.2 亿美元，而股本金增加到 12 亿美元，那么投资回报率就会下降到 10%。

经过一番谈判，李宪宰同意放弃未来两年额外增资的要求，但他坚持新桥的投资不能少于 5 000 亿韩元，而且如果新桥增加投资，政府的持股比例也不能摊薄到 49% 以下。他对玄大使说："新桥在谈判过程中几次提出的某些议题是破局性的。这个议题对我来说是唯一具有破局性的。"他的意思是说，如果不接受，一切免谈，交易不做了。

雷曼兄弟的奥汉隆等提出了一系列可能解决资本金过剩问题的方案，比如将部分资本金以优先股的形式投入，而优先股可以发放特别股息，如此可以增加普通股的回报率，或者用多余的资本金收购政府持有的韩国第一银行的股票，但李宪宰不太可能同意这些方式。最终，我认为可能多投入一些资本金问题不大。如果银行能在经济复苏的环境中加快发放新贷款的速度，资本金就可能得到充分利用，银行的利润也会随着总资产的增长而增长，所以也许不会造成回报率过低的问题。

我不能同意的是新桥单方面增资，而股权比例不变。如果政府要保持49%的股权比例不变，必须按同样的比例增资。如果我们单方面增资，那么政府的股权比例必须被摊薄，而我们的股权比例相应地增加。

* * *

我通过玄大使转达李宪宰，新桥可以考虑他的要求，增加投资，但不会接受金监会其他新的要求。另外，我通知他我将在周日离开汉城，去欧洲出差，所以希望在离开之前敲定《投资条款书》。

周六晚，我与尚可倚通了电话。当时他正在与代表我方的金张律师事务所的律师谈判。他告诉我，无休止的会议和工作使他精疲力竭。金监会团队和我们一样不辞辛苦，一样投入。我对他表示同情。后来得知，他和律师的会面一直持续到凌晨2点半左右。

第二天一早醒来，天气晴朗，阳光明媚。数日的乌云和暴雨之后，这种天气实在难得。我突然发现，每天工作如此辛苦，穿梭于办公楼和酒店会议室，竟没有注意到季节变化。早春的好天气早已不复，7月的汉城闷热而又潮湿。韩国的一般商务礼仪需要每次会面都穿西装、打领带，在炎热的盛夏，如此着装实在令人难受，在会议时间长、进展不顺利时，更是让人不舒服。

打开电话的语音信箱，听到玄大使的留言。李宪宰得知我要离开汉城后，打电话让玄大使留住我。李宪宰说，交易最迟应在周一或周二完成。我也知道需要趁热打铁，一旦失去机会，交易就可能会被无限期推迟。所以，虽然临时更改航班很困难，但我还是将出发时间推迟了 24 小时，希望能在出发前签约。

周日是 7 月 11 日，我们调集了所有人马（新桥团队、雷曼兄弟团队以及佳利律师事务所的律师）一起赶到金张律师事务所与玄大使等开会。丁启声和朴炳茂头天夜里与尚可倚谈判到凌晨 2 点半左右，我们都急切地想知道他们带回来的最新消息，哪些问题已经解决了，哪些还悬而未决。

我们讨论了剩余未决的问题，在内部确定了对于这些问题的立场。之后，丁启声、朴炳茂两位律师离开，代表我们再去与李宪宰谈判。

其余的人一起去吃晚饭。青瓦台依山而建，山上有一家餐馆，在一座传统的韩国建筑里面。餐馆前有一片广阔的草坪，从那里俯瞰，青瓦台和汉城市的景色尽收眼底。虽然是仲夏，但山上依然很清爽。这是很长一段时间以来，我们第一次能够在美景中享受一顿轻松的晚餐。

晚餐后，我回到金张律师事务所，与玄大使、丁启声和朴炳茂会面。丁启声和朴炳茂两位刚刚从李宪宰处回来。他们说，李宪宰在未决问题上的立场丝毫没有改变，但邀请我在第二天上午 9 点半与他面谈。他们说，李宪宰看来有决心达成交易，说"即使下地狱也在所不辞"。

我当时并不知道李宪宰所面临的巨大压力，后来读他的回忆录才体会到他的处境。他回忆称，在 6 月底收到一封来自总统资深秘书的传真，内容是："请配合在总统访美前完成韩国第一银行的出售。"这封传真使他极为恼火。

他说，当时交易进展缓慢，总统很不满意，青瓦台内部谣言四起，说李宪宰本人是交易延迟的原因，金监会官员蓄意阻止交易。他承受着来自最高层完成交易的压力，然而，完成交易更要承担政治风险。不管他谈成的条件对于韩国多么有利，将来时过境迁，经济危机不再，韩国第一银行从一个破产银行扭转成了健康银行，有人就会秋后算账，说他贱卖国有资产。到那时没有人会记得卖银行的时候韩国经济处于严重危机之中，而韩国第一银行本身的巨大风险使多少外资望而却步。

"人们很快就会问起：'一家正常运转的银行为什么要贱卖？'负责人会被贴上'卖国贼'的标签。"但是，他写道，不卖也不行。国际社会都在盯着韩国，如果韩国第一银行的谈判破裂，市场也会崩溃，再没人会相信韩国为经济改革付出的努力。所以他对自己的亲信说："如果我卖掉这家银行，我就完蛋了；如果不卖，国家就会一团糟。"

* * *

7 月 12 日（周一），我断断续续地睡了 5 个小时，黎明前起床，为会见李宪宰做准备。李宪宰要求我独自前往和他谈判，所以我的团队（包括雷曼兄弟和佳利律师事务所）忙了一个通宵帮我准备材料，分析了每一个未决的问题。我仔细阅读之后，和庞德曼通了个电话，然后出去跑了半小时清醒头脑。

早餐后，我离开酒店前往金张律师事务所，与玄大使和丁启声律师会合。简单讨论后，我和玄大使前往位于明洞区的韩国银联大厦。大厦位于汉城的商业中心，明洞区的高矮楼房都是混凝土的建筑，大部分比较新，外观也比较朴素，相互之间没有什么区别，都很不起眼。唯独银联大厦与众不同，它看来年代比较久远，采用西式建筑风格，外表很气派，一看就像是一个银行。门很厚重，要用力才能推开。旧时银行大门都是如此设计，为的是让客户感受到金库的沉重和安全，大概也让抢银行的强盗望而生畏。大厅很宽敞，会议室的装饰古色古香，给人旧时代的感觉。我们走进侧面的一个大房间，李宪宰独自一人已经在那里等待。

厚厚的窗帘拉上了一大半，尽管灯都开着，房间里还是比较暗。李主席盘腿坐在一张大椅子上，虽然表情严肃，但看起来很轻松。我很高兴看到他盘腿坐。在历史上，中国在唐朝之后才渐渐从席地而坐转变成"垂足坐"——坐在椅子上，而韩国与日本的家里和餐馆至今还是席地而坐，或盘腿，或跪坐。韩国人在商务场合都非常正式，西装革履，正襟危坐，低级职员不会在上司面前跷二郎腿。看到李宪宰随意的坐姿，我感到他没太把我当外人。

房间里只有我们三人。我坐在李宪宰对面靠左的扶手椅上，玄大使与他并排，坐在他的右边。我们问候之后，没有寒暄，立即开始逐一讨论未决的问题。我拿出随身带来的问题清单，一条一条拿出来讨论，解决了一个，就转向另一个。

就这样谈判了大约5个小时，没有中断，只是在午饭时短暂休息一下。令我印象深刻的是，李宪宰对很多问题的理解比他的部下更清晰——我本来以为他高高在上，不问细节。在我看来，他确实有诚意要完成这笔交易。在谈判的过程中，他偶尔会用韩语与玄大使交谈。后来大使告诉我，李宪宰好几次抱怨没有一个称职的助手能帮他。我估计很多问题他的部下都没有对他解释清楚，所以他才有如此感慨。我估计李宪宰心知肚明，他的部下南理宇是个废物，成事不足，败事有余。

我很快就发现了一个规律。李宪宰最关心的是某个条款对监管或市场的影响，而不是死抠经济利益。比如他强调我们对五大财阀集团贷款的处理必须平等对待，但事实是有的财阀的资信比其他的好，因此贷款的条件也理应更好。从他的角度看，如果我们厚此薄彼，会对市场释放对某些财阀不利的信号，所以他宁可政府担保和补偿我们承担的风险，也要求我们平等对待五大财阀。

再如银行对所有的资产都评估其风险，确定用多少资本金支持，称之为风险承重。风险小的与之相对应的资本金也少。按理说，政府借据的风险承重是零，因为政府违约的风险是零——最终政府总是有权印钞（本国的钞票），但他要求我们对政府借据给予 100% 的风险承重，以使韩国第一银行和其他银行在监管待遇上趋同。

与南理宇形成鲜明对比的是，李宪宰讲道理。他能听得进不同意见，也能说清自己的道理。我俩都可以用道理和逻辑说服对方。在有些问题上，我说服了他；在另一些问题上，他说服了我。我们之间很少出现僵局或解决不了的问题。能与一个讲道理的对手谈判是件愉快的事情，尤其是在经历了几个月和南理宇率领的团队毫无进展的谈判之后。就这样，我和李宪宰就几个主要问题达成了初步共识。这些问题包括成交前新桥对韩国第一银行资产的选择（我们有权选择保留或不保留哪些资产）、如何界定和处理违约贷款（譬如逾期多少天才视为违约），以及对长期贷款的处理（涉及政府对这些贷款的保护）。

在最后一个问题上，李宪宰给我留下了深刻的印象。他主动提出，银行给金融机构的贷款不同于给其他企业客户的贷款，因为实质破产的金融机构即使无力支付本金，也可以在相当长的一段时间里继续支付利息，因而表面看来贷款并未违约，但最终银行收不回本金。因此，对于此类金融机构的贷款应该视为坏账，而非正常贷款。这正是我们一直坚持的观点，也就是用前瞻性的方法将这种贷款分类成不良，而南理宇却硬要把此类贷款视为正常类，不同意对其提供政府担保。现在，李宪宰主动建议将任何两年期以上的对金融机构的贷款都视为重组贷款，按照处理重组贷款的原则，也受到政府的三年担保，即韩国第一银行在三年之内有权将这些贷款卖还给政府。

还没有将清单上的所有问题都讨论完，李宪宰说他必须走了，去参加另一个会议。谈判的时候，我做了详细的笔记。李宪宰没有做笔记，玄大使也没有。在 5 个小时里，李宪宰没有看过一张纸，也没有做任何记录。在他离开前，我问他："李主席，您怎么能记得住讨论的详细内容，告知您的团队我们商定的内容呢？"

"你把笔记复印一份给他们，让他们按照我们商定的去做就可以了。"他直视着我的眼睛说，神情没有丝毫犹豫。

我很惊讶。虽然我感谢他的信任，但我担心其他人可能难以辨认我的笔迹。此外，我还记得香港峰会时，尽管庞德曼做了会议记录，但李宪宰仍然否认了商定的事情。我不想冒这样的风险。

"那我把我的笔记读给您听，看看您的理解是否和我一样，怎么样？"我问。

他同意了。我读完笔记后，他说："很好。玄大使，请确保我的团队收到笔记的复印件。"

这次和李宪宰打交道使我对他产生了不少敬意。

＊　　＊　　＊

尽管我将行程推迟了 24 小时，但是临行之前，《投资条款书》并没有完成。金监会团队拿到了我的笔记复印件，但是没有说何时来确认我和李宪宰达成一致的问题。7 月 13 日，我离开汉城，前往欧洲。

在欧洲期间，我写信给同事们，告诉他们金监会的律师为交易设置障碍："我们看到的状况非常令人担忧，我们与李主席达成了商业方面的协议，但伟凯律师事务所拒绝接受。"伟凯的尹律师总是对商业条款提出反对意见。为了解决这个问题，玄大使答应与李宪宰商量，请他要求尹律师摆正位置，提供法律意见，而不是商业咨询，不要反对双方达成的商业共识。

在欧洲办完事情之后，我请玄大使转告李宪宰，我可以随时回去和他见面，解决所有未决的问题。有几次，李宪宰通过玄大使要求我立即返回汉城，但每次在我登机之前，他又说暂无必要。我又一次陷入困惑，不知道金监会的真实意图。金大中总统访美早已结束，金监会好像又不积极了。

在途中，我收到尚可倚发来的传真。虽然是他的署名，但我一眼看出，是律师起草的，而且是尹律师的语气。他在信中抱怨我方提供的《投资条款书》草稿没有如实反映双方达成的共识。我在 7 月 16 日给他回信，有礼貌地反驳他的指责。虽然没有说破我的信是针对尚可倚和尹律师两个人的，但我知道他们两个都会读到。

亲爱的尚先生：

　　我在 7 月 15 日晚上 10 点 53 分收到了您的传真。其中，您提到新桥 7 月 15 日上午提供给金监会的附加语言没有反映与金监会达成的妥协，反而是倒退了。事实与您所说的相反，我们建议的附加语言反映了双方达成的一致。这不光是我们的理解，也是双方顾问的理解。实际上，应该感到惊讶且不安的是我方。我们从顾问那里以及您的信中得知，贵方的立场从之前或双方同意的立场有所倒退。而且迟至今日，贵方又提出了全新的问题。我们希望事实并非如此，而仅仅是我们误解了贵方。

　　尚可倚在他的信中建议双方召开一次"马拉松式"的文件起草会议，一次性解决所有遗留问题，并且提出会议于第二天下午 2 点在金监会办公室举行。其实他们知道，我还在欧洲，不可能出席。我在回函中写道："当前的首要任务是就那些仍存在争议的条款达成一致。否则，重新起草文件毫无意义。而且我们发现，即使双方看来达成了一致，金监会工作小组及其法律顾问的理解也往往不同。有鉴于此，召开全体会议是徒劳的。"我表示，如果有任何问题需要澄清，金张的律师随时待命并愿意提供帮助。我建议文字起草的事情最好留给双方律师完成。

＊　＊　＊

　　很快，我发现李宪宰的注意力转移了，韩国第一银行的出售不再是他的当务之急。在 7 月上旬和中旬，我方几乎每天与他和金监会团队的其他成员会面，即便周末也不停止，但到了下旬，双方的联系就断断续续了。很快，我们就了解到原因所在。

李宪宰有一位老同学，名叫林昌烈，此人仕途亨通，曾任财政经济部部长，此时担任韩国人口密集的京畿道的知事。有人告发他收受贿赂，游说政府不要让资不抵债的京畿道银行倒闭。作为金监会的主席，李宪宰还是关闭了这家银行，但因为他与林昌烈是老同学的关系，所以难脱两人可能串谋的嫌疑。事有凑巧，在过去的两个月里，总统因道德丑闻罢免了两名内阁部长，据说李宪宰担心自己会成为下一个倒台的高官，因为他和林昌烈都不是总统的亲信。

屋漏偏逢连夜雨。7月20日，也就是我飞回汉城的前一天，韩国第一银行最大的借款人之一大宇宣布需要延长7万亿韩元（约合70亿美元）贷款的还款期。这家陷入困境的财阀同意向债权银行质押更多的抵押品，并重组其汽车部门。大宇危机大大出乎青瓦台的意料，因此李宪宰被问责，因为他促进大宇重组的工作不力，未能防患于未然。我听说，大宇的各个债权银行在私下里对被迫延长大宇的还款期限甚为不满，其中多数认为，延期只是权宜之计，无助于解决财阀集团们的根本问题。

返回汉城之后，我和玄大使分析了一下形势。我们一致认为，李宪宰腹背受敌，急需援兵，而援兵就是在韩国第一银行的项目上取得突破，带来好消息。所以，我们认为应该建议再举行一次主席峰会。

7月21日，我给庞德曼发了一份备忘录，通报了情况，并询问他能否在未来几周内来汉城。庞德曼像往常一样迅速回复，说："单，为了达成协议，如果你认为有必要，我相信迪克或我都愿意花一天的时间造访韩国，但是，双方必须很明确，我们到访汉城的时候可以签署文件，否则我绝对不愿意去。"

"李主席遇到很多麻烦，这笔交易的落实看来是唯一可能给他带来的佳音，"我给布朗姆和庞德曼写道，"但我们必须施加最大压力来促使他行动。"

我们决定，布朗姆和庞德曼写信给金大中总统，由懂政治的"高个子"和"矮个子"来起草。同时，两位新桥主席还要致函李宪宰。两封信的内容和目的都是敦促政府重启韩国第一银行项目的谈判。

李宪宰遇到的麻烦当然不在我们的预料之中，但是当时韩国经济正处在多事之秋，不知什么问题在什么时候会浮出水面。因此，我们急于与金监会解决所有未决的问题，签署具有法律约束力的协定，以免夜长梦多，但是，一个巴掌拍不响，对方不配合，我们只能干着急。

第9章　波澜再起

显然，金监会在拖延时间。我们不了解内情，只能猜测他们也许改变了主意，也许失去了达成交易的政治意愿。我们反复讨论如何促使政府推进交易。其实，如果当时我知道金监会延迟韩国第一银行交易的真正原因，可能会采取不同的策略。

事态显示，大宇危机比金监会所担心的还要严重，但是到底问题有多大，他们还没有摸清楚。在搞清之前，他们不想完成韩国第一银行的交易。因为韩国第一银行是大宇的主要债权人，大宇的欠款直接影响韩国第一银行的资产质量，在没有查清韩国第一银行对大宇的风险敞口之前，李宪宰只能拖。

此外，李宪宰还亲自向韩国国家审计部门（韩国审计和检查委员会）主席韩胜元提出要求，对金监会所执行的银行重组工作进行全面审计。他后来在回忆录中写道："这可能是第一次一个政府机构的首脑主动请求被审计。"他这么做的原因是，"这场危机需要采取特别措施。在危急情况下做出的决定，不应在日后根据经济复苏后的新标准加以评估。待市场复苏后，历史可能是无情的，所以我希望在不算太晚时就做出公正的评价"。

他要求根据当时的情况做审计，得出结论，以免有人事后诸葛亮，秋后算账，不能不说有先见之明。

当时我无从知晓他的处境，也不知道金监会需要先解决大宇危机，才能回头谈判韩国第一银行的出售。我们只是看到金监会突然从积极变成消极，甚至对我们不予理睬了。我们想了各种方法，促使金监会推进谈判，由于没有抓住症结，所以往往事与愿违。如果我们了解大宇危机的实情或是金监会正在接受审计，我们就会耐心等待。

*　*　*

7月22日，出了大乱子。

新桥的顾问"高个子"和"矮个子"负责游说有决策影响力的人。为了让他们了解谈判的最新进展，陈焕彪起草了一份机密简报，概述我方的谈判立场，以及对各种可能出现的情况的判断。简报分三个部分。第一部分是谈判的最新情况，简述我与李宪宰在7月12日达成共识，但是南理宇使谈判停滞不前。这一部分着重指出李宪宰亲自谈判，并与新桥就大多数主要问题达成了协议。

第二部分列举了金监会最新提出的问题和新桥对此的看法："金监会工作小组甚至对自己之前的提议提出反对意见。已经谈判6个多月了，他们提出的新问题层出不穷，过去几周就提出了30多个。看来他们不是没有能力就是不愿完成谈判。"

第三部分讨论了"协议破裂的潜在后果"，其中包括让金大中总统难堪，韩国失去机会，韩国第一银行可能倒闭，以及对韩国在国际社会中的负面影响。

这个简报是作为背景资料写给两位顾问的，以便他们在与有关人员接触的时候介绍情况。不料，他们两位在一次会议之后丢下了一份复印件。很快，这份复印件就被韩国的一家报纸拿到了。这家报纸披露了简报的部分内容，耸人听闻地将其称为新桥向韩国政府发出的"最后通牒"。

这次泄密引起舆论大哗。据《大韩邮报》称，这份"威胁性文件"似乎在暗示，"除非出售韩国第一银行，否则对韩国信用评级和政府改革的负面影响将难以避免"。

可想而知，李宪宰和金监会对此很恼火，认为我们是有意为之，以此来对金监会施压，提高新桥的谈判地位。我写了一个声明，澄清简报是个内部文件，根本不是什么最后通牒，也从来没有递交给政府方面。通常，我可以通过韩国第一银行的公关部门散发新闻稿，但这一次，韩国第一银行的高管拒绝帮助我们。可能他们听说我们胆敢对韩国政府发出最后通牒，也非常愤慨。所以，我们只好自己把声明逐一传真给各家报社。

简报泄露事件突然使我们处于守势。新桥和金监会的顾问都敦促我们写信给李宪宰澄清误会。其实，简报中的内容没有不实或不妥之处，每一个用词都很准确，但当它被描述为最后通牒时，问题就严重了，触动了韩国公众敏感的爱国神经。

我们听从玄大使的建议，由布朗姆和庞德曼署名，给李宪宰写了一封信，一方面对泄露事件表示遗憾，另一方面向他保证新桥对韩国第一银行交易的承诺。信中写道："对上周韩国媒体有关新桥内部简报的报道，我们和您一样深感不安。…… 我们并没有授权对外公开此份文件，对此造成的误解和混乱我们深表遗憾。正如单伟建与您的通信中所述，我们可以向您保证，新桥会一如既往、真诚地继续谈判。"

当时市场猜测，由于深陷困境的大宇大幅增加了韩国第一银行的不良贷款，新桥可能会打退堂鼓。布朗姆和庞德曼在信中表示："虽然大宇危机使收购韩国第一银行的潜在风险更加凸显，但我们向您保证，新桥依然诚心诚意打算完成收购。"

我们希望这封信能适当安抚金监会的情绪，但我们也迫切需要交易取得进展。此时看来，希望渺茫。李宪宰打算在下周休假，此后，新桥团队的全体成员要去美国科罗拉多州的阿斯彭小镇参加一年一度为期两周的会议。我在一份内部备忘录中写道："看来《投资条款书》最早要到9月才能签署，想起来就令人郁闷。"

我们没料到，金监会将布朗姆和庞德曼的信向媒体公布了，而且将其描述为"道歉信"。我们不慎泄露的内部备忘录被媒体炒作成给政府的最后通牒，现在金监会说我们道歉了，实际上坐实了媒体的指控。我们本想息事宁人，没料到树欲静而风不止。我们不能接受这个误解，也不能无端道歉。我尤其担心金监会以此为借口，退出交易。

我于7月29日致函玄大使。在信中，我表示自己被所谓"最后通牒"一事搞得心力交瘁，我征求他的意见："一位韩国记者打电话告诉我，从金监会听说了新桥给李主席的道歉信，不用说，此事相当令人不安。"接着我说："我们的信是希望能让李主席冷静下来，双方都能忘掉这件事，集中精力完成交易，而不是给金监会一个放弃交易的借口。"

　　　　　　　　* 　 * 　 *

　　与此同时，我们从媒体中了解到，大宇危机越来越严重。7月28日，标准普尔将大宇的债务评级从B-下调至CCC。在债券市场上，三个B以下，譬如BB级，就已经是所谓垃圾级了，也就是说还款的能力是有疑问的。CCC级的意思是"以目前的情况看很可能无法还款"。其实标准普尔对大宇的降级还是滞后了，市场上对于大宇的财务状况更为悲观。为了拯救大宇，金监会要求韩国所有银行对大宇到期的贷款展期，甚至要求外国银行和债权人对大宇到期的贷款展期。要求外国银行和债权人展期是不同寻常的，因为金监会有很多手段可以制约韩国国内银行，但一般来说对于外国银行和债权人只能照章办事。现在金监会在重压之下，不得已向外国银行和债权人求救。

　　大宇此时急需展期当年就要到期的超过20兆韩元（约合167亿美元）的债务，还需要4兆韩元（约合33亿美元）新贷款，才能避免破产。很明显，李宪宰此时只能全神贯注处理大宇问题，无暇他顾。我们听说，金监会的团队已经准备好了一份最终立场文件，供李宪宰在与我谈判时参考。可是，李宪宰在电话中对玄大使说，他需要几天时间仔细考虑这份报告。他还说，他不会采纳自己团队"要么接受，要么放弃"的强硬立场。他的这个态度是好消息，但是对于他何时能够腾出工夫重回谈判，谁也不知道，而没有他，金监会团队只能等待。

　　李宪宰也知道把我们晾在一边不大妥当，所以他指示金监会的顾问大摩与我们谈判，以"阐明遗留问题"。双方在7月30日见了面。虽然大摩团队对所有的问题都很了解，但没有权力决定任何事情，所以双方只是在原地打转。

对金监会来说，屋漏偏逢连夜雨。韩国第二大银行（韩汇银行）计划通过发行股票在市场上筹集急需的资本金，但是市场反应冷淡，导致发行失败。恰巧，新桥的财务顾问雷曼兄弟充当了韩汇银行的承销商，所以深入了解到国际投资者对于韩国银行缺少兴趣和信心。大宇的债务危机和韩汇银行发股失利再度引发了国际市场对韩国经济复苏是否牢靠的质疑。

这些坏消息对于我们的谈判却有利。如果韩汇银行能够在市场上成功募集到 10 亿美元新资本，那么金监会可能就认为不必再继续和新桥谈判投资韩国第一银行，或者不会同意我们的投资条件。反之，韩汇银行的挫败可能会给金监会带来新动力。

我们从其他渠道也听到一些积极的消息。"高个子"的一个联系人与南理宇会面，南理宇告诉他，韩国第一银行的交易没有大问题了。《大韩邮报》发出一篇报道，先是描述了新桥的所谓"最后通牒"事件和其后发生的事情，最后总结道，"事件已得到解决"，而且，"大家一致认为谈判即将结束"。

尽管猜测满天飞，但我并不乐观。以前也出现过类似的"吉兆"，但每次的结局都令人失望，我还看不出来此次有何不同。

* * *

进入盛夏，汉城一天比一天更炎热、更潮湿。然而，韩国第一银行的交易似乎被金监会打入了冷宫。李宪宰打算自 8 月 1 日开始休假。新桥团队也要去阿斯彭。看来在未来的几周中，金监会不打算和我们谈判，短期内达成协议的前景渺茫。

8月2日，我动身前往加拿大的多伦多。当时正值暑期，我的妻子和两个孩子去北美两个月了，我急着去和他们团聚，然后再一起去阿斯彭。

抵达多伦多后，我就得知李宪宰推迟了假期。他还在忙大宇的事情，但是他也没有忘记韩国第一银行的交易。据说，他抱怨大摩不够尽职，并严厉批评了牵头人哈里森·扬。他要求大摩团队仔细分析双方未决的问题，并在8月5日或6日之前向金监会提交报告。

第二天，李宪宰通过金张律师事务所向新桥方面提出了5个问题。

第一个问题有关不良贷款的卖还权。根据《共识备忘录》，新桥在交割前有权将所有的不良资产转移给政府，但现在李宪宰认为新桥不应享有此权利。他说，在典型并购的时候，买家应该接受收购目标的所有资产，不能挑肥拣瘦。他表示，可以允许新桥对资产有一定的选择权，但这代表他的"让步"，而不是政府必须做的。其实，他曾经多次确认新桥在交割前有选择资产的权利，而且我和他在7月12日谈判的时候他也确认过。我请玄大使把我当日的笔记复印件再传给李宪宰，那里面的文字都是他确认过的。

第二个问题涉及贷款的风险权重以及政府对韩国第一银行贷款的担保。国际清算银行制定的规则要求银行对应其贷款保持一定数额的资本金，称为资本充足率或BIS比率。例如，如果资本充足率为10%，银行需要至少100美元的资本金来对应每1 000美元的贷款。但每一笔贷款的风险大小是不一样的，譬如小企业比之大企业无法还本付息的风险要高，而对企业的贷款风险又比对政府的要高。银行的资本充足率按照风险权重计算，风险越大，权重和资本要求就越高。

反之，如果判断一笔贷款风险低，那么其需要对应的资本金也低。如果一笔贷款的损失风险为零，那么在计算银行资本充足率的时候这笔贷款就完全不占用资本金。

我们一直认为，政府的借据以及政府担保的贷款风险权重应该是零，但是李宪宰坚持这些都给予正常的风险权重，也就是说，权当没有政府信用支撑。如果按照他的要求，新桥可能需要向银行注入更多资本，以满足资本充足率的要求。即便不需要多注资，按照他的要求也人为地减少了银行的资本充足率，比如本来12%的资本充足率变成了10%的资本充足率。

但是我理解李宪宰的想法。所有的银行监管机构都希望银行有更多而不是更少的资本金，因为这会让银行更安全。韩国的几家银行就是因为缺少资本金，所以危机一来，贷款损失多了，它们就破产了。而且李宪宰当然希望更多的外资注入韩国。他的要求对新桥来说不是大问题。按照我们的计算，即便假设政府的借据以及政府担保的贷款风险权重为100%，新的注资也将使韩国第一银行的资本充足率超过10%，比国际清算银行当时8%的要求高出整整两个百分点。我理解李宪宰的另一个顾虑是不能让市场认为政府在监管上对新桥控制的银行网开一面。综合考虑，我认为在这个问题上妥协不成问题。

第三个问题是员工数。他表示，如果新桥打算裁员，任何裁员都必须在交割前完成，以避免交割后解雇员工而造成政治上的负面影响。这个考虑也是有道理的。试想，一个外资接管了一个政府注资解救了的银行，如果一上来就裁员，造成失业，当然可能造成社会舆论的不满。按理说，如果要求投资者承担遗留的冗员问题，政府需要提供免责和赔偿保证。李宪宰暗示，政府不会提供赔偿。这个要求对我方来说是有难度的。是否有必要进一步裁员应该由新的管理层在仔细评估后决定，不是股东可以事先承诺的，否则如何要求管理层对经营业绩负责？冗员是遗留问题，因此解决的成本和风险理应由卖方承担。

第四个问题又是关于政府进一步分利。这个诉求解决了，又冒出来，再解决了，再冒出来，没完没了。他说这一条对于政府向公众解释为什么做韩国第一银行的交易很重要，但并没有说这次具体的诉求是什么。其实市场都知道我们对政府提供了认股权证，使之获得比新桥更多的利益。我明确对玄大使说，这是经过反复谈判早已解决的问题，我们没有任何让步的余地。

李宪宰的最后一个诉求是，交易完成后，如果政府不同意韩国第一银行确定的贷款准备金，有权要求第三方裁决，如果政府败诉，则有权按面值加上应计利息购买该贷款。我请玄大使转告，政府如果不满意银行准备金的估值，可以回购贷款，也可以选择第三方裁决，但不能在裁决之后再选择是否收购，否则不公平：政府满意裁决的结果，银行必须执行；不满意，政府可以不执行，天下岂有此理？是否选择裁决是政府的权利，一旦选择了，就必须遵守裁决的结果。

李宪宰没有提及其他未决的问题，所以即便我们在这5个问题上达成一致，谈判仍未结束。让我感觉非常不快的是，他好像完全忘记了7月12日与我谈判时达成的共识。本来我们应该在7月12日共识的基础上继续谈判解决剩余的问题，但现在似乎又回到了起点，让人感觉就像在没完没了地兜圈子，不止一次地重复讨论已经解决的问题。而且，我很难判断他是否会说话算数。据说，他还没来得及审阅自己团队的报告，而且还在等候大摩的意见，所以他的问题清单以及他对某些问题的立场可能还会发生变化。

李宪宰与金张的律师们讨论了下一轮谈判的步骤。他说他会先审阅己方提供的所有信息，然后征求新桥的反馈。8 月 11 日前后，他会对所有未决的问题形成自己的最终意见。双方可以达成协议的时间窗口是 8 月 11—20 日。在那以后，他将投入大宇重组计划的实施，无暇顾及其他。

我不知道李宪宰的话是否靠得住。我们之间已经反复多次了，谈好的过几天又推翻了，好像抓泥鳅。根据"矮个子"的情报，李宪宰并不打算卖韩国第一银行，他相信韩国第一银行能够自我恢复健康，因此不需要卖给新桥，但由于青瓦台极力主张出售，他只好拖延时间，消极对抗。他已经要求总统再给他三个月时间完成谈判，而真实意图是为韩国第一银行自我改善争取时间，一旦银行的经营出现转机，他就可以说服总统放弃卖韩国第一银行的计划。"矮个子"的情报看上去和李宪宰的言行吻合，我们无法排除其真实性。

我和陈焕彪草拟了一份推进交易的计划。我们的想法是，可以利用休会的时间做一些积极的公关工作，向公众说明，韩国第一银行交易成功与否是经济改革的试金石，也是国外投资者对于韩国经济复苏信心的考验。大宇的危机直接威胁韩国经济的复苏，现在的经济状况类似 1998 年谈判《共识备忘录》时的情况，此时此刻，韩国迫切需要外资的支持。

我们认为，在大宇危机最严重的时刻，如果韩国第一银行交易失败，对韩国经济的打击有如雪上加霜。外资者对韩国经济的信心本来就很脆弱，接二连三的坏消息会使他们更加怀疑大宇能否生存下来，如果他们用脚投票，将重伤股市和复苏乏力的经济。我和陈焕彪起草了一份备忘录给布朗姆和庞德曼，提议在未来几天之中，我们的政治顾问把这些分析传送给韩国国会、青瓦台以及其他有关部门，继续向李宪宰施压，促使他接受我们的条款，尽快完成交易。

第二天，庞德曼回复表示同意。他和布朗姆当然对交易的一再拖延深感失望，也对李宪宰失去耐心。他们同意我方应该采取强硬立场，向对方明确表示，"如果在 8 月 20 日前未能达成协议，我们应该采取一切适当的手段"。

* * *

不知通过什么渠道，"矮个子"与一位姓权的先生取得联系，说此人是总统的政治顾问，与金大中关系非常亲密。8 月 4 日，"矮个子"从纽约来信说，总统已经指示权先生会见我，讨论交易中未决的问题，并尽快予以解决。接到这个信息，我心里犯嘀咕，我很难相信，没有李宪宰参与，我们可以完成韩国第一银行的收购，毕竟，他是金监会的主席，是政府的正式代表。对于我的疑问，权先生通过"矮个子"的答复是："你不用担心韩国内部的事，我们正在与李主席讨论此事。"

就在我犹豫不决的时候，"矮个子"又来信说，如果我同意与他一起会见权先生，需要立即通知他。他在信中强调："我完全同意庞德曼在备忘录中所说的，要完成这项交易，青瓦台必须直接参与。"他的结尾语是："此时，我不敢猜测是否会成功，但如果新桥愿意争取这个机会，我将于周一赶到汉城。"

我还未及答复，他又追来一函，题目是"与布朗姆的谈话"。内容是：

> 给你发函之后，我接到迪克·布朗姆的电话。他的意见是，
> 在未确认权先生是否被总统正式授权与我方谈判韩国第一银行的
> 交易，我们不应该与他会面。他还认为，是否与权先生见面应该
> 先征求玄大使的意见，并且获得李主席同意。遵照迪克的指示，
> 我会要求权先生出示总统的正式授权。如此一来，这个渠道也许
> 走得通，也许走不通。韩国人的心态你是很了解的。

布朗姆对政治很敏感，对于国际事务也很了解。他的太太黛安
娜·范斯坦是美国参议员，民主党中的重量级人物。我第一次见到她
是在1980年，当时她还是旧金山市的市长。就在她的任内，旧金山
和上海结为姐妹城市，当时上海市委书记是江泽民。由于布朗姆懂政
治，他对牵扯到政治的问题都非常敏感、有洞察力。他的谨慎使我们
避免了不少不必要的麻烦。

布朗姆对政治顾问的指示是万无一失的。如果有总统的正式授
权，那么我们怎么做都不会出差错，否则，就不要接触。此时，出于
各种动机——有的人纯粹想从我们口中探知谈判的消息，想与我们
见面，声称对政府的决策有影响力，可以促成交易。我们往往难辨真
伪。除了李宪宰，我们不知道有任何人被真正授权代表政府谈判。上
次机密简报不慎泄露而引起的风暴记忆犹新，一招不慎，就可能酿成
大错，造成适得其反的结果。虽然我们想对李宪宰施压，迫使他动
作，但我们不想破坏与金监会的关系。毕竟，金监会不但是我们的谈
判对象，一旦交易成功，也将是新桥的长期合作伙伴。

* * *

有 10 天时间，一切风平浪静，听不到任何新的消息。此时，李宪宰正在休假，新桥团队的人都齐集于美国的阿斯彭小镇参加内部会议，会议之余游山玩水。

阿斯彭是美国著名的富豪云集的风景小镇，坐落在科罗拉多州的群山之中，海拔 2 400 米左右。在 19 世纪末，这里发现了银矿，小镇就兴盛起来，后来银子采光了，又萧条了。几十年前，富人们发现这里是世外桃源，风景优美，夏可避暑，冬可滑雪，所以在附近的山里修建了很多占地广阔的别墅。庞德曼和布朗姆在这里都有豪宅，而庞德曼更是长居此处。他的宅子坐落在一个面积 28 平方千米的私人土地中的一个山顶上，其中还有一个 20 万平方米的湖，可以在里面游船钓鱼。小镇中有几个高档的酒店，规模都不大，德太悉数包下来。新桥是德太在亚洲的分支（2007 年之后新桥改名为德太亚洲），所以两个机构的所有成员在一起开会。

开会时，有不少美国的同事质疑我们为什么不放弃韩国第一银行的交易。在大家看来，这个收购已经拖了这么久，成功的希望渺茫。我们把精力全部耗在一个项目上，机会成本很高，因为无暇他顾了。在投资行业中，"打得赢就打，打不赢就走"是美德，是成功的秘诀之一，恋战之人往往错失良机。这些批评都很有道理，我自己也心存疑虑，但是我仍然觉得这个项目意义重大，机会可遇而不可求，只要有一线希望，我就不会放弃。

唐开罗开玩笑说，即便最终我们收购失败，也不是一无所获，这个过程之复杂、之富有戏剧性，简直像是一部情节曲折的电影。"至少我们赢得了将其拍成电影的版权。"

＊　＊　＊

8月15日，全家从美国返回中国香港。次日，我收到玄大使的传真，这才知道，自从我离开阿斯彭之后，他就一直设法与我联系。来函很正式，署名是"金张律师事务所"。该所律师发正式信函的惯例是只签律师事务所的名字，而不签律师的名字。已经有近两周没有听到任何来自"前线"的消息了，我迫不及待地拜读。

玄大使委婉地告诉我，达成协议的时间表可能会再次推迟，大概一周半。李宪宰被要求出席国会的各个委员会的会议，回答议员们对于大宇危机一事的质询，所以他在未来一周的时间已经排得满满当当。在此期间，政府还会公布大宇债务重组的方案。

传真还说，李宪宰也想知道我们如何考虑他8月3日所提出的5个问题。"李主席要求我们转达他的愿望，希望新桥认真考虑这些问题。李主席解释说，如果他所关心的问题得不到解决，他就无法向韩国公众和其他相关利益群体交代，而使自己陷入政治困境。"

＊　＊　＊

玄大使对金监会主席的时间表受大宇事件影响的解读是准确的。大宇事件不仅是韩国国内的头条新闻，全球各大媒体都纷纷报道此事，以及由此引发的韩国政府财政困境。比如，8月16日，法新社刊登了多篇来自汉城最新消息的报道，标题包括《汉城将向金融市场注资 83 亿美元》《大宇将宣布重组，关于拍卖资产的最后谈判》《三星敦促债权人推迟制裁，寻求对话》《总统发誓消除贪腐行为》等。

同一天，我收到金地鸿发来的传真。根据他的观察，总统仍然支持韩国第一银行的交易。虽然大宇问题最受关注，但媒体报道表明，人们越来越关注出售两家银行的进程之缓慢。在与青瓦台一位官员的会面中，金地鸿了解到，总统府希望出售两家银行的交易都可以完成。他写道，该官员"认为新桥与金监会之间差距不大，有必要召开高层会议（解决剩余问题）"。

来自各个方面的信息使我们了解到很多幕后的情况。《韩国时报》的一位记者告诉我，很多人认为李宪宰对大宇危机以及其他许多问题爆发难辞其咎，他可能会在年底前被罢免。我知道我们已经逐渐丧失耐心，但我鼓励自己坚持到底，因为青瓦台对这笔交易仍然非常认真。

虽然事态的发展有对我们有利的地方，但随着大宇危机得到控制，韩国经济略有改善，形势很可能逆转。韩国央行公布，韩国 GDP 季度增长率为年化 9.8%。我想这样强劲的增长也许会让许多韩国人从支持转而反对向外资出售韩国第一银行，尤其是当他们认为给外资的条件过于优惠的时候。其他在韩国寻求投资机会的外资也面临同样的问题。同是美国私市股权投资公司的凯雷和保险公司美国国际集团最近联袂收购韩国人寿保险公司，已经和卖方签署了有约束力的《共识备忘录》，可是最近卖方变卦了，坚持要提高价格，导致交易流产。看来，每个外资都有与新桥相似的遭遇。

金监会那边没有动静，我们只能坐等。8 月 21 日是个周六，我从汉城飞返香港。刚到家，就收到了玄大使的语音留言。我在次晨给他回电，他拿起电话后说的第一句话就是："看来李主席对这笔交易很认真。"但是，他补充道，由于经济和政治情况发生了变化，如果我们还想达成协议，就必须修改一些条款。玄大使提议他亲自飞往香港或旧金山与布朗姆和庞德曼通电话。

上一次在香港召开峰会的时间是两个月前的 6 月 8 日。在那次会议上，我们认为取得了重大的突破。现在，剩下的问题更少了，只要李宪宰下决心，双方很容易弥合差距而达成协议。我感觉再次有望了。

玄大使在汉城，我在香港，布朗姆和庞德曼也天各一方，我们很容易开个电话会议，但显然，玄大使认为从汉城打电话不利保密，所以宁愿专程飞来香港打这一通电话。

我们约好他第二天飞香港与我见面，之后再一起跟布朗姆和庞德曼通电话。

第 10 章　阴云密布

　　香港位于中国东部沿海的南端，是一个台风多发的地带。每年
7—9 月是台风高发期。台风从太平洋的暖流中汲取能量，然后向西
北方向的亚洲大陆移动，造成狂风暴雨。不过香港人已经习惯了台
风，8 号风球挂起时，全港停工，学校停课，公交车停运，以免意外。

　　8 月 22 日是周日，玄大使来港的前一天，一场台风正在逼近。
香港天文台衡量台风强度分为 1、3、8、9、10 号，10 号为最强。那
天早晨香港挂起了 3 号风球，这是台风即将来临的信号。此时浓云密
布，阴风怒号。一般来说，当台风强度达到 8 号的时候，才是真的危
险，虽然 3 号与 8 号仅仅是一级之隔（不知为何没有 4、5、6、7 号
台风）。我想趁着台风欲来而未来之机完成我每日例行的 10 千米跑步。
结果我把时间抓得正好，跑完步刚刚跨入家门，天上好像突然裂开一
个大口子，暴雨倾盆而下，大风呼啸，雨柱像鞭子一样飞舞。一看电
视，8 号风球刚刚挂起。好悬。我虽然抢在 8 号风球之前回了家，但
我担心，如果天气不很快好转，玄大使第二天的行程会受阻。

　　恶劣天气造成的破坏比我想象中还要严重。天文台给此次台风起

的代号是"山姆"。山姆带来了倾盆大雨，狂风呼啸，树枝折断，道路积水，交通阻断。在香港建成刚一年的赤鱲角机场，一架台湾的中华航空公司飞机在风暴中试图降落时机身翻滚，滑过跑道，起火。三名乘客丧生。

第二天早上，风势有所减弱，但天文台继续发布"黑色暴雨"警告，大雨仍然狂泻不止。多数办公室关闭。我估计玄大使抵达时间要延迟了。

天气使人焦急，可谓好事多磨。我反复思量玄大使所说的话，李宪宰"认真"地想在月底完成交易，但是他觉得经济好转了，交易条件就要变化，坚持我们满足他对于5个问题的诉求。我不敢对他有条件的"认真"真正地认真。

我给布朗姆、庞德曼和其他同事写了一份备忘录，报告了玄大使提出的建议，以及我自己的看法，并统一口径。李宪宰说，经济形势变了，因此收购的条件就应该改变。他认为经济形势好转了。我以为恰恰相反，没有变好，大宇事件说明经济中的风险仍然巨大。新桥不寻求改善交易条件就不错了，不可能再接受更糟的条件。而且，我们对李宪宰的耐心也快耗尽了。我建议两位主席请玄大使转告李宪宰，我们需要在美国劳动节（9月6日）之前签订有法律约束力的《投资条款书》。

玄大使的航班延误了几个小时。当他旅途劳顿一日，终于到达酒店的时候，天色已晚。我们通了一个简短的电话，约好第二天上午在他的酒店见面。

第二天是8月24日，台风仍在不停地肆虐，乌云密布，大雨瓢泼，白昼如夜。我家位于半山区，由于山水和倒下的树木阻断了道路，我驱车去香格里拉酒店，花了比平时多三倍的时间，但还是在上午9点半见到了玄大使。

我对他的专程来访充满期待，希望他带来好消息或者建设性意见。他不顾气候恶劣，风尘仆仆赶来，使我觉得他此行一定意义非凡。不料，玄大使从李宪宰那里带来的口信很简单，就是再次敦促新桥方面认真考虑他的5点建议，除此之外，毫无新意，我大失所望。玄大使解释说，李宪宰在这几个问题上坚持立场，是因为经济情况好转，交易条件也必须改变。

听完了玄大使的话，我备感泄气，我实在不明白为了这么几句话，何必千里迢迢，不辞辛劳，顶风冒雨专程来港。为了让他准确地将我们的失望、不满和无奈转达给李宪宰，我说："玄大使，坦白讲，我已经放弃了这笔交易。在我们看来，经济形势没有好转，而是恶化，但是我们仍然愿意信守诺言。我很遗憾李主席说话不算数。事已至此，我们无话可说了。"

上午11点半，我和玄大使一起拨通了与布朗姆和庞德曼的电话会议。我没有时间把我和玄大使交谈的内容事先告诉这两位，但听了玄大使的话之后，他们的反应与我之前的表态如出一辙。庞德曼毫不客气地说李宪宰糊弄了我们。玄大使无言以对，但还是和我们商量如何答复李宪宰，设法挽回局面。经过一番讨论，玄大使同意了我们的想法，即给李宪宰发一份新桥最终立场文件和有法律约束力的《投资条款书》稿。如果他同意以此为基础推进谈判，我则前往汉城和他谈；如果不同意，我们就不谈了。

当天下午，玄大使动身返回汉城。他千辛万苦跑来，空手而归。我替他遗憾，也深表同情。

我一回家，就开始起草最终立场文件。因为台风和暴雨，我两个孩子的学校已经连续三天停课了，他们在家里吵吵闹闹玩得很开心。我在他们身旁埋头工作，一点不受干扰，忙了一天，在就寝之前完成了文件起草。第二天早上，我5点起床，又着手修改《投资条款书》。中午，我将两份文件传真给回到汉城的玄大使。

修改后的《投资条款书》共25页，附上的新桥最终立场文件共3页。附件逐条分析了政府提出的议题，阐述了我方的立场——什么可以接受，什么不可接受，以及原因。我尤其认真地讨论了李宪宰提出的问题。对于李宪宰提出的政府更多分享投资收益的要求，我没有直接答复他，而是指出《共识备忘录》以及后来多次讨论达成的一致都已经包括了给予政府5%的认股权证，因此政府分得的利润将大于其占股比例。言外之意是，再多要是不合理的。

关于对准备金有分歧时如何解决，我明确说明政府可以选择第三方裁决，也可以选择按账面值加累计利息回购，但不能在裁决败诉之后再有回购权。如果选择第三方裁决，裁决的结果必须对双方都有约束力。

关于资本充足率和风险权重的问题，我们坚持己见。对于前者，韩国银行监管的要求是资本充足率不低于8%，而李宪宰要求韩国第一银行的不低于10%。我认为这不合理，虽然这只是原则之争，因为我们知道注资之后韩国第一银行的资本充足率无论如何都会超过10%。我们只是不愿意将银行置于不同的监管标准之下。对于风险权重，国际公认的银行监管规定，贷款的风险权重必须与其风险相称。我认为没有理由把政府借据和政府担保贷款的风险权重提高。这也是原则之争，至少在交割之后相当长的一段时间里，即便对政府借据给予 100% 的风险权重，也不会把韩国第一银行的资本充足率拉低到监管要求之下。

《共识备忘录》给予新桥在交割前选择收购哪些资产的权利。我们不能接受李宪宰提出的照单全收的要求，但是我们重申，在《投资条款书》签署一个月后，提供一份资产清单，而新桥不买的资产按照《共识备忘录》的约定清算。李宪宰希望我们收购韩国第一银行的所有资产，是为了降低政府的成本。因为我们不要的资产，政府必须按原账面值用借据或现金更换，而有些资产显然不值账面值，甚至根本没有真正的价值。比如银行有不少高尔夫球俱乐部的会员证，账面值非常高。这些会员证是给高管享用的，当然也包括拉拢客户的开支。我们认为这些不是资产，银行也根本不需要这些会员证。

对于裁员和补偿问题，我表示可以接受李宪宰的要求，即在交割前向政府提交减员名单，协商补偿的金额。政府不再承担交割后裁员的责任或成本。

除了这些主要问题，我还澄清了几点以前达成协议但金监会不断反复的问题。

一个是拖售权。这个权利对新桥很重要，金监会几次接受之后又推翻了。我强调在《投资条款书》中必须包括这个条款。

我再次说明只能用附函的形式表示新桥会遵循法律要求的"应尽责任"，但不会同意在法律规定的范围之外做出进一步承诺。

本来按《共识备忘录》的约定是政府用借据来填塞韩国第一银行资产剥离后形成的窟窿，但现在李宪宰改变主意了，要求不用借据，而是用现金。我表示不同意，最起码不能全部同意，但可以考虑接受少量现金。理由很简单，而且在《共识备忘录》谈判的时候反复解释了，经济仍然不景气，所以在相当长的一段时间内，无法将现金迅速转换成贷款或其他付息资产，大量滞留现金将减少银行的收入。

在把修改后的《投资条款书》和新桥最终立场文件发给玄大使之前，我先传真给了布朗姆和庞德曼，请他们提意见。我在传真中还告诉他们，美国一家叫作帕纳康姆的公司正在起诉李宪宰和金监会。该公司声称在竞标收购韩国人寿保险公司的过程中，被"不公平且不合法地"排出局外。

另外，我还听到另一起类似的诉讼。辜成允是一位台湾商人，海峡交流基金会前董事长辜振甫的儿子。他告诉我，他的家族所控制的台湾水泥公司已经向一家韩国公司发出了律师函，原因是该公司违反了收购其黑炭业务协议的某些条款。他说，在发出律师函之前，韩国人已经停止与他谈判，但收到律师函之后，韩国方面又急于与他讲和。

参考这些案例，我在传真中建议道："如果李主席拒绝我们的条款书，新桥也可以考虑起诉金监会，赔偿我们的损失和开支。"

"如果交易在此破裂，我们没有理由不起诉金监会。"庞德曼的传真回复说。布朗姆也表示赞同。

玄大使在 8 月 25 日收到我的文件。第二天，他就面见了李宪宰。上午 10 点半，刚刚结束与李宪宰的会面，玄大使就打电话与我通报情况。他说，与李宪宰的会议持续了一个多小时，他按照我提供的文件，逐点解释了新桥的立场。他说，对于新桥的"拖售权"，李宪宰的反应相当强烈。玄大使反复对李宪宰解释，新桥是一家声誉良好的长期投资者，不会做任何违反所有股东最大利益的事情。当他们讨论新桥和政府分利的时候，李宪宰再次询问新桥是否承诺最初投资

5 000 亿韩元，未来两年每年再投资 1 000 亿韩元。玄大使的回答是如果其他条件都满足，那么答案是肯定的。

其实玄大使的答复并不完全正确。我提醒他，之前我们同意投资 5 000 亿韩元时，李宪宰已经放弃了要求新桥再追加投资的要求（因为他不同意额外投资可以换得更多股份）。玄大使说忘记了，会回去和李宪宰澄清这一点。

李宪宰或明确或含糊地接受了新桥的一些要求。例如，我提出，对于不良资产准备金的争议，政府要么有权按账面值回购争议资产或贷款，要么将争议提交仲裁，但是不能两者兼有，他认为我的立场"似乎是公平的"。他同意新桥有在交割前选择保留哪些资产的权利，只要求我们在不迟于交割前一个月提供不愿保留的资产清单。他还说，新桥认为韩国第一银行遵循资本充足率的标准不应该与其他银行有所不同，说得有道理，因为从监管的角度看，不应厚此薄彼。对于新桥关于裁减冗员和有关责任赔偿的立场，他也没有表示反对。

除了这些问题，李宪宰对我提出的意见没有更多反应。在逐条讨论之后，玄大使把他去香港和我及新桥联席主席谈判的情况转告李宪宰。他说，新桥内部对韩国第一银行收购的支持度正在逐渐减弱，对李宪宰本人逐渐失去信心和信任，这些都影响李宪宰自己的声誉。

玄大使给李宪宰指出了积极的一面，说："如果能够完成这笔交易，新桥将引入世界级的管理层，新桥是优秀的企业公民，需要维护自己的声誉。"所以，无论对韩国第一银行还是韩国，完成交易都是有利的。他还提醒李宪宰，完成交易会获得积极的国际反应。至于国内会出现的政治噪声，应该不足为虑。

李宪宰听得很认真。会面结束时，他说需要一些时间来考虑，然后再答复。

＊　＊　＊

然而，第二天，彭博社发出一篇报道，让我们十分意外。报道的标题为《金监会表示韩国第一银行的出售还需数月时间》。其中引述李宪宰的话说"谈判刚刚处于起草《投资条款书》的阶段，还需数月才能完成"。

这些话使我困扰。他是什么意思？为什么还需要几个月？他想故意拖延时间吗？为什么他一面表现出与我们重拾谈判的意愿，另一面又对媒体说这些？

彭博社和其他一些媒体打来电话，想知道我方反馈。我对他们说，我只能私下表示不满，但是要求他们暂缓报道，因为我还没有搞清楚李宪宰的真实意图。我打电话给玄大使说，看来金监会还是打算放弃交易，如果这样，新桥要求政府赔偿费用和损失。

玄大使还没看到彭博社的报道，听了我的报告，他很惊讶，立刻给李宪宰打电话。李宪宰说报社引用他的话时断章取义。他解释说，记者问他大宇问题是否会影响新桥收购韩国第一银行的交易，他的回答是到了签署韩国第一银行最终文件时，大宇情况就会明朗，因此不会有影响。他说对记者所说的时间是指最终协议的完成，而不是指签署有法律约束力的《投资条款书》。他还说完全理解万一韩国第一银行交易失败将对金融界产生巨大的负面影响。

8月27日，李宪宰向玄大使承诺，将在周一之前答复新桥的《投资条款书》最新版本。他说会在周末与财政经济部部长以及青瓦台经济事务秘书长讨论，可能还需要获得总统的批准。

"你觉得李主席当真吗？"我问玄大使，"您的判断很重要，我们都相信您。我会把您的话转达给布朗姆、庞德曼和新桥的其他同事，我们会基于您的判断决定怎么做。"我还提醒他，我们内部的决定是，必须在9月6日美国劳动节之前完成谈判，否则就不谈了。

玄大使说，他认为李宪宰是认真的，但是李宪宰需要减少韩国内部的反对意见和阻力，所以与财政经济部部长和经济事务秘书长的会晤至关重要，李宪宰需要取得他们的支持。

* * *

尽管李宪宰承诺周末内部会议后会回来找我们谈，但几天过去了，杳无音信。不过，他对记者倒是有很多话要说。周一，彭博社刊登了一篇文章，报道汇丰银行收购汉城银行的交易岌岌可危。标题是《监管机构称汇丰银行收购汉城银行案陷入僵局》。文章开篇引述李宪宰的话说，汇丰银行和金监会无法就如何界定不良资产达成一致，韩国政府"不再与汇丰银行谈判汉城银行的出售"。李宪宰告诉记者，与汇丰银行"缩小分歧非常困难"。

报道称，金监会仍在与新桥就出售韩国第一银行谈判，并引述李宪宰的话说，政府"仍在努力缩小与新桥的分歧"。不过，李宪宰接着表示，即使主要条款很快达成一致，成交也需要两三个月的时间。显然，李宪宰是在为自己之前说的还需要几个月的话打圆场。

我很难判断李宪宰给媒体提供的消息是虚还是实。如果金监会与汇丰银行的谈判陷入僵局或者终止了的话，对新桥会非常有利。反之，如果汇丰银行那边进展顺利，对我们则不利。我不知道李宪宰是报告实情，还是通过媒体对汇丰银行施压，促其让步。

第二天，金地鸿给我写了一份备忘录，说韩国报纸也在报道类似的消息，称与新桥的谈判进展顺利，而汇丰银行收购汉城银行的交易可能失败。李宪宰再次公开指责陷入僵局是由于汇丰银行言而无信，之前同意使用韩国标准评估贷款，现在却坚持使用前瞻性的国际准则。

又过了一两天，金监会和汇丰银行同时宣布，双方已终止有关汉城银行的谈判。

汇丰银行的退出对我们来说是好事，因为我相信，政府至少要卖一家银行，否则失信于天下。但同时，如果终止与汇丰银行的交易反映出政府的强硬立场，那么我们也难以乐观。令人焦虑的是，李宪宰并没有如约与玄大使或者我本人联系。

* * *

由于没有对方的消息，在汉城无事可做，我准备返回香港，但就在 9 月 1 日——我准备离开的前一天，玄大使打电话说李宪宰约见。于是，我取消了行程，和他约好次日下午 3 点见面。

同时，我们收到了金监会的一份文件，阐述其对各个未决问题的立场。我不知道金监会的文件是否针对我给李宪宰的文件，或是李宪宰还没有把我的文件转给他的团队，但那边有动静了，就是积极的动态。我仔细阅读了他们的文件，发现双方在许多问题上仍有很大的分歧。有一些问题经过双方多次谈判已经反复"解决"了，但它们还是不断重新冒出来。

金监会似乎动了起来，但谁知道是否像过去几次一样，又是虚晃一枪。我们无法判断，只能做最坏的准备。

*　*　*

9月2日，我和玄大使同去韩国银联大厦与李宪宰见面。李宪宰又一次选择这个场所，而不是金监会的大楼，大概出于两点原因：一是避开记者耳目，二是避开南理宇和他的团队。当然，这只是我的猜测。不管什么原因，南理宇不在场就是好兆头。

走进会议室，我看见李宪宰坐在上次同样的位置上，气色不佳，好像患了感冒。

此次会议的结果既有令人鼓舞之处，也有令人沮丧之处。我原以为棘手的问题，似乎迎刃而解；本来以为容易解决的，却成了难题。

在投资规模、不良资产处理的方式、卖方向买方提供免责——银行过去的过失由卖方而非买方承担、投资方有权在交割前选择资产等方面，我们达成一致意见。

关于投资规模，之所以成为问题，是因为李宪宰忘记了曾经达成的一致。他关心的是公众舆论，对韩国来说，当然外资投入越多越好。我给他看了我们7月11日发给金监会的一封函，确认之前的约定，包括新桥可以考虑在收购韩国第一银行之后的两年内每年追加1 000亿韩元投资，但没有义务一定要追加，而如果追加的话，新桥所持的股权则相应增加。他看了此函之后，表示再无异议。

对于不良资产的处理，李宪宰同意了我的意见，即由韩国第一银行的管理层确定减值或准备金的金额，政府方面可以选择支付差额，或者按账面值购买，或者诉诸裁决。如果选择裁决，结果将对双方都有约束力，政府没有再回购该贷款的权利。

我同意在签署有法律约束力的《投资条款书》后一个月内新桥提供一份剥离资产的清单。我还确认新桥将保留银行的总部大楼。

我们居然再次就拖售权达成一致！金监会在这个问题上反复多次了，从《共识备忘录》签署之前就纠结了好久，终于同意了，但签署《共识备忘录》之后，他们又旧话重提，来回反复。这一次，玄大使建议在拖售权一款上加上一句话：拖售权的目的是使股东价值最大化。这也是我一直以来试图说服对方的论点。出乎意料的是，李宪宰接受了。他认为有了这句话就可以向民众交代了。他唯一的要求，就是在我们谈判出售股权的时候，要及时与政府分享信息。

在裁员的问题上我们卡壳了。李宪宰同意政府承担裁减高管人员的责任和成本，但是不承担裁减任何工会成员的责任。对他来说，这不仅是一个经济问题，而且是一个政治问题。在工会面前，政府不能做坏人。虽然意见不同，但我理解他的立场，没有一个政府愿意触及工会的利益。

在政府担保的贷款和政府借据应该采用什么风险权重的问题上，我们没有取得进展。他坚持无论有无政府信用的支持，所有贷款的风险权重都必须一样，说这是监管标准的问题，其他国有化银行也是同样对待，不能特殊。我反驳说，其他国有化银行虽然是国家控股，但是其资产并没有国家的明确担保，而韩国第一银行则不同，在我们收购之后，一些资产明确有政府的担保，损失的风险是零，因此风险权重也应该是零。但是费尽口舌，他始终不答应。

出乎意料的是，我们碰到的一个棘手问题竟然是财务年度的划分。我本来以为很简单，银行的新旧应该以新桥接管的时候划分，一旦控制权易手，就开始一个新的财务年度，与过去泾渭分明。李宪宰认为这是一个绝对不能让步的监管问题。他说，所有银行财年都必须使用日历年。按照他的要求，我们如果在年内完成收购，如何分割新旧，可能是个财务会计难题。

最后也是最令人困惑的问题是新的《投资条款书》的法律约束力。我们向来认为新文件必须具有法律约束力。双方在1998年12月31日签署的《共识备忘录》没有法律约束力，结果是很多条款从头谈判，现在谈了8个多月了，仍然没有完成。再签一个没有法律约束力的文件有什么意义呢？不是很容易就被政府方面推翻吗？但李宪宰死活不同意法律约束力的语言，我们花了一个多小时，谈得口干舌燥，没有结果。他坚持己见的原因在于伟凯律师事务所的尹律师告诉他，具有法律约束力的条款书在国际合同中不常见，一旦同意，如果政府违反条款书的话，就要承担责任和对方的潜在损失。他建议安排分手费，只要支付分手费，就可以不再履行合约。

我对他解释，他的律师说得不错，一旦签署了有法律约束力的协议，就必须承担违约的责任和对方的损失，但这个责任是双向的，如果投资方违约，也要承担对政府损失的赔偿。而且，我强调，签署一份不具法律约束力的条款书毫无意义，我们之间不是有一份《共识备忘录》吗？不是还在继续谈判吗？但直到会议结束，他也没有接受。

还没有谈完，李宪宰站起身要走，说还有别的事情。临走前，他再一次说，政府支付给韩国第一银行填补坏账窟窿的一半是现金，一半是政府借据。《共识备忘录》规定是全部政府借据，前些天他坚持全部由现金支付，现在他提出一半一半。

他建议第二天下午再见，继续谈判。

这次谈判还是很有成果的。我认为最棘手的问题，双方的差距不是消失了就是缩小了，使我感到欣慰，但我仍然不敢乐观，因为过去双方也曾就这个或那个问题达成一致，但过了不久，对方又变卦了。

当晚，我与玄大使在朝鲜酒店中的日本餐厅一起吃晚饭。他是一个说话谨慎小心、轻易不露声色的人，但此时也表示对当天会议的结果满意，说他持谨慎乐观的态度。

庞德曼的反应也一样。他读了我写的备忘录之后回函说："看起来的确取得了一些进展。"他认为我们或许可以同意政府方面关于工会成员裁员的立场，因为根据我们的分析，无须裁减太多成员。至于风险权重，他建议我们根据李宪宰的要求，用我们的模型重新计算一下，看看产生的结果对我们有多大的影响。他对法律约束力这个问题的看法出乎我的意料。我认为对于这个条件应该寸步不让，而他认为分手费也是可以接受的，因为如果政府终止交易，至少我们可以得到一定的补偿，比我们现在的处境要好。

我不同意用分手费取代法律约束力。我最大的懊悔就是当初谈判《共识备忘录》的时候，没有包括法律约束力的条款。结果时过境迁，《共识备忘录》几乎成了一纸空文，使我们处于进退两难的境地。我决心不再犯同样的错误。庞德曼的意见有道理，分手费总比什么都没有好，但我的目的是牢牢拴住对方，完成交易，避免形势变化时，对方可以很小的代价使这笔交易胎死腹中。"没那么容易。"我心里想。

9月3日下午，我又与玄大使一起在银联大厦会见了李宪宰。他双眉紧蹙，耷拉着脸，我一眼就看出他心情不好。一坐下，他就开始发牢骚。"你们声称会有世界级的管理团队，"他说，"为什么不能接受一半现金、一半政府借据？"他的意思是，以世界级的管理水平，新桥控制的银行应该能够迅速把现金变成贷款或其他收息资产，他不明白我们为什么要拒绝接受现金。他说，政府必须可以选择部分支付现金，而不都是政府借据。

对于政府借据，如何确定利率呢？《共识备忘录》中规定应该在银行平均资金成本之上加不超过 2.5% 的息差。银行的资金成本包括支付给客户的存款利息或者银行自己借钱要支付的利息。银行有的资金是没有成本的，譬如有些活期无息存款。双方早就达成一致，在计算平均资金成本的时候，应排除无成本的资金。此时，李宪宰指着新桥的文件说，政府从未同意不包括无成本资金。我表示不同意，指出这个计算方法采用的是金监会 7 月 2 日提供的条款书上的措辞。李宪宰用韩语和玄大使商量了好久，仍然一脸困惑，反复说，手下并不是如此报告的。

"南先生一定对您有所隐瞒，"我半开玩笑地说。我建议他打电话给南理宇。他当即拨通了电话，结果证实他的团队同意我的说法。

尽管如此，他还是提出两个方案供我选择：第一个是政府 100% 用借据支付，但计算银行资金平均成本时必须包括无息负债；第二个是计算资金成本时不包括无息负债，但新桥必须接受 50% 的借据和 50% 的现金。

我认为政府用什么填资产窟窿与计算资金平均成本是两个不同的议题，不应该相互替换。双方各持己见，无法弥合分歧，这个问题就先搁置下来。

接下来又回到裁员的问题上。在这个问题上，我们自己搞错了。

新桥的顾问贝恩咨询公司经过研究之后告诉我们，需要裁减的主要是非工会成员的员工。结果他们搞反了，需要裁减的多是工会成员。本来李宪宰已经同意，政府可以承担对非工会成员的员工裁减的责任，但是不能涉及工会成员。根据贝恩的报告，我本来认为这不是问题，但贝恩现在说要裁减工会成员，问题就出来了。"我们在这个问题上搞砸了。"我在一份备忘录中向布朗姆和庞德曼承认。我们必须让贝恩做进一步的分析，再考虑我们有什么选择。

就在会谈快结束的时候，双方在新条款书是否具有法律约束力方面似乎取得了突破。李宪宰表示，他可以接受法律约束力，但他反对使用"约束力"一词，因为这个词在韩语中隐含冒犯性。我虽然不懂韩语，但我可以想象约束政府的说法可能很不顺耳。

我和佳利律师事务所的里奇·林瑟通电话商量之后，建议措辞为："双方同意遵守这些作为最终协议基础的投资条款。""遵守"（abide by）就是"不能违反"的意思，在英文表述上与"法律约束力"含义同等。李宪宰似乎对新的措辞感到满意，但说还要进一步确认。显然，在这个问题上，形式对于他比实质更重要。

不过，在其他问题上，我们仍有很大的分歧。一个新问题是如何处理重组贷款政府担保的利息。只有在借款人无法按期还本付息的时候，贷款才可能被重组，或延期，或减息，等等，所以重组贷款都属于问题贷款一类。由于大宇的危机，给这个集团的几乎所有贷款都会被重组。政府方面对支付贷款损失准备金没有意见，但不同意担保利息支付。

如果一个借钱人破产了或者违约了，我们可以把该贷款按照账面值加欠息卖还给政府，但是贷款被重组了，理论上没有违约，不能卖还给政府。重组的贷款往往长期冻结本金和利息的支付，对银行来说就是不生息的死资产。新桥要求政府负责支付重组贷款的利息，否则我们不接受重组贷款，但李宪宰不同意。由于一时半会儿无法解决，我只是陈述了意见，问题留待以后再议。

分手之前，李宪宰提议周日下午5点在新罗酒店再次面谈。

李宪宰的态度在每次会议上都有所不同，第一次给我的感觉是比较灵活，第二次则是比较强硬，使我难以判断他的真实意图。他以部长之尊（金监会主席为正部级），和我一个区区投资人的代表埋头谈判，花费了大量时间，看来充分表达了诚意，而且第一次会议的时候双方取得了不小的进展，但第二次会议中他在许多议题上拒绝妥协，又让我揣摩不透他的心思。我希望第三次会面能够最终取得突破，解决所有问题。

第 11 章　最后通牒

9 月 4 日是周六，我本想轻松一下，但事与愿违，忙碌了一整天，一刻未闲。

为了准备李宪宰的来访，我包租下来新罗酒店商务中心。一大早，我就和玄大使查看了商务中心内的几个会议室，决定使用窗户面向迎宾馆花园草坪的大会议室。我们仔细检查了会议室的一切设施，确定都管用。

之后，我去了金张律师事务所，在那里写了一篇三页的简报，概述了新桥对各个未决问题的看法。写这个简报是应青瓦台的要求，因为总统府需要了解新桥对于收购的最新想法。我打算将简报抄送金监会。

这里不得不说说金张律师事务所。这家律师事务所在韩国法律界的地位独一无二，其律师有不少是退休的政府高官，包括玄鸿柱大使。该所在业界很有影响力，是几乎所有韩国国内外大公司的不二之选，而且深受政府的信任。在韩国第一银行谈判的过程中，政府方面出于各种原因，有时认为不便直接和新桥的代表交流，就往往借助金张的律师。按说金张是新桥聘任的律师，一仆二主有利益冲突之嫌，但是我们不以为意。非但如此，我们觉得金张作为新桥和韩国政府之间沟通的桥梁有利于双方建立互信和谈判的进展。我们相信金张律师们的职业操守，不担心他们和政府之间的互动会伤及我们的利益。当然，新桥内部的讨论，包括内部备忘录往来以及商讨的谈判策略，绝大多数我们从来秘不示人。

周日下午 1 点，新桥团队召开了一次电话会议，磋商需要和李宪宰讨论的问题，统一内部意见，为我与他开会做最后的准备工作。此时，许多难题都已经解决。对于剩下的几个大问题，我们决定尽力弥合分歧。对于政府用什么填补韩国第一银行的资产窟窿，我们反复讨论和分析后，庞德曼拍板，接受李宪宰的建议，政府可以一半以现金支付，另一半以政府借据支付。另外，我们也决定接受李宪宰关于风险权重的要求，即同意政府借据和政府担保的贷款的风险权重为 100%。只有在裁员问题上，庞德曼认为不能让步。

下午 4 点 15 分，李宪宰给玄大使打来电话，说伟凯的尹律师强烈反对条款书中的某些措辞，其中包括对投资者免责、法律约束力、拖售权等。李宪宰说，鉴于双方在这些问题上的分歧如此之大，他决定取消与我会面，让我去和南理宇、尹律师谈判。

这又是突如其来，说好的事情，他临时变卦。他所说的这些条款，都是我和他反复讨论后达成一致的，现在他又全部推翻了。他让我和南理宇、尹律师二位去谈，显然是托词。他十分清楚，我和那两位绝对谈不出任何结果，这就是为什么他亲自介入、亲自谈判，才使得双方靠拢，所以他的建议是把那两位拿出来当挡箭牌。因此，我断然拒绝。

玄大使也搞不清楚李宪宰为何突然变卦。他匆匆赶往金监会的办公室。虽然是周日，但李宪宰还在上班。不知道玄大使对他说了些什么，过了一会儿，大使打来电话，请我去金监会。我在那里见到了李宪宰。他虽然同意见面，但是一脸的不乐意。我们谈了两个半小时，但是谈得很别扭、很勉强，而且气氛一度紧张。

为了缓和气氛，我说，虽然新桥认为自己原来的立场是合理的，但我们决定接受他的建议，同意政府信用支持的资产风险权重为100%，也同意政府对韩国第一银行支付一半现金、一半借据。对于第一点，他没有说什么。对于第二点，我本以为他会表示满意，不料他居然说，我会考虑你的建议。真是你给他一个甜枣，他给你一个嘴巴。我马上说，不是您考虑我的建议，而是我们做出重大让步接受您的建议，如果不是您的建议，我们也没有必要同意。他不再说话，默认双方在这个问题上达成了一致。他要求我回去立即修改《投资条款书》，在周一中午之前呈递给他本人。

我们还没有修改好《投资条款书》，就收到了金监会的一个文件，题为《关于金张律师事务所所谓双方达成共识的问题》。金张律师事务所之前有一个文件，是根据李宪宰的要求，记录了我和他几次谈判的结果，题为《达成共识的问题》。金监会的文件显然出自尹律师，他基本上否认了我和李宪宰达成的所有共识。譬如，对于拖售权和政府对投资人免责及赔偿问题，他说金监会并没有同意。对于新桥投资金额，他要求增加。对于"应尽责任"，我和李宪宰商量好用附函的形式表述，他也拒绝了。虽然和李宪宰谈判时一波三折，但毕竟取得了不少进展。我坚信，如果金监会听任尹律师干预商业谈判，双方永远谈不成。

当晚，我写信给庞德曼说："虽然只剩下几个未决问题，但我感觉双方之间的差距比以往任何时候都大。我和李宪宰谈成的任何事情，都可能被尹律师、金监会的团队或李宪宰本人推翻。因此，我无法判断现在未决问题的清单是否包括了所有未决的问题。"

次晨，庞德曼打来电话。他的第一个问题就是这个交易是否还值得做。我们的每一个让步似乎无关大局，但是在做出了这么多让步之后，也许从量变转向质变，从一个好的投资变成了不好的投资。他说："应该后退一步，看看全局。我们不能在不知不觉中死在千刀万剐之下。"顺便说一句，英文中也有"千刀万剐"一说，叫"death by a thousand cuts"，可见此刑并非中国人的专利。

我打电话给雷曼兄弟的奥汉隆，请他将我和李宪宰达成一致的最新条款置入财务模型，重新计算一下，看看结果如何。我知道，我们的每一个让步都没有影响大局，而且不光是我们让步，对方也有妥协，根据我心中的估算，所有的这些变化都没有伤及交易的根本价值，但我们必须通过模型的计算证实。

根据我与李宪宰谈判的结果，佳利律师事务所的琳达·马特拉克花了整整一个晚上修改《投资条款书》。

在此过程中，我们发现双方争执不下的一个问题其实不是问题，也算是意外之喜。裁员的责任和成本是一个主要的未决问题，尤其是涉及工会成员。咨询公司贝恩估计，裁员而产生的成本为 5 500 万 ~7 000 万美元。我们要求政府承担这些成本，李宪宰坚持政府仅承担非工会成员员工裁减的责任。我们的立场是，冗员是历史遗留问题，所以政府应该承担裁减的全部责任和成本。

9 月 6 日，朴炳茂律师在起草文件的时候发现了这个双方的分歧点。他告诉我们，这不是问题，因为需要支付的裁员费用已经有了。原来，韩国法律规定，所有公司都必须建立一个储备金，专门用于支付遣散费，而这个储备金是按照每个员工工龄的增长而逐年增加的。韩国第一银行的资产负债表上包括这个储备金，但由于账户的名称是储备金，而我们此前并不知道该储备金的用途，没有把它与遣散费联系起来，所以不知道有这么一笔预留的资金。这笔钱足以支付法定要求的遣散费金额。

但是我考虑，如果新桥接管之后银行裁员，支付的遣散费应该超过法定的要求。原因是这些员工在经济危机中已经吃了不少苦，我们慷慨一些也有助于提高在职员工的士气，有助于搞好股东和员工之间的关系。此前韩国第一银行已经做了一次裁员，对于离职的员工支付了超过法定分手费以外 8 个月的工资。额外的支付平均每人不到 1 万美元。如果我们按照贝恩的建议，支付的额外分手费三倍于此，总额也不过 900 万美元，比我们之前的假设低得多。为了留有充分的余地，我建议要求政府方面向韩国第一银行再提供约 2 000 万美元的储备金，用以支付裁减 300 名员工的额外费用。这个数字比以前和金监会谈判的数字要小得多，所以一个主要问题变得不难解决了。

朴炳茂是金张律师事务所的干将，脑子特别好使，不但善于发现，还善于解决问题。他中等身材，方下巴，戴着一副眼镜，目光柔和，给人平易随和的感觉。他不仅深谙法律，而且做事很专业，一丝不苟，明察秋毫，工作效率高，是难得的人才。他那时才 38 岁，已经成为韩国最大、最知名的律师事务所合伙人，可见金张律师事务所的老板们知人善任。

＊　＊　＊

次日，我去青瓦台，会见了总统的政策和计划高级助理金汉吉先生。我向他报告了交易进展的情况。雷曼兄弟的赵建镐帮助我们翻译，金汉吉听得很仔细，没有听明白的时候，他就提问。我讲完了之后，他要求我提供一份新桥对于主要问题立场的文件。他说，他会认真审阅，之后报告给总统，并将总统的指示传达给金监会。他说，新桥与政府之间对话的正式渠道依然是金监会，但我们应该相信，金大中总统和青瓦台对这笔交易的支持和承诺一如既往。我说我方要求必须在 24 小时之内完成新《投资条款书》的谈判，否则我们就不谈了。他请我们再耐心一些，给政府方面更多的时间。我表示会向新桥的联席主席们报告他的要求，并对他的支持表示感谢。我来访的目的是通过青瓦台对金监会施加压力，促使李宪宰加快步伐。我对金汉吉先生的答复很满意。

回去之后，我立即着手准备总统助理要求的文件。我觉得促使李宪宰下定决心完成与我们的谈判，他所需要的不仅仅是政治压力，更多的是政治支持。我知道他对我在政府决策层中做工作有意见，但他无法阻止我，只要他一天原地踏步或后退，我们的各种努力就不会停止。如果双方认真谈判，达成协议，我们自然就消停了。

就在我去青瓦台的时候，玄大使会见了李宪宰，与他谈了一个小时。之后，他们又通了几次电话。李宪宰再次对于拖售权、政府对新桥免责和赔偿、法律约束力和投资金额等问题的措辞提出意见。我知道，这些意见都来自尹律师，都是把已经解决了的问题翻出来倒腾。总之，李宪宰答应次日上午 9 点与我再次面谈。

第二天开会前，我得知李宪宰对我头一天去青瓦台的举动很恼火。他抱怨说在此关键时刻，我的这些活动毫无意义地牵扯精力。虽然发牢骚，但他并没有因之取消会议。

这次会见李宪宰总共只有短短的 5 分钟。我和玄大使以及他的合伙人丁启声律师一起去银联大厦。李宪宰和我打了招呼，简单交谈之后，就请我和丁律师在隔壁房间等候，而他和玄大使单独交谈。我想李宪宰大概认为所有的问题都很清楚了，用英文与我谈谈不透彻，不如和玄大使用韩语深谈。他们两位都是韩国社会的高层精英，相互信任，更何况当初玄大使找到我们自告奋勇充当双方的桥梁，就是李宪宰建议的，所以两个人有共同语言。

去见李宪宰之前，金张的律师们准备了一沓文件，其中包括曾经在美国发生的一些银行收购的合同副本。这些文件都可以证明，给予投资者免责和赔偿是惯例性的条款。玄大使后来告诉我，李宪宰看了这些案例之后，打电话给尚可倚，说看起来新桥提出的这个条款是合理的，为什么我们反对？尚可倚回答，韩国第一银行可能有一些财务报表之外的负债，如果政府答应了对新桥免责和赔偿，将来可能要承担责任。李宪宰立刻反驳说，这正是新桥要求免责和赔偿的原因！虽说如此，他并没有当下接受这项条款。

在裁员问题上，李宪宰的态度很坚决，说政府只能负责裁减管理层的费用，且最多 100 人。上周日他说 150 人，现在又缩水了。不过，他比较接受用增加储备金的方法来支付这笔费用的想法。对于拖售权以及法律约束力，他的态度模糊，既没有同意，又不再强烈反对。

李宪宰和玄大使谈了一阵子之后，出来和我见了面，虽然仅仅是短暂的几分钟。他的神情比上周轻松多了。他说希望今天能和新桥达成协议。他对我头一天拜访青瓦台一事表达了不满，提醒我说，只有他本人才是唯一可以主宰这笔交易的人，没有人能够影响他，即使是总统也不能。

我相信他的话。我始终认为如果金监会的主席不同意的话，这个项目永远做不成，而如果他下了决心，则没有不成之理。因此我也认为，项目停滞不前的根本责任人也是他。虽然南理宇不给力，甚至起了反作用，但真正决策者是李宪宰。像任何人一样，做事情有时不情愿，但迫于压力而为之，他如果不动作，我还是要想方设法促动他。

我回应道，绝对尊重他的权威，我也希望能够心无旁骛集中精力与他本人谈判完成这笔交易。同时我心里想，你要是积极和我谈判，我何必到处求援呢？

下午2点半，金张的丁启声、朴炳茂两位律师去了青瓦台代表新桥谈判。他们谈判的对象是李宪宰指定的代表。我熟悉此人，他不是金监会的官员，而是总统府的高官。李宪宰之所以绕开南理宇，一定是因为对南理宇失去了信心，只好找他信得过的更能干的人。这是一条秘密渠道，此人身份敏感，显然不能让南理宇知道，而且我也不便亲自去谈，只能请金张的律师代劳。时至今日，我也不便披露他的姓名，权且称他为"特使"吧。

几个小时之后，丁启声和朴炳茂给我和玄大使打来电话，说他们取得进展，虽然过程很缓慢。

当天下午，我又一次前往青瓦台，这是两天之内第二次拜访总统府。青瓦台像任何总统府一样，戒备森严，如果不是事关国家大事，那里不会有人接待我，我也不可能如此频繁造访。韩国第一银行的交易确实倍受最高层的关注，总统幕僚也急于了解新桥代表的想法。至于他们为什么不直接从金监会了解情况，而是愿意听外国人说辞，我就不得而知了。我的猜测是韩国的政府官僚体制有一定的独立性，民选的总统并不能完全左右，所以他的幕僚要从不同渠道获取信息。

这一次，我会见了总统的高级新闻秘书长。他认真听了我要说的话，问了几个问题，然后说，请你们放心，金大中总统坚定不移支持这笔交易。

当晚10点，丁启声、朴炳茂两位律师与特使的谈判告一段落，回到了新桥团队入住的新罗酒店。我和玄大使、陈焕彪、潘德邦、金载旻已经等候多时了，急于知道他们谈判进展的情况。他们二位颇为得意地告诉我们，已经99%搞定了。

然而，在他们叙述了谈判内容之后，我们意识到，其实还有一些问题悬而未决。很快，陈焕彪和几位律师就开始争论哪些问题已经解决，哪些还要谈判解决。就这样，讨论到凌晨1点左右。最终我和玄大使商量了一下，决定休会，明日再继续。需要讨论的问题太多，当天晚上不可能都解决。内部讨论都如此耗时，与对方谈判可想而知。只有对方真正有意愿，双方才能取得进展。

第二天一起床，我就和陈焕彪、潘德邦一起赶往金张律师事务所。我们和丁启声、朴炳茂两位律师逐一讨论了他们头一天与特使谈判的尚未解决的或产生的新问题。我们花了一上午的时间。虽然剩下都是技术性的而非实质性的问题，但对于整个交易仍然是至关重要的。

比如，我们要表达拖售权的"目的是使股东价值最大化"，但是庞德曼不同意对方提出的具体措辞。他是律师出身，用词十分严谨，他担心如果这么简单地描述，会在将来被解释为新桥有法律责任使股东价值最大化，而有人可以据此指摘新桥没有尽到责任，因为到底多大才算"最大化"是没有具体定义的。所以，他不同意说"目的是使股东价值最大化"，而要求改为"目的是使股东价值最大化成为可能"。

这两个表述之间的区别虽然细微，但很重要。打个比方，如果说"穿鞋的目的是使我跑到极速"，那么有人可能会说我并未达到极速，说话不算数，但如果说"穿鞋的目的是使我跑到极速成为可能"，那就只是个可能性，而不是责任。如此字斟句酌，就是避免在将来产生争执。

9月8日下午，丁启声、朴炳茂又去和特使谈判。我和玄大使在他的办公室等候。几个小时后，他们打电话过来说："没有什么进展。"傍晚时分，我接到特使本人的电话。他责备我去拜访青瓦台，要求我停止向青瓦台游说，因为那样会分散注意力。我非常尊重他，也很认真对待他的建议，但是在此关键时刻，我还是决定在签署有法律约束力的文件之前，不能停止游说活动。当然，我并没有告诉他我心里的想法。

虽然谈判进程很缓慢，但是玄大使对达成协议的前景非常乐观。他建议我开始起草公告，宣布新桥已经与韩国政府签署了具有法律约束力的《投资条款书》。虽然我怀疑火候是否到了，但我还是照做了。

9月9日上午10点左右，玄大使又去会见了李宪宰。他们两个人谈了大约一个小时。李宪宰又提出了三个问题。第一，关于初始投资。我方律师的措辞是"新桥投资集团有意，但并无契约责任，投资5 000亿韩元"。意思是如果银行对于资本金的需要并没有这么大，我们也没有责任一定要投这么多。他要求我们删除"但并无契约责任"

这几个字。第二，关于拖售权。他希望我们从"目的是使股东价值最大化成为可能"的句子中删除"成为可能"几个字。第三，关于裁员。政府将提供 300 亿韩元用于裁员准备金，但裁员必须由新桥实施，政府不参与裁员的决策。

我打电话给庞德曼，征询他的意见。他对第一点和第三点没有意见，但对于第二点，他坚决不同意。关于第三点，庞德曼没有意见，但我觉得 300 亿韩元不够，需要 400 亿韩元。通过玄大使，我和李宪宰反复谈判了几轮，他最终提出政府提供 380 亿韩元。我接受了。

解决"价值最大化成为可能"这个表述方式的困难程度大大出乎我的意料。不可思议的是，我与特使花了三四个小时通过电话就保留或删除"成为可能"几个字反复争论。最终，在下午 6 点左右，我提出了一个政府方面可以接受的文字。"成为可能"几个字仍然保留，但是在"目的是使股东价值最大化成为可能"的后面加上一句话："并且在行使这一权利时，投资者将寻求实现这一目的。"在我看来"寻求"意味着努力，但并非责任和义务。

我给庞德曼打电话问他是否同意我的修改。当时他在纽约，时间是凌晨 5 点。庞德曼有个我认为奇特的能力：他可以在任何时间接电话，即便把他从睡梦中吵醒，他也可以拿起电话和你讨论，好像他正坐在电话机旁边值班一样，声音中毫无困意，而且思路十分清晰，好像对要谈的问题已经深思熟虑。他经常出差，走到哪里，无论在什么时区，随时给他打电话都能找到他。只是他在家的时候，我不去打扰，免得烦到了他的太太。当然，我一般知道他在哪里，而且不是不得已，不会在半夜三更给他打电话。

庞德曼思维敏捷，通常有问必答，让人感觉是不假思考，但这一次，我把我建议的文字念给他听了之后，他沉默了大约整整一分钟。要不是我足够了解他，会以为他又睡着了。我知道这句话很重要，所以耐心等待他在大脑中过滤。最后，他说"我认为可以"，然后挂断了电话。

有一次，庞德曼告诉我，如果他在睡眠中被电话叫醒，他打完电话之后可以倒头就睡。我非常羡慕他有此等福分。我当年在内蒙古戈壁滩种地的时候吃不饱饭，营养不良，又经常看书，结果落下了睡不好觉的毛病，如果半夜醒来，就无法再入睡。实在无法想象有些人入睡可以如此容易。

忙碌了一整天，筋疲力尽。直到晚上 11 点半左右，好容易干完了该干的活，我才离开金张律师事务所的办公楼。我想到这一天的忙碌有收获，心里愉快。我正在洗漱，准备上床睡觉的时候，电话响了。来电的是玄大使。他说他和丁启声、朴炳茂两位需要到酒店来见我。我知道他们有要事相商。挂了电话，我闭上眼睛，想趁他们到来之前打个盹，我预感这将是一个漫长的夜晚。刚刚入睡，电话又响了，玄大使说他已在路上，而丁启声、朴炳茂二位会从青瓦台赶来。

我和玄大使在新罗酒店商务中心见面的时候已经凌晨 1 点多了。其实我们一两个小时前才在他的办公室分手，现在又聚在一起。玄大使时年 59 岁，比我大十几岁，也和我一样折腾熬夜，令我很钦佩。丁启声和朴炳茂还没有到，我俩就坐在商务中心的沙发聊天等候。

没有想到，左等右等，也不见那两个人的踪影，而我和玄大使聊得津津有味，几乎忘记了时间的流逝。他给我讲韩国的历史，以及自己在政府中的经历。朝鲜战争结束时，他 13 岁，所以他个人的经历和战后的韩国历史几乎完全重叠。他的经历十分传奇，我听得津津有味。

他这一辈的韩国人，从小学汉字，尤其是受过高等教育的人，虽然不会说汉语，但精通汉字。日本在 1910 年吞并朝鲜，一批朝鲜人在上海成立流亡政府，孙中山先生给予支持，说朝鲜人民和中国人民是"同文同种"，因为那时朝鲜还普遍使用汉字。玄大使也能写漂亮的汉字。当我们聊到朝鲜历史时，我感叹找不到好的有关朝鲜历史的书籍，他就为我写下了一份古籍目录：《三国史记》《三国遗史》《高丽史》《李朝实录》（见附图 4）。他的书法不亚于中国学者。他写下书名的这些朝鲜古籍都是用汉字和文言文写的。很遗憾，现在韩国的年轻人绝大多数已经看不懂这些自己老祖宗的书籍了，因为自 20 世纪 70 年代初以来，汉字就不再是韩国中小学的必修课，就连街道名字和商店的招牌也慢慢地用韩语取代了汉字。

长夜漫漫，时光一分一秒流逝，到了凌晨 3 点左右，我和玄大使都已经精疲力尽，丁启声、朴炳茂两位还是没有出现。他们始终在与特使艰苦谈判。最后，玄大使在沙发上睡着了。我躺在另一张沙发上，很想打个瞌睡，却没有丝毫睡意，只能两眼盯着天花板，脑子里来回思考《投资条款书》中的问题和我们下一步的策略。到凌晨 4 点，丁启声、朴炳茂两位才结束了谈判，赶到新罗酒店。我赶忙打电话叫醒了住在酒店的潘德邦，叫他下楼来一起开会。丁启声、朴炳茂向我们报告了谈判的结果，然后我们开始讨论未决的问题。

特使想修改一些条款的措辞。有些我可以接受，有些无法接受，还有些地方需要咨询财务顾问和美国律师的意见。此时正值凌晨，他们都在睡觉，我不忍心叫醒他们，于是打电话给住在美国华盛顿特区的佳利律师事务所的琳达·马特拉克和住在纽约的雷曼兄弟的戴维·杰克逊，与他们磋商。我们商定了哪些地方可以同意政府方面的意见，哪些必须反对。内部对一个问题形成一致意见之后，金张的两位律师就打电话给青瓦台，和特使谈判。就这样，反反复复，双方之间的差距渐渐收窄。

快天亮的时候，双方基本上消弭了不同点。就在此时，玄大使接到了李宪宰的来电。李宪宰说，他对《投资条款书》会具有法律约束力感到很惊讶，他认为应该是用分手费取代法律约束力。他又忘记了，这是他已经同意的条款。对于这个条款，他颠三倒四好几次了，往往是同意之后，在下一次会谈中又忘了，老话重提，把以前的推翻。作为外交官，玄大使通常都是镇静自若，但听到李宪宰在这个条款上再次反复，他也有些恼火，其他人当然更为吃惊。法律约束力是整个《投资条款书》的关键，没有法律约束力，谈判就永远不会停止，交易就永远没有确定性。谈了这么久，已经敲定的事，他又反悔，实在令人费解。我请玄大使转告李宪宰，这一条是不能更改的，如果他不同意，双方就没有什么可谈的了。

半小时后，李宪宰办公室两次打电话给玄大使，要求下午 4 点召开双方全体人员会议。我拒绝参加，表示如果对方不同意法律约束力的条款，就没有什么好谈的了。我们只请丁启声和朴炳茂两位律师去参加，并带去三份《投资条款书》最终文件文本，附上一封短函说，请签署附上的《投资条款书》。玄大使也没有去开会。

李宪宰召开的会议开始不久，他就打电话给玄大使，说忘记了之前已经对法律约束力一事达成一致，表示道歉。我想也许他真的忘记了，也许我和玄大使拒绝参会让他意识到拒绝这个条款可能使整个交易触礁而悔悟了。不管怎么样，听了此话，玄大使同意也去开会。在会场上，代表新桥方的只有金张的三位律师，谈判桌对面的是李宪宰、特使、南理宇和尹律师。

李宪宰主持会议。他一开场就说，在座的各位有话就说，如果无话可说，以后就不要再说了。尹律师马上发言，表示反对法律约束力条款。后来玄大使告诉我，李宪宰直截了当地对尹律师说，"死了这条心吧"。如此而已。此后，金张的律师们逐条解释了我方对各项条款的立场，澄清了对方提出的问题。自始至终，南理宇一言未发。

会后，李宪宰单独和玄大使见面的时候说，他决定在周一或周二签署《投资条款书》。那时金大中总统会在返回韩国的途中。金大中总统此刻在新西兰，参加亚太经合组织首脑会议，会在那里与克林顿总统再次见面。在两位总统见面之前，我们不能发表签署《投资条款书》的公告，以免公众猜测政府是在美国总统的压力之下才决定签约的。

* * *

这一日是周五，我准备从汉城飞回香港，和家人共度周末。去机场的路上，接到庞德曼打来的电话，我向他报告了最新情况。他开玩笑说："好。如果签不下来，不是你的过错；如果签下来了，就是你的过错。"我哈哈大笑，说，不管怎样都是我的错。

眼看成功在即，回家度周末，让我着实心情放松。到家的时候，7岁的女儿已经睡着了。次晨，我跑步回到家时正好看到她刚刚醒来，见到我一脸惊喜，让我很开心。我陪着她玩，但时不时地被从汉城来的电话打断。

一个消息说当天早晨，尚可倚给雷曼兄弟的赵建镐打了电话，说："这已经是板上钉钉的事了。"他还说《投资条款书》会在下周初签署，而汉城的主流媒体也开始报道交易即将达成。

当天下午，玄大使打来电话，说金监会准备在下周二或周三签字，李宪宰又提出一两个问题，但是玄大使明确告诉他，新桥认为谈判已经结束，不愿再谈了。他还说，李宪宰想尽快和我见面，建议安排在下周一下午。他推测，这次见面很可能就是礼节性的，双方正式结束对《投资条款书》的谈判。

然后，我起草了一份公告，准备在签约的时候发布。雷曼兄弟的团队建议我们大做文章，让韩国的公众知道，随着《投资条款书》的签订，这笔交易就没有悬念了，虽然距离最终协议文件还有一定的距离。我同意雷曼兄弟的建议，市场和公众必须知道木已成舟，虽然还需要做很多工作，但下水只是时间早晚的问题。这样韩国政府内外就不会再有人对交易指三道四，阻碍成交了。

《共识备忘录》之后，谈判了近9个月，其中充满了曲折和不确定性，总算走到这一步了。签署《投资条款书》是件大事，我请在中国香港和美国的新桥团队成员能够来汉城的都在周一赶过来，参加签字仪式，以壮声势。

"凡事没完就不能说完，"我周六晚给布朗姆和庞德曼写信时引用了美国人的一句俗语（It ain't over until it's over），"此交易已经经历太多的曲折反复，此时我只能是审慎乐观。老天保佑。"

尽管我试图降低大家的期待值，但自以为看到了黎明前的曙光，心里有底了，心情很舒畅。女儿的床是一个平台，一半睡觉，一半都是她的玩具。我躺在上面陪她玩。我已经很久没有睡过一个好觉了，但也不觉得累。平时，只要有一点声响我就睡不着，但这一次，尽管女儿在旁边玩得很热闹，我竟然睡着了，而且睡得很熟。醒来时，房间里一片寂静，女儿和她妈妈早就出去了。一看表，已是下午2点半了。在大白天熟睡两个半小时，对我来说是个奇迹，我实在太缺觉了。

9月13日（周一）上午，我乘坐国泰航空公司的最早航班飞往汉城。一下飞机，我就直奔金张律师事务所，与玄大使、丁启声和朴炳茂会面。玄大使说，他上午会见了李宪宰，对方又提出了5个问题。我和他们一边吃午餐，一边讨论李宪宰提出的问题。最终我们形成一致意见，玄大使再去见李宪宰，告之新桥不会接受进一步改变《投资条款书》的任何要求，请他取舍。恰巧，我在酒店办入住时，收到一份庞德曼发来的传真，是他手写的短笺，意思和我们的想法完全一致（见附图5）。

> 单：收到了你的最新传真。你彻底疯了，还在跟他们修改词句。现在就停止。我们的立场是在签约前不谈了，到此为止。之后还要谈判最终文件，到时可以再推敲词句。

是呀，树欲静而风不止。我也不想再谈了，可对方没完没了，我也不能完全不予理睬。

9月14日一大早，唐开罗、顾问巴纳姆、新桥的一位新同事詹姆斯·张从旧金山飞抵汉城。陈焕彪和潘德邦在前一天晚上抵达。我们聚集在雷曼兄弟的办公室，一起审阅了雷曼兄弟团队根据最新版《投资条款书》而修改的韩国第一银行财务分析。

我知道玄大使上午10点要会见李宪宰，我焦急地等他的消息。

大约中午时分，玄大使打来电话，请我去他的办公室。

在金张的会议室，玄大使告诉我，李宪宰不会对他前一天提出的问题让步。此外，他对最新一稿中的某些条款也不太满意。如此看来，尽管李宪宰之前已经表示可以签约了，但他现在又变卦了，还要继续谈判。我说，不谈了。如果他无意签约，我马上掉头回香港。

这次到汉城，新罗酒店客满，所以新桥团队全体都住在坐落于南山南麓的君悦酒店。我回到君悦酒店，向团队报告了情况，大家都很失望。本来兴冲冲赶来参加签字仪式，现在白来了。有人认为应该集体撤离，有人认为应该再等等。由于前一天晚上我睡得很少，此时无事可做了，我就回房去睡觉了。下午5点左右，我醒来，听到了玄大使的语音留言。他说，李宪宰决定放弃他先前提出的大部分问题，但仍然坚持两个技术性的问题。

看来我们的抵制多少奏效了，既然李宪宰已经妥协，我们决定再做最后一次努力。新桥团队讨论李宪宰所提出的问题，一直折腾到凌晨2点左右，直到我们认为有了解决方案。之后，我打电话给庞德曼，征得了他的同意。

已经是9月15日了。我凌晨3点半才上床，睡了两个半小时，不到6点就起来了。我备感身心疲惫。我审阅了修改后的《投资条款书》，然后起草了一份说明，解释我们在哪里、为何做了修改。我给玄大使写了一封短函，其中写道：

亲爱的大使：

关于李主席昨天就几个不同问题提出来的意见，正如我之前所说，我们愿意做最后一次努力，以期达成协议。我们团队一直讨论到凌晨 3 点半，认为可以接受李主席的大多数要求，但是其余的我们无法让步，我们所坚持的已经很公平、合理和合乎逻辑了。为了达成协议，我们又一次尽了最大的努力。为了避免任何误解，我将对《投资条款书》修改（或没有修改）之处解释如下。请将此函抄送李主席……

在信的结尾处我写道：

> 这个清单应该很完整了。如有遗漏，请告之。如您所知，我已经尽力而为了，再无让步的余地。

因为期待今日签约，新桥团队的成员每人都西装革履、打领带。只有我衣冠不整，穿着一条短裤，邋里邋遢，而且睡眠严重不足，肯定是一脸疲惫相。我想如果对方真的要签字了，我再换衣服也不迟。

庞德曼传真过来一封给李宪宰的信，大体内容是，附上《投资条款书》最终稿，请在 24 小时内签署，否则我们退出该交易。他让我将信与《投资条款书》一并传送给玄大使，请他转交。

他的要求让我陷入两难。我知道，如果递交这么一封信，等于给政府下了最后通牒，而且成为永久的政府档案，这样的话，没有一个政府官员敢于接受，因为接受了等于屈从于外国人的胁迫。最好的结果也是等过了 24 小时的限期才答复我们，有可能干脆不予理睬，但此时我方所有人都失去了耐心，我也不可能说服庞德曼改变主意。

我打电话给玄大使，说："我收到庞德曼给李主席的一封信，要求李主席在 24 小时内签署《投资条款书》，否则我们退出。"

玄大使闻言大惊，说："单先生，发出这封信的后果会是灾难性的。政府绝对不能被视为屈从于最后通牒。这实在没有必要。"

我回答："大使，我完全理解，你我的看法是一致的，但此时我说服不了庞德曼，而且也没有时间了。我把他的信传给您，您看着办。"

玄大使立刻领会了我的用意，问："你可以对庞德曼的指示置之不理吗？"

"没有置之不理，我会把信传给您。"我回答道，然后补充说，"将在外，君命有所不受。"玄大使汉学造诣很好，虽然我是用英文表达的，但他一听就明白了。

我的同事陈焕彪很警觉，他知道我不赞成庞德曼的最后通牒，紧盯着我看我如何处理。为了让他放心，我就请他把信传真给玄大使。

玄大使收到信后并没有转给李宪宰。我知道，他以自己的外交方式，将庞德曼的意思口头转达给李宪宰了：要么现在签约，否则再无机会了。

之后我们只有等待。左等右等，金监会那边毫无动静。此时天色已晚，看来签约的计划泡汤了，大概李宪宰又变卦了。

最终，唐开罗等全体新桥人马决定乘坐布朗姆的飞机一起离去。他们千里迢迢赶来参加签字仪式，结果空手而归。只有我一个人决定留下来，再等等看。令我失望的是，始终没有等来任何消息。

夜深了，宁静的天空中高悬着一轮新月。我的心情也平静如水，"尽人事，听天命"，现在人事已尽，只能听天由命了。

午夜时分，我正准备上床睡觉，电话铃响了。是玄大使。他说政府方面对修改后的《投资条款书》又提出一些问题。我只好坐下来，思考、反馈这些问题，搞得我又是一夜无眠。

第二天是 9 月 16 日，周四。我写了一份备忘录，标题是"代号保险箱：到底在搞什么……"。我首先对过去几天没有通消息表示道歉，之后将周六至今所发生的事情做了总结。我写道：

> 昨午夜时分，大使来电，说李宪宰审阅了我方提供的最终版本《投资条款书》后感到"失望和泄气"。青瓦台（特使）也如是说。我说那很糟糕，但我们也无可奈何了。我请大使提醒李先生着眼大局，看看他在《共识备忘录》的基础上从新桥方面争取到多少让步，不要囿于枝节，拿出点政治家的风度，早做决断。

金监会方面一直沉默，但我已不再焦虑，心情很平静。该做的都做了，就看李宪宰怎么决定了。下午，我睡了个午觉，醒来之后，接待了一位记者。她的刊物是《桥讯》，一直跟踪报道新桥收购的消息。游泳池畔有桌椅，还供应饮料，我们就坐在那里谈天。她来访的目的并非刺探消息，也非采访，只是一般的交谈。我和不少记者都保持联系，闲谈有助于相互了解。对于新桥和金监会谈判的情况，我一个字也没有透露。在过去的几个月里，我们时而充满期望，时而失望，此时根本无法判断金监会如何走下一步。

到下午 5 点半，我终于坐不住了。白白浪费了一天时间，感觉就像天津人嘲弄人所说的好像是在"等南来雁"。我寻思如果李宪宰还想成交，早就应该听到消息了。我决定离开汉城。去香港的飞机都取消了，因为那里正在刮强台风，10 号风球高高挂起。我不想离开汉城太远，万一事情有转机，我还要尽快赶回来。思量了一下，我决定飞去北京，离汉城只有两个小时的距离。

　　办完退房手续，已经是下午6点。一上车，我就靠在后座上，合上眼睛。心中虽然平静，但也惆怅。这个项目消耗了我和团队一年的时间，像坐过山车一样，时而巅峰，时而低谷，不分昼夜，历尽艰辛。眼看胜利在望，却可见而不可即。车子启动了，徐徐驶离酒店的前院。我拿出手机，拨了玄大使的号码，还没有按拨打键，突然手机铃声大作，把我吓了一跳。打给我的正是玄大使。

　　"玄大使，我正要给你打电话，"我说，"我在去机场的路上。"

　　"单先生，千万不要去机场，请不要离开，"他焦急地说，"请马上到我办公室来，我和你当面说。"

第 12 章　峰回路转

我告诉司机直驶汉城市中心钟路区的金张律师事务所。我望着窗外，脑子里不再想韩国第一银行的事。经过位于市中心旧王宫的光化门时，车辆汇入下班车流之中，只能缓缓而行。光化门正对一个广场，中心是站立在丰碑之上的身着古代盔甲的将军，碑文是楷书汉字"忠武公李舜臣将军像"。他右手挎一柄长剑，左手叉腰，威风凛凛。我想起李舜臣在朝鲜历史上的地位和岳飞在中国历史上的地位相似，也因谗言而蒙冤，所不同的是中朝联军最终将倭寇逐出朝鲜，而岳飞"出师未捷身先死，长使英雄泪满襟"。

韩国有非常强烈的民族主义情怀，与其历史是分不开的。1894年中日甲午海战之后，朝鲜被日本控制，到了 1910 年，更是被日本正式吞并，沦为殖民地，直到 1945 年日本战败投降，朝鲜才获得独立，但分割成两个国家。到了 1950 年，朝鲜战争爆发，又饱受三年战争的蹂躏。这个民族确实有百折不挠的韧劲。史无前例的亚洲金融危机迫使韩国对外资开放，并出售国有化的银行。了解这个国家的历史，就不难理解韩国人对此事的抵触心理。

因为堵车，这段路耗费的时间比平时长得多。到达金张律师事务所的时候，已经是华灯初上，玄大使和他的同事们已经等候多时了。我刚一落座，他就直奔主题："我们认为只剩下一个问题需要和你谈，其他的都解决了。"

我轻轻叹了口气，心想和金监会谈判真像是按下葫芦浮起瓢，没完没了。

玄大使说，他和他的同事们花了两个多小时与李宪宰谈判。他们拿着我起草的对各项条款的立场说明，还用韩文写了一份更长的文件来解释我方的立场。根据这两个文件，他们与李宪宰逐条审阅了所有未决问题。玄大使援引我的文字说，新桥是可以信赖的，因为我们做事言而有信，讲道理。最后，李宪宰表示，只有一项条款需要修改，其他的就不再纠结了。

这唯一的条款是有关"非自愿破产"。他说："如果新桥同意恢复其最初提议的文字，我就会签署《投资条款书》。"

"非自愿破产"是指由债权人（通常是银行）触发的破产，而不是由借款人自己宣告的破产。例如，银行可能会拒绝承兑借款人签发的票据或支票，实际上就是撤销授信（不再借钱给他），这在法律上会导致借款人破产。

李宪宰的这个要求让我大吃一惊。因为就在头一天，金监会才要求我们修改原来的文字，双方经过长时间的激辩，最终我方让步了。现在李宪宰居然要求恢复我方当初的文字。真是早知如此，何必当初呢？

我不假思索地说："没问题。"

玄大使和他的同事们相互看了一眼，都松了一口气。

我打电话给里奇·林瑟和琳达·马特拉克，他们是负责起草《投资条款书》的律师。我告诉他们需要改动的地方。出乎我的预料，他们竟然反对。我奇怪了，问他们：为什么之前可以用的文字，现在不能用了？

他们解释说，我方之前的文字表达涵括所有的争议案子，那没有问题，但是在金监会的坚持下，我们已经偏离了原来的构想。如果只是在非自愿破产的情况下使用原先的文字，其含义是同样的文字不适用于其他类别的争议了。

啊，原来玄机在此。这就类似于房屋保险的保单上有项条款，说桌子受火灾损坏将得到赔偿。这句话本身没有问题，但言外之意是，保险不赔付其他家具。

我不想断然拒绝金监会的新要求，所以我请律师们起草他们认为合适的文本。经过反复商讨，我们内部取得一致意见，在恢复原文的基础上增加一句话，以确保此文同样适用于其他争议案例。当我们将修改后的《投资条款书》传给对方时，已经是午夜时分。

很快，政府方面回复说，添加的语言太啰唆了，他们决定不再坚持我们回到原文，仅仅要求我方律师准备最终版本的《投资条款书》，于第二天早上 8 点送达金监会。

次日是 9 月 17 日，丁启声律师一早打来电话，说金监会坚持要增加一些文字，除了明确争议由独立第三方裁决外，政府可以将有关不良贷款争议的案子提交法院裁决，而且他们也不同意在裁决之前就先行付款，如果韩国第一银行败诉再退还的安排。我通过金张的律师们和李宪宰的团队反复谈判，直到下午 3 点才又一次解决了问题。

我没有将修改后的《投资条款书》发给自己的团队，因为我认为所有的改动都不是实质性的，我也不想让团队知道我仍在与金监会谈判。早在几天前，新桥内部几乎所有人都认为该摊牌了，庞德曼甚至要求我发最后通牒。我只是请佳利的律师将修改稿传真给庞德曼。

很快，我收到了庞德曼的传真。

单：

    我从琳达·马特拉克那里收到了一份厚厚的标红草稿。我不打算再看另一份修改稿了，因为再继续谈下去是一个错误。告诉李宪宰要么签字，要么就算了。

大卫·庞德曼

傍晚，玄大使告诉我，金监会准备签字了，仪式定于晚上 8 点举行。放下电话，我才意识到忙得完全忘记了我点的午餐，它依旧放在我房间的桌子上，但是这会儿我也没有时间吃饭，而要抓紧时间准备新闻稿。虽然早些时候庞德曼拒绝再审阅《投资条款书》，但他很乐意修改新闻稿。

晚上 7 点，我西装革履、穿戴整齐，坐上出租车从君悦酒店驶往金监会。团队成员都不在汉城，所以我是新桥的唯一代表。7 点 45 分，我到达了金监会大楼 15 层的一间会议室，就在南理宇办公室的隔壁。此时我才意识到，因为过于匆忙，又有些激动，竟然忘记了带一支签字笔。好在朴炳茂律师已经先我抵达，正在审阅待签的《投资条款书》，他把自己的万宝龙钢笔借给了我。这支笔的笔杆是酒红色的，看起来很昂贵，用来签署文件，再合适不过了。

片刻之后，南理宇进了会议室，他没有和我打招呼，甚至没有瞥我一眼。跟着他进来的是尚可倚和金监会团队的其他成员，他们按级别列成一排。一如既往，南理宇板着脸，面如寒冰，显然他有一肚子的怨气。这也难怪，《投资条款书》最后的谈成根本没有他的份，李宪宰让他靠边站了。自7月初以来，我有两个多月没见到他。我估计他可能到最后一刻才知道要签署《投资条款书》了。

会议室的一侧摆着一张大桌子，上面有两摞文件，南理宇在桌子的另一侧与我对面坐下。他的这种坐法是有失礼仪的，一般来讲，签字的双方应该都坐在桌子的同一侧，面对其他参加仪式的人，也便于签字之后相互交换文件。当然，我也不以为意。他坐下之后，头也不抬，马上提笔签字。我和他各签完了几份《投资条款书》后，朴律师帮助我们交换了文本，我们又在对方已签字的文本上签字。

房间里一片寂静，只能听到钢笔触纸的沙沙声。签字结束后，没有掌声，也没有祝贺，连换文的形式也免了。我们两个都把文件留在桌上。我知道我方的律师会把文件收走。尽管气氛紧张，但我心里很轻松。走到这一步好不容易。尽管前面的路还很长，双方还要在《投资条款书》的基础上谈判落实构成最终协议的几个文件，但这份具有法律约束力的《投资条款书》意味着交易已经锁定，不会再有变数了。

《投资条款书》中的最主要条款都是曾经反复争执的焦点，终于落实了：政府将用政府借据填补韩国第一银行不良资产被剥离后留下的豁口，从而使银行的资产和负债恢复平衡。新桥和政府按51%对49%的比例出资，新桥出资额为5 000亿韩元。除了49%的股份，政府获得占总股数5%的认股权证。新桥有权选择保留或剥离的资产。银行将保留3.5%的贷款损失准备金，其余返还给政府，相当于保留的贷款整体作价为原始账面值的 96.5%。保留的贷款根据种类不同在未来 2~3 年内享受政府担保,银行管理层定期认定所需的损失准备金,政府将以政府借据的形式支付。虽然新桥持有 51% 的股权,但是拥有 100% 的投票权。

对政府来说,《投资条款书》与《共识备忘录》相比有较大改进,尤其是在韩国第一银行资产的作价上:按照《共识备忘录》,这些资产都应该按照市值作价,应该远远低于《投资条款书》规定账面值 96.5% 的作价。新桥也不吃亏,因为所有资产都获得政府的担保,比之《共识备忘录》仅仅按市值作价,银行更为安全。所以,新桥将收购的会是一家资产干净的银行,历史遗留的不良贷款不再对其构成威胁或带来风险。

我站起身,向南理宇伸出手。他仍然看都不看我一眼,绵软无力地握了一下我的手,就快速抽了回去。之后他一言不发,转身走出会议室。好嘛,这位仁兄火大了!

金监会团队中有一名姓淳的先生是从韩国第一银行借调来的。此时他走过来,握住我的手,直视我的双眼,轻轻说:"祝贺。"他是在场的金监会团队成员中唯一面带笑容的。我知道其他人也很友好,但是在南理宇的面前,他们不便表露。我们一起经历了几个月的唇枪舌剑、跌宕起伏,能够走到这一步,他们心里有的肯定是喜悦和成就感。各为其主,大家都不容易呀。

一群记者在隔壁房间等着。9 个多月前,就在阳历年的除夕,李宪宰在《共识备忘录》签署之后邀请我与他一起面见记者,回答问题。此次,南理宇单独会见记者,半小时之后他离开,我才走进挤满记者的房间。朴律师屈尊给我做翻译。在大约 45 分钟之内,我做了简短的发言，然后回答了他们的问题。我要传递的信息很简单，我说：新桥很高兴韩国第一银行的交易能走到这个阶段；这个交易对于政府、银行以及新桥都有利；虽然还需要完成最终文件，有许多工作要做，但是《投资条款书》在法律上约束各方必须在此基础上完成此交易。

我知道，《投资条款书》的签署出乎媒体的预料，虽然之前报纸上多有猜测。谈判了9个多月，时断时续，加之汇丰银行收购汉城银行的案子功败垂成，记者们对新桥的收购大概已经不抱希望了。好事就是这样，往往在不再期待的时候发生，因之才有些戏剧性。对于《投资条款书》的内容，想必南理宇已经做了介绍，但记者们还有问题。

"对于韩国第一银行，新桥会有多少控制权？"一位记者问道。

我回答："无论政府持有多少股份，新桥将100%控制韩国第一银行，将有100%的投票权。这样的安排完全符合政府的愿望。政府并不想把银行国有化。新桥的打算是引入世界一流的管理层，因此必须有完全的控制权。"

另一位记者问："政府在交割前要收购韩国第一银行的不良资产，而且在未来的两年内给予韩国第一银行将不良资产按账面值卖还政府的权利，如果是对金融机构的贷款，这个权利将延续至三年。为什么有这样的安排？"

他的意思是政府把坏账和风险都承担了似乎不公平。

我解释道，因为如果韩国第一银行仍然被大量不良资产拖累，就永远走不出阴影。这些错误都是过去发生的，不是新股东的责任，不能让新股东承担。韩国第一银行必须有一个干净的资产负债表，才能重新打鼓另开张。

问："谁来确定一个贷款是好还是坏？"

答："新桥委任的管理层将对所有贷款进行分类并确定需计提的准备金，由政府支付。如果政府不同意准备金金额，政府有权按账面值收购该贷款。如果政府将所收购贷款卖出，价格优于银行管理层提出的，政府不会吃亏。这种安排对双方都很公平。"

问："在新桥接管之后，韩国第一银行近期的目标是什么？"

答："我们希望尽快恢复盈利。这个目标肯定会在未来两年内实现，希望更早。"

在回酒店的路上，我打电话给潘德邦。这么晚了，他还在香港办公室里忙碌着。他的英文名字是丹尼尔。我说："丹尼尔，我们终于签了《投资条款书》。"

电话的另一端没有反应，过了几秒钟，才听到他难以置信的声音："真的？你不是在开玩笑吧？"看来我平时开的玩笑太多。

第二天（1999 年 9 月 18 日）是周六，我飞回了香港。到达之后，我看到彭博社、《南华早报》等媒体已经报道了这则消息。我兴高采烈地回到家。整个周末我都和孩子们在一起。之前我回到家，工作也带到家，几乎不间断地打电话、写文件，虽然在家，但没有时间和孩子们在一起。现在终于有些闲暇了。我 7 岁的女儿总是听到我讲电话，居然学会了一些生僻的英文词汇，比如"贷款""协议""有独特性""排外心理"等。当晚，她上床之后，我躺在她的身边给她讲故事，讲着讲着，她还没有入睡，我就睡着了。这是几个月来我睡得最踏实的一觉。

* * *

周一，新桥团队又回到了汉城。即使签署了《投资条款书》，离完成最终交易也还有很长的路要走，许多细枝末节需要敲定。比如，新桥需要通知政府韩国第一银行的哪些资产我们打算剥离。根据初步的尽职调查，我们已经知道了大概，但是当时没有深入调查，现在是时候了。此外，双方还要谈判几份最终协议文件，包括《股份买卖合同》《股东之间协议》《不良资产处置协议》等，其中包含大量的细节需要落实。

9月19日，我在内部分发了题为"下一步计划"的备忘录，列出了需要立即着手的事项。

• 准备不在收购范围内的（韩国第一银行）海外分支机构和子公司的清单（由佳利律师事务所、贝恩咨询公司、金张律师事务所、新桥共同完成）。根据《投资条款书》，清单在一个月内完成。

• 准备不在收购范围内的设施的清单（由贝恩咨询公司、金张律师事务所和新桥共同完成），也在一个月内完成。

• 修订并交付最终协议文件的草本（由佳利律师事务所完成）。

• 在韩国第一银行内部组建过渡团队：李秀虎（新桥顾问）和韩国第一银行的崔元圭与金监会磋商。组建这个团队很有必要，以保证在交割之前贷款已经正确分类、银行透支安排妥当——以使交割时余额不会大幅下滑、建立负责任的信贷政策。

- 招聘管理团队。
- 与金监会商定时间表。
- 更新财务状况报告（由安永会计师事务所和雷曼兄弟负责）。
- 资本金来源。
- 公关问题。

我给玄大使发了一封类似的信，标题也是"下一步计划"，以便我们相互协调步骤和时间表。我们尚且不知道在下个阶段会和政府的哪个部门以及哪些具体的个人打交道。我在信中写道："如您所知，我们有理由担心那边由谁牵头。"

虽然签署了《投资条款书》，但是想到南理宇在签字仪式上的表现，我深恐他可能变本加厉地设置障碍，我也有点担心伟凯的尹律师会继续给我们找麻烦。

但很快证明这些担心都是多余的。周一我与金张律师事务所的几位律师共进早餐，他们说下一步与我们谈判的将是政府的另一个机构——韩国存款保险公司。存款保险公司的直接上级是财政经济部，与我们谈判的团队也会同时向李宪宰报告。玄大使说，政府方面决定不再让南理宇参与韩国第一银行的交易。谢天谢地。雷曼兄弟的同事告诉我，他们与存款保险公司的负责人打过交道——他参与了韩汇银行募资的路演，认为对方通情达理。

与此同时，我们密切关注韩国媒体对《投资条款书》签署的反应。我在给布朗姆和庞德曼的备忘录中报告，媒体褒贬不一。

媒体欢迎新签署的《投资条款书》，但批评金监会卖得"太便宜了"。李宪宰不得不出来为交易辩护。不出意料，国际反应都是积极的，股市亦如此。昨日是消息发布后的第一个交易日，韩国外换银行股价上涨12%，银行类股票普遍上涨3%。韩国第一银行的交易是韩国民众关注的对象，所以我们也要帮助对方向公众宣传交易的好处。

虽然与后面的谈判对象尚未谋面，但我们都很高兴谈判对象从金监会转到韩国存款保险公司。我打过交道的韩国政府官员都通情达理，只有南理宇是个例外。

韩国存款保险公司是以美国联邦存款保险公司为蓝本而成立的。1929—1933年美国大萧条时期，很多银行破产，无数民众的存款随之荡然无存。就是在此背景下，美国国会于1933年制定银行法，并根据这个法案创立了美国联邦存款保险公司，保护小额存款人的利益。有了存款保险公司，民众才能对存在银行的钱的安全性放心，从而重拾对银行的信心。

韩国存款保险公司也是为了保护小额存款人的利益而成立的。如果一家银行倒闭了，存款人在一定的额度内可以从存款保险公司把存款拿回来。由于存款保险公司是国有的，所以它承担的责任就是政府的责任，而政府的预算来自纳税人，所以当政府通过存款保险公司或直接注资拯救一家银行时，实际上等于纳税人出钱。这就是为什么民众对韩国第一银行的出售特别关心，因为他们知道替银行补窟窿用的是他们缴纳的税金。

在美国，一家银行倒闭，就被联邦存款保险公司国有了，或者清理干净之后出售，或者关闭。在韩国也是如此。这就是为什么在这些国家一旦银行破产，就被迅速收归国有。

韩国存款保险公司成立于1996年，其宗旨是保护储户和维护金融体系的稳定。公司在1997年元旦开张，当年4月30日才收取首笔保费。它诞生的时间既及时也倒霉，因为短短三四个月之后，一场空前的亚洲金融危机袭来，大小银行纷纷倒闭，其中当然包括韩国第一银行。韩国存款保险公司还没有收到多少保费就必须发放巨额赔偿，所以几乎全部资金都直接来自政府，而不是积累的保费。

* * *

《投资条款书》之后，我才注意到气候又悄悄变化了。暑天的炎热散去了，取而代之的是秋风的凉爽。此时是在南山上跑步的最佳季节，因为树叶开始逐渐变色，赤橙黄绿，目不暇接，一路美景映入眼帘。

1999年9月29日，新桥、韩国存款保险公司的团队及双方顾问在存款保险公司的办公室召开第一次全体会议。我算了算，共有40多人参会，其中也包括金监会、韩国资产管理公司（政府拥有的"坏银行"）以及韩国第一银行的代表。会议上讨论了所需的工作和时间表，定下了在11月底完成交易的目标。

我们还简单讨论了韩国第一银行纽约分行的处置问题。根据美国的银行控股法案，银行控股公司不得从事非银行业务。如果新桥成为股东，而韩国第一银行在美国设有分行，那么根据美国法律，新桥将被视为银行控股公司，这是不允许的。所以，在新桥完成收购之前，韩国第一银行必须关闭或处置在美国的分行。美国分行的业务对韩国第一银行来说微不足道，关掉了也影响不大，而且，如果它仍然想发展美国的业务，可以将分行转变成金融子公司。分行与金融子公司之间的区别在于，前者有吸纳个人存款的牌照，而后者只能接受企业存款。根据美国律师的推测，处置分行很可能会推迟交易的完成。所以，我们必须抓紧。

我们发现韩国存款保险公司团队很友好、坦率，与金监会团队的风格截然不同，但存款保险公司团队刚刚奉命与新桥谈判，还不知道如何谈。作为金监会的唯一代表，尚可倚也参加了会议，不过他的作用仅是交接。他像老朋友一样和我们打招呼、聊天，非常友善。伟凯的尹律师也在场。此前，我认为他经常出些馊主意，无事生非，妨碍双方达成一致，有几次，我真想把手伸过谈判桌掐他的脖子。此时，大局已定，他好像变成了另一个人。会后，他特意走过来对我说："单，我已经接到了向前进的命令，必须成交。"我们与他并无个人恩怨，知道他也是为了保护客户，虽然他的过度保护对谈判造成了障碍，但这些都可以既往不咎了。

签了《投资条款书》之后，我一直想与李宪宰见面，讨论韩国第一银行的过渡计划，但等了 10 天，仍然约不到他。尚可倚劝我不要等了，而是与存款保险公司的执行董事彭东俊商量过渡计划。他说，你们双方谈好的事，金监会会支持的。曾经强硬的谈判对手现在变成了老朋友，让我很高兴。看来，政府方面的每个人都有动力和我们合作尽快完成交易。我们昨天和今天的谈判对手都是韩国政府，但是态度截然不同，一份有法律约束力的《投资条款书》就是不一样！

＊　＊　＊

在双方谈判《投资条款书》的同时，韩国第一银行还在大量流失现金。在 18 个月内，它亏损了 4.23 万亿韩元，约合 35 亿美元。这是个惊人的数字，因为当时银行的总资产已降到不足 300 亿美元，这样规模的银行一般需要的资本金不过 10 亿美元。如果不马上补充资本，银行就会完全瘫痪，它的价值也会很快消失。那些反对卖韩国第一银行的人完全不了解，如果不采取激进措施，这家银行就会失血致死。

韩国的国民议会召开了。议会讨论的一个重要议题是韩国第一银行的出售，因此李宪宰没有时间和我见面，他必须准备接受国会质询。报纸上有人批评政府出售韩国第一银行作价太低，议员们当然会过问此事，李宪宰的压力不小。

无论是新桥还是韩国政府，都需要获得公众和媒体对韩国第一银行交易的支持。最起码，赞同的声音不能比反对的低。公众中普遍有种误解，就是把政府花的钱和新桥的投资做比较，一看不成比例，就认为政府"卖便宜了"。确实，韩国政府对韩国第一银行注入了几万亿韩元，而新桥仅仅投资 5 000 亿韩元，为什么新桥成为控股股东呢？这是由于政府花的钱实际上是赔偿存款人，替银行还钱，因为银行制造了大量的不良贷款，把储户的钱都丢了。新桥的投资一则是对银行注入必需的股本金，二则是引入新的国际水平的管理层，彻底改造银行的经营和文化，避免产生新的不良贷款。一个健康的银行当然对其本身、银行体系乃至整个经济都是至关重要的。

新桥的投资就犹如花 100 万美元买了一个仓库，之前的仓库管理无能，导致所保管的钻石失窃，保险公司向钻石所有者赔偿了 1 亿美元保费。仓库的价值与保险公司支付的赔偿金额毫无关系，也没有任何理由让买仓库的人承担钻石失窃的责任和赔偿。

对于这个道理，政府当然很清楚，但是向民众说清楚并不容易，并且买仓库的是外国人，还牵扯排外情绪问题。所以，政府积极向公众解释，韩国第一银行的交易对韩国的经济和纳税人都是最有利的选择。财政经济部部长康奉均接受《韩国时报》的采访，称赞新桥收购，解释了为什么政府出资和新桥投资不成比例，强调在新桥的治理下，银行改造好了，扭亏为盈，价值升高，作为股东，政府将获得一半的收益。

我们配合政府，聘请了一家公关公司加强与媒体的沟通，自己也花了大量时间公关。我隔三岔五见记者，有韩国的，也有西方的，介绍情况，回答问题。10 月初，总统府要求我们开个记者会，介绍情况。我知道争取舆论的重要性，欣然应命。

在记者会上，我先介绍情况，然后回答问题。媒体关心的问题包括预计成交的时间、新的管理团队成员、是否会裁员等。

关于时间，我说双方的目标是在 11 月底完成交割，但这只是目标，双方要做的工作很多，尤其是要谈判和完成所有的最终文件，所以具体时间难以确定。

关于管理团队，我只能说其中会有外籍人士，也会有韩国的银行家，标准是世界一流、从业经验丰富的人才，而且深入了解韩国的国情，但是在完成交易之前，我们无法确定人选。因为好的人选都有现职，收购完成之前，这些人不可能辞去现有的职务，等候我们接管银行。实际上我们在抓紧推进甄选候选人的工作。最大的挑战是，在韩国境内，几乎不可能找到真正懂得世界先进管理方法的银行家，而懂得现代管理的银行家都是外国人，既不懂韩语，也不了解韩国的市场和文化。

我告诉记者们，是否裁员将由新的管理层决定，但我个人认为不会大量减员，而且"这家银行的员工人数大体适当"。

我在会上强调，新桥的目标是让韩国第一银行再次成为第一，对于那些指控政府贱卖的议论，我说恰恰相反，"韩国政府谈成的交易对其非常有利"。

玄大使告诉我，媒体对我举办的记者会报道很正面，效果让青瓦台满意。与此同时，李宪宰和韩国第一银行的柳时烈董事长也对媒体发表了支持新桥收购的谈话。我们终于和政府站在了一条阵线上，有了政府的支持，感觉就是不同啊！

金张律师事务所请了一名翻译，每天将关于新桥收购的报道翻译成英文，我们在内部传阅，虽然翻译出来的英文很蹩脚，但还是可以大体读得通。看了对于记者会的报道，庞德曼有些担心。他在 10 月 8 日给我发来一封函。

　　单：

　　　　我看了报纸上的文章。我理解为什么要对媒体积极宣传，但是我认为，说要在一个确切的时间完成交易是有风险的，因为交割的时间并非我们一方可以掌控；谈论新任首席执行官的风险更大，因为我们尚且不知会是谁。我想你需要说话小心。

我理解他的担心，但是在当时的情况下，我们既然面对媒体，就不能用简短的"无可奉告"来应付。我只是尽我所知回答问题。其实我的话都留有余地，比如我并没有说在 11 月底一定可以完成交割，而是说这是双方的目标，而且特意说了，由于技术上的原因，成交日也可能延迟。对于首席执行官，我们当时有一位人选，他是通用电气资本公司的一名高管。同时，我们也在全球范围内"猎头"。这两个问题都不能简单回避，否则媒体会没完没了地猜测，而且会认为我们对要做的事情心里没数。

*　*　*

《投资条款书》的签订大大提高了韩国第一银行员工的士气。董事长柳时烈在 9 月 20 日发表了一封致全体员工的内部函，感谢他们在极其艰难困苦的环境中所做出的奉献，表示对未来乐观，他请员工放心，随着新资本的注入和有经验的管理团队的到来，韩国第一银行将迎来更好的明天。

我很喜欢也很尊重柳时烈。我认为他很不简单，已经 60 多岁了，临危受命，接过一个百孔千疮的烂摊子，但是他克服困难，采取了一系列强硬措施稳定业务，挽狂澜于既倒。当然，由于坏账累累，他力所能及也只是勉强维持，带领的是一支弹尽待援之军。此刻援军将至，有如雪中送炭，他和全体员工的喜悦之情不言而喻。

根据我对柳时烈的观察，我认为应该让他继续担任董事长。董事长并不是首席执行官或行长，不必主持日常业务，但是他德高望重，有助于稳定军心，而且他对银行知根知底，可以帮助新的行长更有效地发挥作用。我知道银行内部、政府方面和整个市场都期待新桥更换韩国第一银行的董事长，如果让他续任，会让所有人惊讶，但我觉得他是最佳人选。我将这个想法告诉了我的同事，大家都对柳时烈印象很好，表示赞同。

10月5日，我把这个想法告诉了柳时烈。他十分惊讶，但我知道他也一定十分开心。他说，整个韩国社会都期待在韩国第一银行出现一个新面孔，他的留任是否会令公众失望。我说，新桥当然会任命一位新行长，主持日常业务，他留任董事长一职可以帮助协调内外关系。他并没有应允下来，说需要考虑一下再答复。

我和柳时烈还商讨了过渡期管理的问题。我说新桥将派出一个过渡团队，由一名过渡期首席执行官领导，除了新桥选定的成员外，这个团队的成员还会包括韩国存款保险公司的代表以及韩国第一银行现有的高管。我建议银行成立一个特别工作组，直接向他本人和过渡团队报告。

我还建议让崔元圭领导特别工作组。他始终如一支持新桥的收购，我们也很赞许他的才智和正直。大概是因为他与新桥团队过从甚密，引起南理宇等人的忌惮，在谈判陷入低谷的时候，他被排挤。本来他是银行内部私有化小组的负责人，后来被调离总行，发配到一个仅有7名员工的小分行担任经理。我想把他调回总行，使他能够充分发挥才能。我认为他是过渡团队和员工之间最好的沟通桥梁。

柳时烈赞成让崔元圭担任特别工作组的负责人。他指示银行的执行副行长通知崔元圭立即着手组建特别工作组。其后，他向我详细介绍了每一位高管的背景并对其能力进行评价。我告诉他会把他的意见转告给新任行长。

此时新桥的团队也扩员了，增加了两个韩国人，一个是之前就提到的詹姆斯·张，另一位是史蒂夫·林。这两位都是在美国读的书，英文说得和土生土长的美国人一样地道。他们和别人打交道，只用英文名和韩文的姓，所以我不知道他们的韩文全名。

我和史蒂夫·林一起去拜访了存款保险公司的执行董事兼韩国第一银行交易小组的负责人彭东俊先生。我们谈了一个小时，初步商定了过渡团队的安排和任务。新桥将任命两三名成员，包括过渡期首席执行官和信贷主管。存款保险公司也会指定两三名成员，金监会会派一位观察员。因为还没有交割，我们不是股东，不可能也不愿意全面接管银行，但我们需要对银行的运营有一定的否决权，以控制风险。

一般而言，当一个公司在新旧股东交替之际，如果产生控制真空，就容易被不诚实的人钻空子。我们尤其需要控制信贷风险。过渡团队没有批准贷款的权利（否则就要承担新增贷款成为不良贷款的责任，政府可能以此为由拒绝对其担保），但是可以否决授信。最起码从表面看来，主要的决策是由各方参与的团队制定的，而非新桥独断专行。这样既减少了新桥的责任风险，又能够避免一个重要的法律问题，即在纽约分行处置之前，新桥不能被视为已经控制了韩国第一银行。

* * *

《共识备忘录》就已经规定，交易文件由我方起草。主要的文件有三。第一个是《政府援助协议》，顾名思义，详细规定了政府对韩国第一银行提供援助的范围和方式，其中包括不良资产的担保和处置、政府借据的条件等。第二个是《买卖协议》，规定新桥投资和收购的条件。第三个是《股东协议》，规范新桥与各个政府机构之间的关系。这些机构包括存款保险公司、金监会和财政经济部。其中存款保险公司和财政经济部是韩国第一银行的直接或间接股东，金监会则是监管机构。

《投资条款书》是最终协议文件的基础。《投资条款书》不过二十几页，而最终协议的文件将会长达数百页。光是起草初稿，佳利律师事务所就在金张律师事务所的协助下花了近一个月的时间。新桥团队对初稿逐字逐句审核，确保无误之后才把初稿呈送给存款保险公司。可以想象，对方也要认真审查和提出修改意见，估计也需要花费几周的时间。

落实过渡团队的首席执行官人选一事也进展顺利。我们已经确定了一个人选，名叫史蒂夫·豪伊通。此人是通用电气资本公司的首席执行官。他本人和通用电气资本亚太都支持这个安排，虽然他还没有说定要来。同时，新桥的顾问巴纳姆与韩国第一银行的高管和咨询公司的成员交谈，讨论他们应负的责任和需要做的工作。柳时烈董事长决定接受我们的邀请留任，但他要求暂时保密，等到行长人选公布的时候再宣布他本人留任的消息。

不幸的是，一些法律上的问题很快就使事情变得复杂起来。我先是在内部发了一个关于过渡团队组建的情况通报，大约一周之后，我不得不再发一个报告，通知各位我们暂时不需要确定过渡团队的负责人。原因是美国的律师们担心，负责人的安排可能被美国银行监管部门视为新桥已经接管了银行的控制权。律师认为，即便是由新桥派出一名信贷官，也可能被视为实施了控制权。如前所述，在关闭纽约分行之前，美国的银行法不允许新桥控制韩国第一银行。这样，过渡团队的想法就泡汤了。"在交割之前，我们什么也不能做。"我在内部备忘录中写道。

豪伊通是个好的行长人选，但是他并不准备在亚洲长期待下去，而是要回美国，我们只好退而求其次：如果在交割的时候还没有找到正式行长，我们可以请他代理。

俗话说，祸不单行。不能说是祸，但小麻烦接踵而至。刚刚得知豪伊通不能作为长期行长的人选，柳时烈又告诉我他不能留任董事长了。他被选为韩国银行联合会主席。这是个全职工作，所以他不能兼任其他职务。他表示遗憾。我们只好再觅董事长的人选。

* * *

在所有的工作流程中，最终协议文件的谈判和落实是最为重要的。起草文件的工程浩大。双方的律师不但要字斟句酌，而且必须取得一致意见，如果他们对《投资条款书》的理解不同，就会在概念和文字上争执不休。而且，《投资条款书》在很多地方并没有顾及具体操作的问题，所以双方代表还要谈判如何具体实施。

比如，《投资条款书》中说，如果政府方面不同意韩国第一银行管理层对一个不良贷款的估值，可以按账面值加累计利息的价格收购该贷款，或者诉诸裁决，但是对于由谁来裁决，谁支付裁决费用，并没有详细规定。双方考虑，可以请一个国际债信评级机构做裁决，但政府方面提出该评级机构必须是一个国际与本地评级机构合资的，理由是否则对韩国市场缺乏了解。这个细节就需要双方重新谈判。

恰巧，国际评级机构穆迪在韩国有合作伙伴，合格。可是穆迪对每笔贷款收取的评估裁决费要 100 万美元。如果一笔贷款金额是 1 亿美元，这个成本占 1% 的比例，但如果一笔贷款金额是 100 万美元，或者小于 100 万美元，那么费用就太高了，等于因小失大，完全不可行了。穆迪能否按贷款额的比例收费呢？也不行。因为麻雀虽小，五脏俱全，要分析一个借款人的资信，需要的工作量并不取决于贷款额的大小。最终，双方都认为《投资条款书》所规定的裁决方式不可行，只好重新设计解决争议的方式。

双方都有一群律师和顾问。代表新桥的是美国的佳利律师事务所和韩国的金张律师事务所，代表政府的是美国的伟凯律师事务所和韩国的广场律师事务所。

我方起草文件用了一个月，对方修改文本用了三周。我们本来担心对方会把文件修改得面目全非，但看了之后，我们舒了一口气，虽然有不少修改，但比我们预料的要少。佳利和金张的律师们都在金张的办公室里埋头苦干。我和陈焕彪跑到那里去，和佳利的林瑟一起讨论对方的修改。花了 5 个小时之后，我们认为，存款保险公司要求的修改"基本可控"。

但是，我们的初步判断过于乐观了。代表双方的 4 个律师事务所的律师们用了 5 天的时间讨论修改稿。10 月 14 日，林瑟寄来一份报告，总结了双方的分歧点以及意见说明。报告长达 28 页，可见要谈判解决的问题不少。林瑟预料我们还会回到艰苦谈判的状态。他说：

> 我认为，虽然讨论总体上是诚恳且具有建设性的，但显然，就算做最小的让步，对方的律师也必须先取得韩国存款保险公司的同意。韩国存款保险公司不光对于最根本的问题会严格遵循

《投资条款书》，而且对技术细节也可能没有灵活性。对于《投资条款书》没有涵括的技术细节，即便我们建议填补空白的语言完全符合《投资条款书》的精神，他们也没有松动的余地。因此，我们下周的会议（毫无疑问下周之后还会有会议）必将非常枯燥，而且进展可能比预期的要慢。

看来，未来的路仍然漫长且艰难。

* * *

还要对付突发事件。11 月 12 日是个周五，我收到一条紧急消息，让我关注《韩国时报》刊登的一篇文章。该报的记者不知通过什么途径获得了咨询公司贝恩的一份研究报告的副本。在这份报告中，贝恩建议裁减 1 000 名员工。报告不假，但我们很久以前就决定不采纳，所以我才在 10 月 5 日的记者会上说韩国第一银行目前的员工数量"大体适当"。《韩国时报》将这个报告渲染成新桥的秘密裁员计划。其产生的严重后果可想而知，我自己的可信度会荡然无存，甚至会造成员工的哗变。

这是我方的第二次顾问泄密。第一次是政治顾问把我们的内部报告不慎丢掉，被捅到报纸上，这份报告被说成是我方对韩国政府的最后通牒，引起轩然大波。现在又因为顾问不慎出事了。

韩国的民众本来就对外资持怀疑态度。外资老板还没有接管银行就密谋砸员工的饭碗，会大大扰乱员工的军心，也会造成公众的强烈反感。必须在酿成大祸之前及时补救。《韩国时报》的文章已经通过电讯发出，并准备次日见报。一旦见报就一发不可收了。我不由心生恐慌。

文章的作者是该报的记者金贤民。他多次采访我，所以我们比较熟悉，而且相互尊重。我立刻打通了他的手机，告诉他贝恩的那篇报告早已过时，因为新桥根本就不打算采用，我请他撤回文章，以免造成巨大的误解。

他犯难了，捕捉到这么好的故事，对记者来说就像中了头彩一样。他很不情愿，说报纸已经排好了版面，改动不得。在那个年代，还不是用电子排版，他说的也许是实情，但是我说你要是不撤，我会发表声明说你的报纸散布假消息。我苦口婆心一番，终于说服了他。我很庆幸避免了一场公关灾难。

然而，覆水难收。《韩国时报》的文章已经被韩国第一银行的工会看到了。对于《韩国时报》的更正，工会置之不理，而是发表了一份声明，谴责新桥"计划好的行动"。还没有接管，就失去了工会的信任，会十分不利于将来外国股东和员工之间的关系。

11月18日，我邀请了韩国第一银行工会主席李长林和他的副手崔贵星在威斯汀朝鲜酒店的韩国餐厅吃午饭。我的同事史蒂夫·林也参加了，并帮忙做翻译和笔记。我在几个月前拜会过李长林，当时我还在与金监会谈判。我们会晤的消息也发表在工会简报上。他给我的印象是个通情达理的人，对他的成员有强烈的责任感。

整个午餐过程中，我想让他承诺将来采取行动之前先和我们商量一下，也许问题就解决了。他想让我承诺不会解雇任何员工。很长时间，我们谈不到一起去，但一锅高丽参炖鸡吃完后，我们找到了共同点。

我说："坦率地讲，工会发布的声明有些不负责任，因为它是基于《韩国时报》的错误报道撰写的，《韩国时报》已经撤稿更正了，你们还发表声明谴责我们。你我并非不认识，你要是给我打个电话，我就可以解释清楚了。"

李长林答道，虽然他知道我在记者会上已经讲没有大规模裁员的计划，但他怀疑《韩国时报》的文章并非空穴来风。毕竟，那份报告出自新桥顾问。

"我们的声明是呼吁你们澄清、解释你们真实的意图和将来的打算，"他说，"请你今天就解释一下吧。"

我说："我很遗憾在你们发声明之前我们没能见面，你们应该先和我们商量一下嘛。"我告诉他，新桥认为工会是平等的合作伙伴，"未来新桥和工会有两种选择：要么不合作，我们绕开工会直接与员工沟通；要么相互信任，像合伙人一样合作"。

"我希望我们能像合伙人一样合作，"我恳请道，"相互对抗解决不了问题。"

他不以为然，说工会从未与外国老板打过交道，"但是我们被管理层出卖过不少次"。我不知道管理层怎么出卖了员工，但我估计亚洲金融危机以来，韩国第一银行几乎陷入绝境，最终被国有化，伴随的是大幅的减薪和裁员。这当然不是管理层和工会或员工过不去，而是自救的不得已之举，其实管理层减薪的幅度大于一般员工。但是，我估计从工会领导人的角度看，搞垮银行的是过去的管理层，就像打败仗是将军的责任，奈何让员工受累？

李长林说："新桥不能空谈信任，要有所表示。"他要我保证不会裁员。我当然无法承诺，任何一个企业，管理层都有权增员或减员，奖优惩劣，否则就成了大锅饭。我怎么可能承诺用大锅饭的方式管理这家银行，那样的话怎么改造它？

"你说信任是相互的，我同意。"我回应道，"但信任必须逐步建立。我们需要从今天起就开始合作，而且相互承诺用合作的方式解决一切问题。"

李长林同意，但他仍然要我给个承诺，而且他不能保证仅用对话的方式解决问题。他说："对话可以，但不是唯一的方法。举个例子，即使朝鲜承诺不会攻击韩国，韩国也要备战，以防对方食言。"

"请不要拿我们和朝鲜比较，"我说，"我们不应该把对方视为敌人。"

争论一番之后，他终于说："这一切都是贝恩的那份报告引起的。如果报道不属实，工会还是需要一些保证。"

"你能承诺从现在开始，采取任何行动之前先和我谈谈吗？"我问道。

"可以。"他同意了。

正事谈完了，我们闲聊。他说："资本家和劳工之间总是有分界线的。"我心想，本人就是干力气活出身的。然后，我给他讲了自己在内蒙古种地、脱砖坯的经历。我告诉他，为了减轻劳力，我们想搞一台制砖机，但是没有钱买发动机，只好作罢。我告诉他，作为一个苦工，当年如果能够和资本合作，我是心甘情愿的，因为这样不但减轻我们的劳动负担，而且提高生产效率，何乐而不为呢？但是，当初我没有那么幸运。所以，我说："只有通过资本和劳动力的共同努力，我们才能使彼此价值最大化。"

我觉得很有讽刺意味的是，我以前是个做力气活的，现在却成了资方代表与工会领导人谈判。但是，由于我的背景，对工会有强烈的同情心，很有亲和力，所以和他们打交道很容易。我告诉他，新桥的资本金主要来自世界各地的政府和企业的养老金系统，所以我们代表的也是无数的员工。我还说，劳资双方之间并非零和博弈。如果不共同建立一个健康的银行，投资者将失去投入的资本，而员工就会失业，两败俱伤。如果我们一起把银行搞好了，就可以共享果实。我说我知道工会领导人和员工已经为韩国第一银行的生存做出了很多牺牲，我坚信我们可以并且应该成为合作伙伴。

时间到了，要去韩国存款保险公司开会，我不得不匆忙离开。我和李长林先生约好再找时间谈。我的同事史蒂夫·林留下来和他们继续吃饭。他后来告诉我，李长林和他的同事说，本来他们打算再发表一篇针对新桥的强硬声明，但和我谈了之后，决定偃旗息鼓。我很高兴自己花了时间来和他们建立互信。

第 13 章　一鼓作气

11 月 18 日下午 2 点，我们在存款保险公司的办公室开全体会议，谈判最终文件。此时正好是我方向对方提交协议初稿一个月之后。双方都拟出一个问题清单。存款保险公司参加会议的唯一代表是金东日，他是个处级官员，他的顶头上司是执行董事彭东俊。在谈判的时候，代表存款保险公司发言的主要是伟凯的尹律师。其实新桥方面发言最多的也是律师。因为现在是谈文本，很多细节都需要由双方的律师商定。大部分时间，双方的负责人只听不说。会场中气氛融洽，讨论富有建设性，双方都有动力向前推进，但问题清单很长，可能要多次开会才能解决所有问题。

这个会议解决了不少问题，但只占清单的一小部分。一个主要的议题是如何处理大宇的贷款。

大宇实际上已经破产，其旗下有几十家子公司。韩国第一银行是大宇的主银行。在韩国，每一个大的财阀集团都对口一个主银行，这些特殊关系大概是历史形成的。银行和企业的这种关系，好处是有利于双方建立稳定的业务关系，坏处是风险集中，一旦银行的主客户陷入财务危机，就会把银行也拖垮。实际上韩国第一银行就是被两个大客户拖垮的，一个是韩宝钢铁，另一个是起亚汽车，这两家公司的破产就决定了韩国第一银行的命运。后来我们才知道，即便没有这两家公司的破产，韩国第一银行也在劫难逃，因为大宇是更大的客户。大宇的破产，证明韩国第一银行的失败是早晚的事情。

虽然大宇实际破产了，但是并没有清盘，旗下有些公司还在经营，其中良莠不齐。那么谈判的双方如何处理对大宇的几十亿美元贷款呢？

我方的建议很简单，如果新桥收购交割之后，大宇的任何贷款需要重组，韩国第一银行有权将其按账面值卖还给政府，处理的原则和其他所有的不良贷款一样，但是政府方面不同意。大宇不能等同于一般的企业，所有的财阀集团都不能等同于一般企业，因为它们任何一家的兴衰都直接影响韩国整体经济。所以，政府方希望我们将大宇的贷款与其他企业的贷款区别对待。尹律师提议，将大宇重组贷款卖还给政府的个案归类为"特殊转移事件"，与所有其他转移事件区别对待。有了名称不难，但如何处理这些贷款呢？双方商量了很久，莫衷一是。会开了8个半小时才散，已经是晚上10点半了，没有结论。

第二天再开会。地点转移到了韩国第一银行总部的一个更宽敞的会议室。让我愉悦的是，虽然双方争论激烈，但气氛始终友好而轻松，双方都抱着同一个目的，问题一个一个去解决。这一天，存款保险公司的代表又多了一位，名叫金钟泰，他的职务比金东日稍低。他们两位都很专业、敬业，而且颇为通情达理。与存款保险公司的代表谈判，气氛比较随便，相互熟悉之后，甚至彼此直呼其名，而不称姓。这在韩国的商业场合中并不常见，在我们与金监会的团队打交道时更是从未发生过。韩国人在商业场合一般比较正式，一般称先生，或者称职务，比如李主席、南局长等。存款保险公司的代表也有幽默感，谈判的时候，时而有人开个玩笑，整个过程中往往是大家谈笑风生。跟金监会团队的一本正经相比，差异可谓悬殊！

早上9点开会，一直到夜里才结束。许多问题需要解决，但绝大多数是技术和法律上的，因此需要双方律师处理。我一天也没有说几句话。到了晚上10点半，我看大家都累了，谈判的步伐也慢了下来，我建议休会。不料，大多数人不愿意，希望再接再厉。我认为来日方长，没有必要熬夜，把大家都搞得精疲力尽，说服了大家休会。

我写了一份备忘录，总结两天的讨论，其中记录道："看来韩国存款保险公司确实想要尽快完成这一过程。同时，他们也严守《投资条款书》。凡是《投资条款书》没有涉及的或者没有明确规定的，存款保险公司的代表就说授权有限，要回去和金监会讨论，才能答复。如此一来，许多问题就要搁置到下周解决。好在这些未决问题并不妨碍律师们修改最终文件的文本。"我很乐观，虽然仍有一些问题需要解决，但我相信谈判能够在其后的两天内完成。

11月20日（周六），我们再次见面，花了一整天时间讨论大宇贷款的处理，从上午9点一直谈到晚上11点左右，但是直到周日，我们才在这个问题上达成一致，结果令我很满意。我在当天写的内部备忘录的题目是"大宇成为我们最好的贷款"。原来大宇所有的贷款，要么是不良贷款——早就停止还本付息，要么就是已经重组，免除了一些本金和利息。按照《投资条款书》的规定，我们有权将所有这些贷款都在交割前转给政府方面，但经过谈判，我们同意按照特定条款全部保留这些贷款。

双方商定，存款保险公司将担保这些大宇贷款的本金和利息。我在内部备忘录中解释道：

> 谈判的气氛既友好又注重实际，时而紧张，时而放松，其间不断夹杂着玩笑（尹律师即将到来的婚礼和蜜月以及它将如何影响交易成了大家的笑柄）……有了政府担保，这些不良贷款变成了优质贷款，因为它们最终的信用承担方是政府，在这样的条件下，我们很乐意保留这些贷款。

这样处理大宇贷款对双方都有利。从政府的角度看，不必接收和处理大量的不良贷款；对新桥来说，保留这些贷款并没有风险，因为政府提供了担保。而且我们希望，随着时间的推移，一些借款的大宇机构可以生存下来，改善经营，最终不良货款变成正常贷款。这样的话，可以减少政府的损失，对韩国第一银行也有好处。

双方在处理大宇贷款问题上达成一致，使我茅塞顿开，突然意识到找到了一个处理所有不良贷款的方式。既然韩国第一银行可以在政府提供担保的前提下保留所有大宇贷款，为什么不能在同等条件下保留所有其他不良贷款或重组贷款？何必在新桥接管前把所有不良贷款都转移给政府呢？我在同一份内部备忘录中说：

> 韩国存款保险公司希望我们保留目前被归类为不良贷款的重组贷款。他们承认，金监会在谈判《投资条款书》的时候，并不知道有些重组贷款已经被归类为不良贷款。我说，我们可以保留这些贷款，但条件是与大宇贷款同等待遇，即政府支付对这些贷

款的准备金，或者在韩国第一银行对贷款第一次分类的时候，政府收购这些贷款。这些贷款的利率将是在政府借据利率的基础上加 238 个基点（即 2.38%），以补偿韩国第一银行的机会成本。韩国存款保险公司不无道理地担心，如果他们接受我们的建议，那么如果我们过量拨备，等于迫使他们不得不回购所有这些贷款。

其实存款保险公司方面担心的问题已经在《投资条款书》中解决了。《投资条款书》对于不良贷款的处置有个"买或卖"的安排。根据这个安排，韩国第一银行会确定不良贷款的估值，也就是需要补偿的减值准备金金额，政府方面如果不同意，有权利"买"，就是按账面值加累计利息收购该贷款，或者"卖"，就是支付银行确定的准备金金额。这个安排解决了存款保险公司的担心，因为如果韩国第一银行管理层过于激进，估值过低（也就是需要的减值准备金过高），贷款就会被买走。虽然银行拿回了现金，但是失去了一个生息资产和客户，对银行是不利的，因为银行要赚钱，还是要把现金换成贷款。所以，"买或卖"的安排防止了银行方面减值过于激进的可能。这就像买火灾保险的房主，一般不会为了得到保险补偿而把自己的家给烧掉。

虽然双方都在努力往前赶，但看来完成全部交易文件的时间会拖到 12 月。双方的团队每天都加班加点，夜以继日，工作很紧张，搞得大家都疲惫不堪。存款保险公司的团队积极配合，但是进展仍然比预期慢。

11 月 24 日，双方团队在韩国第一银行的会议室开了一整天会。也许是容易的问题已经解决了，剩下的都是难题，所以尽管双方都尽了最大的努力，还是没有取得什么进展。此时，玄大使建议我们让朴律师用韩语跟存款保险公司的代表谈判，这样双方之间没有语言障碍，可以提高谈判效率。我认为这是个好主意，在朴律师代表我们去谈之前，我们在内部商定了对所有问题的立场，标注在文件上，作为朴律师谈判的依据。

在内部达成共识也非易事。我们团队有些成员和律师住在美国，所以只能在汉城时间的晚上开电话会讨论。一个电话会往往开几个小时，甚至通宵。我习惯晨跑，这一时期不得不把跑步的时间缩减一半。跑步的时间对我来说很宝贵，除了健身，跑步的时候可以专注思考，不受打扰，很多解决问题的方法都是在跑步的时候想出来的。

朴律师与存款保险公司的代表谈判了两天，进展不大。其后，我们又召开了一次全体会议，稍有进展，但仍有许多悬而未决的问题。直到那天晚上，朴律师和存款保险公司的团队一起出去吃饭时，才取得了一些突破。

新桥方面的决策速度比存款保险公司快得多。我估计他们小心谨慎，轻易不表态，大概是怕犯错误。我想出了一个加快他们决策速度的方法。我提出建议，如果他们同意了任何条款，之后要推翻，我们可以再谈，而不会责备他们言而无信，但是我们同意的条款，说话算数，不会再撤回。

我提这个建议是基于个人的经验。我们以前住在美国，在商店里买任何东西，都可以退换，所以我给妻子买东西的时候不怕犯错误，不喜欢退掉就行了。后来搬到中国香港，那里商店的一般规矩是不退不换，这样我就不敢轻易买东西了，生怕买错了。同理，存款保险公司团队成员知道他们可以撤回已经同意的条款，就不会犹豫再三，迟迟下不了决心，而谈判速度将会加快。我还向对方保证，我们提出的任何意见和任何条款，都必须遵循三个原则，即公平、合理、合乎逻辑。如果他们已经接受我们提出的任何条款，后来发现我方的建议不符合这些原则，我们可以重谈。

这一招看来起了作用，谈判的节奏加快了。

12月9日，风和日丽，在汉城的冬日很少见。明媚的阳光透过会议室的窗户倾泻满屋。我们在存款保险公司的会议室坐了一整天，从早上10点到晚上9点，解决了很多问题。到了第二天谈判结束时，我认为主要问题都解决了。我估计能在12月20日签署最终协议文件。

* * *

谁知解决了老问题，新问题冒了出来。

12月15日晚，我和存款保险公司的金钟泰就计算贷款现在值的方法展开了激烈的辩论。我们争论了两个小时，其他人只能旁观。金钟泰毕业于沃顿商学院，我曾在那里当过教授。争论之中，金钟泰说："你这是在讲课。"我马上意识到我的态度不对。我倒不是故意摆出上课的架子，只不过是一时忘形。我赶快打住，降低了声音。最后，他接受了我的意见。

会议结束时已经是半夜了。在回酒店的路上，同样毕业于沃顿商学院的同事潘德邦告诉我，我的方法是错的，而金钟泰的是对的。

我非常惊讶，问他："真的吗？怎么会呢！"

潘德邦还没解释完，我就知道我错在哪里了。潘德邦很聪明，我相信他的判断，尤其是在数字和计算方面。当我和金钟泰争论的时候，虽然我在听他说话，但没有听进去，而潘德邦解释的时候，我的大脑没有设防，容易接受。

"你为什么不在会上纠正我？"我问他。

他说："我不想让教授尴尬。"

我不觉得尴尬，但感到遗憾。如果我当时听得进去，就不会浪费这么多时间了。他最后接受我的意见，可能是出于尊重，也可能是因为太累了才苟同我的意见，而并非被我说服了。

然而，这给了我一个机会让对方撤回已经同意的条款。第二天开会时，我向金钟泰道歉，接受了他的方法。

我原本打算在 12 月 16 日回到香港。圣诞节前的最后一周往往有许多活动，新桥也要在 12 月 17 日晚举办圣诞晚会。更重要的是，我 8 岁的女儿那一天要参加学校举行的手铃舞表演。我不想错过孩子们生活中的任何重大事件，但是我回不去，因为仍然有许多需要解决的问题，走不开。

随着圣诞节临近，双方都感到压力越来越大。周六，我们激烈地讨论如何处置韩国第一银行在中国的一个子公司，金东日生气了，突然站起身走出房间，但是他很快就回来了，双方也找到了解决的方案。这是我们与存款保险公司谈判过程中唯一一次有人不快，但来得快，去得也快，双方都没有往心里去。

我们工作之努力，没有时间出去吃顿饭，接连三天，我们的午饭和晚饭都是在会议室里吃外卖的比萨。

* * *

我们团队分工合作，一部分人与韩国存款保险公司谈合同，而唐开罗负责和猎头公司物色新行长。几个月前找到的人选，因为谈判久拖不决，他不愿意再等，已经举家搬回了美国，所以我们必须重新开始。我们聘请了全球性的猎头公司光辉国际满世界寻找，找来的候选人由唐开罗、庞德曼和巴纳姆等人一一面试。最后，他们选择了威尔·侯瑞。他的姓原是日本名字，汉字应该是"堀江"。他是第三代的日裔美国人，在夏威夷长大，参加过美国陆军特种部队，虽然是日裔，但是比较典型的美国人。

堀江曾任美国联合第一资本公司副总裁兼国际业务总裁。该公司原来是福特汽车公司专门提供汽车贷款的子公司，后来独立，成为一家颇具规模的消费金融公司。堀江被派驻日本，把联合第一资本公司打造成日本第五大消费金融机构。我的同事们看中他是因为他懂得消费金融。

韩国第一银行的客户对象主要是企业，在中国称作对公业务。此类业务是对企业客户发放贷款。这就导致它的风险可能过于集中，因为对一个企业的贷款额（银行称之为"风险敞口"）可能很大，有的高达几十亿美元，占银行资本金很大的比例，只要一个客户破产，银行就被拖垮了。所以，我们认为，这家银行一定要转型，从主要做对公业务，转而侧重零售业务，也就是转向个人贷款，其中包括房屋按揭贷款、消费金融贷款等。零售贷款每一个规模都很小，所以风险分散，而且零售贷款的利率比企业贷款要高，所以利润率也高。

在韩国，银行的零售业务尚属处女地。像支票账户这样在美国人人都用的普通零售产品，在韩国几乎是闻所未闻的。人们仍然主要使用现金，极少数人使用信用卡。直到几年后，因为政府政策的鼓励，信用卡的使用才出现暴发性增长。房屋按揭贷款也属于零售贷款，在韩国同样不发达。一直以来，只有一家银行做房屋抵押的按揭贷款业务，名字是住房和商业银行，也是名副其实。

正是因为零售市场潜力十分大，成了韩国第一银行发展业务的主要战略方向，所以我们需要一个熟悉零售业务的人来担任行长。消费金融和零售银行面临的客户群差不多，而堀江在这个领域经验丰富，虽然他不是传统的银行家，但他的知识范畴和我们需要银行发展的方向一致，所以他成了不二人选。

我确实对堀江的日裔身份有所担心，因为我很清楚，许多韩国人对日本积怨很深。众所周知，日本的殖民统治非常残暴。许多韩国人认为，日本从未对其殖民统治的凶残表示忏悔或给予足够补偿。因此，我有点担心公众对我们任命一位日裔行长会有什么反应。

银行行长的任命需要得到监管部门的批准。12 月 15 日，我们向金监会递交了堀江的名字。我们本来不打算在最终协议签署之前透露行长的人选，但是一旦他的名字递交给了金监会，就无法保密了。很快媒体就知道了。到 12 月 17 日，各大报纸都报道了韩国第一银行新行长的名字，几乎每篇报道都特意提到了他的日本血统。其实，韩国人一看他的名字就知道他有日本血统。

我接到了崔元圭的电话，他现在是韩国第一银行特别工作组的负责人。"单先生，你们要任命一个日本人来做行长吗？"他问道，语气中充满了不满。

我还没来得及回答，他就接着说："你们要是这么做，我们都会辞职！如果你任命一个日本人担任行长，整个管理团队都会辞职，员工也会辞职。我们谁也不愿为日本人做事！"他几乎是冲着我喊。

我很震惊。无意之中，我们引发了一场重大危机。

"他是美国人，不是日本人。"我说，"他在美国土生土长，祖辈好几代人都是美国人，他还曾是美国陆军特种部队的一员。他就是美国人嘛。"

崔元圭说不出话了，承认堀江服兵役的经历可能会弥补一些他的"先天不足"，但是他在挂断电话之前警告我："你的麻烦大了。你要做很多解释，但可能很难说服别人，我自己也得再考虑一下这件事。"

崔元圭的反应让我意识到我们看轻了堀江的种族背景会在韩国社会产生的影响。如果员工和客户都抵制他，这家银行还能搞得好吗？本来我们打算在适当的时机正式公告堀江的到任，向公众介绍他的背景，尤其是他是美国人的背景，但是现在他的名字被泄露给媒体，而媒体向来都是追逐耸人听闻的消息，当然会拿他的日裔背景做文章。我们已经处于十分被动的地位。

左思右想，突然有了主意。我想到一个人，他的背景无懈可击，应该很容易被管理层和社会接受。这个人就是鲍勃·巴纳姆。巴纳姆53岁，是资深银行家，曾相继担任过美国储蓄银行首席财务官、首席运营官和总裁。当年庞德曼收购美国储蓄银行，和巴纳姆长期合作，相互十分信任。巴纳姆身材高大，仪表堂堂，说话直来直去，毫不拐弯抹角，是个典型的美国人。他对银行业务了如指掌，这几个月一直做我们的顾问，指导策略，修改财务模型，出谋划策，还亲自参加与金监会的谈判。本来他是董事长兼行长的最佳人选，但是他家住美国的加州，不愿意搬到韩国常住，所以只好作罢。不过他已经答应加入韩国第一银行的董事会。

我的想法是，任命巴纳姆这个纯种美国人担任董事长，堀江担任行长，也许就淡化了公众心目中后者的"血统问题"。任命高管还要考虑种族背景，此乃平生第一次。

我和身边的几个新桥的同事商量了一下，大家都同意我的想法。我打电话给巴纳姆，请他出任董事长。他不置可否，说要考虑一下。我知道庞德曼可以说服他，他们是老交情了，庞德曼的面子他还是要给的。

第二天，巴纳姆打电话给我。我刚接起电话，他就说："好哇，搬出大炮来对付我，太不公平了！"

我哈哈大笑，知道庞德曼一定说服了他。我边笑边说："鲍勃，没有你不行呀。"

顺便说一句，本书的日文版由日本的一家出版社出版，其中当然包括这一段故事。他们肯出版，可见也不避讳这些历史的伤痕。拙作《走出戈壁》的日文版中也提及日本侵华的历史，无论是译者还是出版社都没有提出任何异议。

* * *

圣诞节临近。我上一年因为忙韩国第一银行的项目，圣诞节没有回港。今年我下决心要回家度假。不光是我，新桥团队的成员、顾问、律师等都想回家过节，但是如果在假期前完成不了交易，要么我们都走不开，要么交易又要搁置。我们都担心，一旦搁置，就有得而复失的风险。所以，双方都有在圣诞节前完成交易的强烈愿望，不分昼夜地工作。

12月19日是个周日。双方律师共同起草了一份未决问题清单，白天各自召开内部会议讨论。晚上 8 点，全体在新罗酒店三楼开会。双方都本着一个目的：一鼓作气解决所有剩下的问题。大家讨论一个又一个议题，忘记了时间的流逝。在谈判中，耐心才能取胜，急于求成，反而欲速则不达。存款保险公司的团队需要很长时间才能拿定主意，我们只能耐心等待。长夜漫漫，没有一个人打瞌睡，也没有人提出休息一下。就在那间会议室中，大家连续工作了 12 个小时，直到第二天早上 8 点才结束会议。

虽然没有解决所有问题，但通宵达旦的工作还是卓有成效的。我只睡了三个小时，到 11 点又起来了。此时已是 12 月 20 日。看看清单，还有 10 个未决问题，但我心里比较踏实，觉得在这些问题上找到共同点应该不难。当晚 9 点，我们又开会，一个小时之内解决了 10 个问题中的 9 个。

最后一个问题是技术性的，之所以不急于解决，是因为知道律师在修改文件的时候，还会有新问题冒出来，那时一并谈不迟。起草文件时产生的问题一般都是技术性的，应该不难处理。谈判的时候，律师都在埋头做记录。谈判之后，他们要把双方的共识准确地写进文件中。这是极其细致的工作，所以进展非常缓慢。

此时，双方的全体人马都安营扎寨在新罗酒店。酒店的商务中心规模不小，有好几个会议室，大的可以坐 20 人。打印机、传真机、电话机等各种设施一应俱全。我们包下了整个中心，一天 24 小时都在酒店里度过，就连家住汉城的人也不回家。我想酒店的经理们大概开心死了，我们一周的开销肯定超过了他们一个月的销售计划。

新罗酒店至少有 5 家餐厅，能做各种西方和亚洲美食。无论白天还是深夜，谁要是饿了或者馋了，拿起电话就可以随时在任何餐厅点菜和各种饮料，由服务员送到会议室。我不由想起当年在内蒙古戈壁种地的日子，那时饥一餐饱一餐，吃了上顿没下顿。在我看来，这么多人，想吃什么就能吃什么，想什么时候吃都行，这样的供应简直是奇迹，不可思议。所以，每次有吃的送来，我都大声感叹。后来，我一感叹，大家就笑。陈焕彪说："单，闭嘴吧。就你一个人大惊小怪，我们都不当一回事。你已经不是农民了。多吃点，长点肉。"

这么多吃的，这么容易，这么想当然，今非昔比，让我感慨万分。

* * *

筹资是我意料之外的工作。此时，新桥完成了第二期基金的募资，规模 4.5 亿美元。一般而言，私市股权投资基金每一单笔投资的规模不能超过基金的 20%，以防风险过于集中，所以第二期基金远远不够，但是我们本来不必为资本金的来源操心。新桥有两个发起机构，一个是德太，创始人是庞德曼，另一个是布朗姆合伙的公司。德太基金规模几十亿美元，我以为拿出几亿美元没有问题。也许是因为亚洲金融危机吓坏了美国的投资者，所以虽然庞德曼指挥收购韩国第一银行，又是德太的主席，但无法让德太拿出钱来。布朗姆的基金规模有限，也帮不上大忙。

我并不担心。我知道交易条件足够好，新桥的有限合伙人或其他的投资者一定会有足够的跟投意愿。《投资条款书》签订之后，唐开罗负责和德太的投资者关系部门配合，接触潜在的跟投人。为了向跟投人提供信息，我们团队需要做详细的准备工作，包括资料、数据以及我们自己的研究、分析和财务模型。

此时，雷曼兄弟团队负责人奥汉隆已经搬到东京住，任雷曼兄弟在日本的金融机构部的主管。他打电话告诉我，软银集团董事长孙正义可能有兴趣跟投，希望与我会面。那几年，尤其是1999年，互联网股票猛涨，软银投资了许多与互联网相关的公司，一年之中，市值暴涨20多倍。孙正义的公司站在巅峰之上，风光无限，散发着点石成金的魔力。他对银行也很有兴趣。我和他有个交合点，就是他也是加州大学伯克利分校的校友。一个共同的朋友曾经告诉我，孙正义在伯克利分校读书时就制订了长期商业计划。

"你知道他的长期计划有多长吗？"朋友问我。

从他提问的语气，我知道很长。我试探着问："20年？"

"不，"他回答，"300年。"

这让我想起了著名经济学家凯恩斯的一句名言："长期来讲，我们都已经死了。"（In the long run, we are all dead.）然而，不可否认的是，商业上的赢家往往是有远见卓识的人。

12月20日，我和孙正义在新罗酒店见了面。我介绍了韩国第一银行的情况、交易的内容和我们改造银行的计划。听完之后，他说有兴趣投资。

软银是一家日本公司，我知道韩国老百姓对日本怀有不少敌意。我问他：如果我们邀请他投资，会不会造成公关的问题？他说不会的，而且恰恰相反，韩国政府和民众会欢迎他投资的。我问他何以见得。他说出两个理由：第一，金大中总统多次请他投资韩国；第二，他是韩裔。

孙正义是日本人，但祖先是韩国人。他本来有个日本姓——康本，全名是康本正义，但他在美国毕业回到日本后，决定恢复家族的韩国姓氏——孙，虽然名还是日本名。我想他之所以在韩国受到尊敬，是因为他的韩国血统和商业上的成功。我觉得有意思的是，许多韩国人不喜欢堀江，因为他是日裔美国人，而孙正义是个日本人，韩国人欢迎他，因为他血管里流淌的是朝鲜人的血液。

他说，软银可以给韩国第一银行带来战略价值，帮助银行发展互联网业务。

我觉得他说的有道理，就表示欢迎他投资韩国第一银行。

我问他打算投多少。他说，不少于所需资本的30%，否则不予考虑。我没想到他如此大手笔，但我认为他会是一个很好的合作伙伴，就说考虑一下再答复他。然后，我向他解释，所有跟投的有限合伙人都必须向新桥，即普通合伙人，支付管理费和投资利润分成。投资利润分成是私市股权投资的行业惯例，也是我们赚钱的方式。只有替有限合伙人赚了钱，我们才能获得利润分成。

他惊讶地看着我，真诚地说："通常别人请我投资都给我付费。"

这话可能不假。软银当时很火爆，往往是软银宣布投资，就能够使得一只股票炙手可热、牛气冲天，但我们不是互联网公司，我们不追求股票市场热捧。我们赚钱的方式是传统式的，一分钱一分钱从经营中获利。

我笑了，盯着他的眼睛说："我们也要吃饭呀。"

他哈哈大笑。"你厉害，你很厉害，"他重复了一遍，然后说，"你会非常非常有钱。"

他接着说，人们之所以付费给他，是因为他过去几年的投资回报率在5倍到10倍。我知道他说的是实话。此时互联网公司股票的攀升每天都在破纪录。尽管如此，孙正义说他会考虑破例。

我说我也会破例少向他收取费用。他又笑了，又重复道："你厉害。"

我们谈了大约两个小时。他说需要一个晚上来考虑费用问题。我们约好次日上午 11 点半再见。

第二天，我忙于处理交易文件，完全忘记了与孙正义的约会，直到中午左右才想起来。一般情况下，与人相约我都是准时的，发现自己晚了这么多，很是惶恐不安。孙正义也住在新罗酒店，我冲上楼去敲他的门。也许他正忙着别的事情，似乎完全没有注意到我迟到了。我们谈了大约半小时，很快就达成了协议。结果，软银成了我们最大的跟投人。为了满足他的投资额不少于总额的 30%，我们不得不削减其他跟投者的额度。

* * *

12 月 20 日，律师们准备最终协议文件，一夜未眠。21 日，他们又忙了一天一夜。几个文件，长达数百页，都需要起草、修改、核对和润色。我们其他人帮不上忙，但都在商务中心的会议室里等待。每次出现双方律师无法解决的问题时，韩国存款保险公司的两位金先生会和我们的团队以及双方的律师一起坐下来协商解决。伟凯的尹律师刚度完三周的蜜月回来，也投入了工作。我们很快解决了前一天遗留下来的最后一个问题。签订《投资条款书》之前，我认为尹律师是个绊脚石。可是自从签订《投资条款书》之后，他像是变了一个人，起到了非常积极和建设性的作用。我想这是因为现在双方的目标比较一致，都想尽快成交。

睡了几个小时后，我在 12 月 22 日的凌晨回到商务中心，发现律师们已经连轴转了两夜三日，个个疲惫不堪。他们埋头在电脑前打字，身边放着一大摞纸，时不时停下来讨论哪些地方需要修改。双方商定在次日（12 月 23 日）签署最终协议的所有文件，所以必须在此之前把一切都准备好。随着夜幕降临，我真的很担心他们撑不住了，连续工作三天，而且几乎不抬眼地盯着文件看、写，几乎达到了身体可以支撑的极限。

又是一整天这么过去了。入夜，我看到律师们还在埋头苦干，十分敬佩。我觉得他们简直是在拼命。尽管都严重缺觉，但他们一刻也没有松懈，没有闭一会儿眼睛，还是那么认真、一丝不苟，仔细检查每一个段落、每一个句子、每一个单词。

20 年后，我的书《走出戈壁》英文版在纽约出版。在佳利律师事务所举办的讲书会上，我重逢林瑟。这么多年没见了，他的面容没怎么变样，唯一不同的是昔日满头浓发，此时已经不见了。他告诉我，2008—2009 年，美国发生金融危机，通用汽车公司濒临倒闭，奥巴马政府出手救援，他作为代表政府的律师，参与谈判，熬过了许多个不眠之夜。协议签署了，通用汽车公司获救了，他却掉光了头发。他工作起来达到了忘我的境地，做出了巨大的牺牲。

12 月 22 日，到了晚餐时间，我和以林瑟为首的我方律师、代表政府方的尹律师、存款保险公司的金东日一起，召开了一次会议。律师们说，他们顶不住了，需要睡觉，要在明早之前把所有事情做完是不可能的。林瑟说："为什么一定要在 12 月 23 日签署协议？明明做不到，为什么还要坚持？"他建议休工，大家都回家过节，节后再回来完成工作。

律师要撂挑子了，怎么办？我觉得左右为难。毫无疑问，律师们已经达到甚至超过了生理和心理极限，确实难以为继了。我早就下决心不在汉城过第二个圣诞节。其实在哪里过节并不重要，我最担心的是，如果现在停下来，要到新年后才能复工，俗话说夜长梦多，间隔这么长时间，什么事情都可能发生，已经锁定的交易也可能得而复失。这种风险是我们无法承受的。

最终协议由三份主要文件组成，其中最重要的大概就是《政府援助协议》了。政府对韩国第一银行支持的详细安排都体现在这个协议中，但就是这个协议的文本离完成还差得很远。我提议，明天可以先把已经完成的文件都签了，剩下的留到假期过后再完成。这样，双方至少可以签订一个或两个最终协议文件，从而锁定交易。

林瑟不同意。他说这个要不得。他认为如果签署部分而非全部文件，我们将承担巨大的风险。因为如果未签署的文件无法完成，一切将前功尽弃。潘德邦一直和律师们一起看文件，也同意林瑟的观点。我举棋不定，只是想一定要把对方锁住，哪怕签署了一个最终文件，对方也很难再改变主意。当然，所有文件一起签署最好，但不得已而求其次，哪怕签一个也好。

那天晚上，我和陈焕彪已经约好与新行长堀江先生一起吃晚饭。这是我第一次见他。本来我计划在第二天签字仪式上把他正式介绍给记者，这顿晚饭就是为第二天的活动做准备。我刚刚走进酒店的日式餐厅，电话铃响了。来电的是同事史蒂夫·林。他说有急事，存款保险公司的金东日和律师们要我立即去商务中心见面。

金东日听说律师要罢工，比我更着急。我之前不知道的是，金监会和财政经济部已经事先批准明天要签署的文件，而且已经把我起草的双方联合公告的新闻稿提前透露给媒体。金东日说，签约必须如期发生，否则政府的信誉和颜面扫地，这绝对不可。

但是，他紧急找我的直接原因是手头上的几页纸。这是新桥聘请的公关公司爱德曼撰写的一份新闻稿，否认双方将在明天举行最终协议的签署仪式。他以为这份新闻稿是我授意的。我很快浏览了一遍，把稿子扔到桌子上，斩钉截铁地说："这根本不是我的主意，我对此一无所知，也不会用它。"

他多少安心了一些，但我们都意识到自己所处的进退维谷的境地，如果律师罢工，文件完成不了，明天还是签不了字，我们干着急也没用。我建议散会，各自思考一下怎么办。

林瑟律师坚持认为不可能在明天完成文件的准备工作。最大的瓶颈是存款保险公司的法律团队。我方共有 7 位律师，4 位来自美国佳利，3 位来自金张。对方只有 3 位，广场的李律师加上伟凯的尹律师和菲利普·吉利根。我方的律师还可以轮流打个瞌睡，但对方人手不足，一刻都不能停下。到了吃晚饭的时间，他们甚至还没有看《政府援助协议》的文稿。更糟糕的是，尹律师是对方的牵头律师，但他从 11 月 23 日起去度蜜月了，刚刚回来几天。由于他几周没有参加会议，所以对讨论的内容和结论一无所知。现在要形成文件了，他要从头了解，不是帮忙，而是拖了后腿。

我请朴炳茂和我出去走走。我问他有什么好主意。他说和我一样，担心如果明天签不了约，交易仍有破裂的风险，但他也同意林瑟的意见，如果只签署部分文件，万一最终交易失败，政府可能会归罪于我们。我说如果明天不能签约，政府也会归咎于我们，因为会使得金东日误认为的确是我授意公关公司起草了否认明日签约的新闻稿，我就是跳进黄河也洗不清了。

和他边走边谈。突然一个大胆的想法闯入我的脑海：既然对方人手不足，而且对《政府援助协议》应有的内容不甚清楚，我们是否可以把朴炳茂借给对方呢？在一般情况下，我的想法是荒谬的，律师要避免利益冲突，哪能换边站呢？尤其是现在如此关键，他要是过去，就成了那边的领头律师，他的屁股到底坐在哪边？会不会被误会成黄鼠狼给鸡拜年？从我方的角度看，他对我们的想法知根知底，坐到了那一边，把我们出卖了怎么办？

但是，非常之时只能有非常之举。

朴炳茂听了我的想法，并没有表示震惊。思考了一下之后，他说如果双方负责人都同意的话，他没有意见。

我想金东日可能会考虑这个不同寻常的想法。倒不是因为他走投无路了，而是因为我知道他信任朴律师，也信任金张律师事务所。虽然他们为新桥所聘，但是损害国家利益的事情他们绝对不会做，我们也不希望他们做。经过这么长时间的交往，大家也都知道朴律师非常专业，法律知识渊博，眼光犀利，脑子快。谈判早已完成，现在律师所做的，不过是把双方的共识准确地反映到文件中，所以应该没有利益冲突的问题。

我把林瑟、陈焕彪和潘德邦召集到一起，告之我的想法。林瑟认为我疯了，可他也没有更好的办法。陈焕彪和潘德邦也认为这个想法很疯狂，但可能是解决问题的唯一方法。这是个重大决策，草率不得，我说我还要再思考一下。

我和朴律师一起回到了日式餐厅。堀江已经吃完饭，还在等我。

我向他解释面临的困境，请他原谅我不能陪他。我必须处理当务之急。堀江理解，随即回了自己的房间。

我苦苦思索，到底该不该走这步险棋？如果走了，还是解决不了问题，怎么办？我紧张得要命，顺手从金张的马克·鲁宾斯坦那里拿了一根香烟。我不吸烟，但闻闻烟草好像能够平息一下紧张情绪。闻到烟草的气味，我会想起父亲，他抽烟，所以我小的时候就习惯了烟草的味道。我让朴律师不要跟我说话，我要静静地思考。朴律师说他出去抽根烟，但再也没回来，把我一个人留在餐厅里。

我点了一份牛排，但在服务员去厨房下单之前，我又把他叫了回来，告诉他给我来两份。他看我的眼神充满了惊讶，大概没有人会一顿吃两份牛排。我一边吃一边想，牛排吃完了，我也下了决心。

之后我回到商务中心，找到金东日，把我的想法对他讲了。我告诉他，在与金监会谈判《投资条款书》的时候，李宪宰很信任金张的律师，很多谈判都是朴律师在双方之间当桥梁而完成的。金东日充满怀疑地看了看我，然后走开了。他最终没有表示同意，也没有反对，但很快，朴律师就默默地开始帮对方的律师工作了。

凌晨 1 点左右，出乎我的意料，韩国产业银行的一位康先生来酒店拜访我。他想要和新桥签署一份美元兑换韩元的远期合约，因为要完成这笔交易，我们需要把美元兑换成韩元。他可能听到了明天签约的消息，想捷足先登拉生意。他提出按照 1 122：1 的远期汇率将美元兑换成韩元，我拒绝了。他竟然在凌晨 1 点跑到客户入住的酒店来拉生意，我不得不佩服他的敬业和胆量，尤其是考虑到他是一家国有银行的员工。

12 月 23 日凌晨 2 点左右，我已经无事可做，就回到酒店房间，抓紧时间睡一会儿。

凌晨 5 点左右我醒了，起来处理和软银的合同。不一会儿，潘德邦打来电话，说金东日找我。

下楼来到商务中心的会议室，我惊喜地发现律师们在过去几个小时内取得了突破性的进展，现在大家都认为文件可以在上午 9 点前准备就绪，我觉得他们太乐观了，但我相信在当天完成已经没有悬念。把朴律师借给对方果然收到奇效。胜利在望，大家都像冲刺一样埋头苦干。此时，有几位律师已经连续三个晚上没休息，但一点都没有松懈，其坚韧和刚毅令人难以置信。

政府本来计划于当天上午 9 点在韩国第一银行的总部举行签约仪式，已经邀请了记者参加。眼看 9 点完不成文件，金东日就想推迟记者招待会。我劝他不必，因为律师们随时可能完工，我们谁都拿不准时间。媒体对协议的签署期盼已久，不会介意再等待一会儿，给他们点悬念未尝不可。

9 点左右，双方又开了一次会。昨晚律师起草文件的时候，又产生了几个问题，但都不大，我和金东日轻而易举就解决了。最后一个问题关系到政府的认股权证。律师说韩国的法律不允许"赤裸"的权证，认股权必须和某种证券捆绑在一起。金东日提议韩国第一银行向政府发行一个零利息的债券，债券附带认股权。这等于政府把一笔钱借给韩国第一银行，银行不必付息，对于银行当然是好事，所以我马上同意了。

我从酒店的礼品店买了一部一次性相机，拍下了两个团队在完成最终文件的最后几个小时里一起工作的照片，他们衣冠不整，疲惫不堪。我认为这一刻值得记录下来（见附图 6~附图 8）。

完成所有文件时已经快 10 点 45 分了。三个文件都是留着修改痕迹的版本。双方都认可了文件是终稿，不能更改了，但是没有时间搞一份洁净版本。明天就是平安夜，我们终于按时完工，可以轻松地回家过节了。虽然大家都累坏了，但如释重负。

我回到房间洗澡换衣服，然后和团队的成员一道出发去韩国第一银行。我和堀江同车。我在路上给庞德曼和布朗姆打电话，但都没有打通。我打通了唐开罗的电话，告诉他我们正在去签约的路上。大家一直为之努力的时刻终于到来了。新桥收购韩国第一银行大功即将告成（见附图 9）。

我看了看表，正是 1999 年 12 月 23 日周四上午 11 点。自我和唐开罗在纽约的车上第一次看到大摩发来韩国两家银行求售的概要至今，已经过去了漫长的 15 个月。

第 14 章　前程险阻

我曾多次踏进韩国第一银行的总部，但签署最终协议那天，走进总部时，我的感受是前所未有的。我知道，从此新桥成为股东。一个人买下梦寐以求的新宅，第一次迈进门槛时都会有同感。大楼白色旷阔的外表，宽敞的大厅，来往的客户和员工，一切都如此亲切。

眼前热烈的一幕与几个月前《投资条款书》签字时的沉闷形成了鲜明反差。彼时，我和面无表情的南理宇对坐在桌子两侧，悄然无声地签字，没有对话，甚至没有交头接耳，好像在签署停战协议。此时此刻，在韩国第一银行的大会议室中，政府和新桥两边团队的成员与顾问，个个衣冠楚楚，胡子刮得干干净净，容光焕发，兴高采烈。其实，不到一个小时前，这些人还都衣冠不整、憔悴不堪。为了今天，在过去的几个月里，大家都克服各种困难努力工作。尽管因为日夜不停地连续作战而筋疲力尽，睡眠严重不足，但大家全来参加签字仪式了。没有人愿意错过这一时刻——即将载入韩国银行业史册的一刻。

在会议室门外，我碰见了韩国存款保险公司执行董事彭东俊和韩国第一银行董事长柳时烈。我们彼此热情地打招呼、握手。走进大会议室，看到里面早已挤满了人，有记者，也有摄影师。人群面对的墙上悬挂着巨大的横幅，蓝色的英、韩两种文字写着"韩国第一银行最终协议签署仪式"，下面是韩国第一银行的红色标识——伸开大拇指的拳头。横幅下是一张长桌，上面放着两个蓝色文件夹和两支钢笔。一切准备就绪。

我和彭东俊先生在桌边坐下，柳董事长站在我们身边。工作人员打开文件夹让我们签名。每个文件夹中都有单独的一张签名页。我这才意识到签名是象征性的，为的是让记者拍照。实际文件长达数百页，在公开仪式上签字（一般签署正式文件要在每页上签）要花太长时间。我俩各自签名之后，工作人员走上前来，交换文件夹，然后我们再签。签完，我俩站起来，交换了文件夹，左手持文件夹，右手相握，拍照留念。在那一刻，全场爆发出热烈的掌声，闪光灯闪烁不停（见附图10）。随后我们两人都与柳董事长握手致意。

之后，我和彭东俊并肩而立，回答记者的问题。轮到我发言，我说借此机会感谢合作伙伴韩国政府付出的努力。我特别赞扬了政府代表的奉献和专业精神，强调："他们赢得了我们的最高尊重。"

接着我宣布，新桥将任命鲍勃·巴纳姆为韩国第一银行的董事长，任命堀江为行长。我请堀江上前，把他介绍给了记者。除了消费金融方面的经验外，我强调他曾在美国陆军特种部队服役。我说他经验丰富、领导能力强，可以把国际最佳的管理办法带进韩国第一银行。堀江在记者面前表现得很好，给人的印象是谦逊、自信、经验丰富。他在韩国公众面前的初次亮相堪称完美，看来在场的记者很接受他。我悬在嗓子眼的心总算落了下来。

新闻发布会结束，我才打通了庞德曼的电话。他在美国，刚刚回到家。

"大卫，我们签约了。"我说。

"恭贺，"他说，然后不打顿地加上一句，"现在，真正困难的部分开始了。"

我笑了，知道他说得对。这一天标志着我们重建韩国第一银行之旅的开始，这趟旅程肯定是困难重重。

新闻发布会后，我们几个人开车去了韩国存款保险公司的办公楼。在那里，我和彭东俊才开始着手签署实际文件。几百页纸上写满了做过标记的修改，有些还是手写的，因为律师没有时间打印一份清稿。我们在每一页上都签了名，并仔细检查了没有疏漏。

一完事，我就直奔机场，登上回香港的飞机，回家过节去。

* * *

元旦是千禧之始。我们赶在年前完成了交易。我在 1999 年的最后一份备忘录中说：

> 今天是 1999 年 12 月 31 日，是韩国第一银行收购的法律完成日。即日起，旧的韩国第一银行的资产负债表被关闭，2000 年元旦新的韩国第一银行开业。新桥将在 1 月中旬左右（大概在 1 月 20 日）注资。不过，从实际意义上来讲，交易已经完成。

我们成立了一个实力雄厚的董事会，一共 14 名成员，其中包括政府方面指定的 4 位。巴纳姆任董事长，世宗大学校长、韩国商工部前副部长金喆寿任副董事长。新桥的 4 位合伙人加入了董事会，包括布朗姆、庞德曼、唐开罗和我。我们还邀请了多位成就斐然的商界人士和银行家加入董事会，包括美国商务部前部长、前贸易代表米基·坎特，美国财政部前副部长、信孚银行前董事长兼行长弗兰克·纽曼，共和国家银行前副董事长、法国里昂信贷银行美洲区负责人罗贝尔·科昂，一直担任新桥财务顾问的奥汉隆，柯罗尼资本的执行合伙人汤姆·巴拉克和来自新加坡的杨教授。

韩国金融服务委员会（以下简称"金服会"）、韩国财政经济部和韩国存款保险公司各指派了一名董事。金服会提名的吴星焕是汉城国立大学的教授，代表财政经济部的是进出口银行的前执行董事李允载，代表存款保险公司的是朴胜熙（后由金钟泰接替）。

1 月 21 日，在韩国第一银行总部大楼 11 楼召开了首次董事会会议。会议室很宽敞，桌椅呈椭圆形排列。只有几个董事出席，其他参会者通过电话参加。首次会议议程不多，多是程序性的，所以也无须多数董事到场。巴纳姆主持会议，议题包括选举堀江担任行长，成立审计、薪酬、执行和风险管理委员会等。董事会批准了银行与存款保险公司达成协议的一系列文件，比如发行带认股权证的债券，还批准了聘请安永会计师事务所担任审计师。董事会开了一个小时就结束了。然后我和巴纳姆、唐开罗及堀江找了一家韩国餐馆吃饭庆祝（见附图 11）。

第一次董事会会议主要是讨论程序议题，第二次就要讨论实质问题了。第二次会议在 2000 年 3 月 15 日召开，全体董事出席。此时已经入春，汉城春光明媚，树木绽出新枝叶，绿油油的，在蓝天白云下，生气勃勃。

早上8点半左右，我和布朗姆、庞德曼、唐开罗一起，离开新罗酒店，驱车前往青瓦台拜访金大中总统。

青瓦台映入眼帘，青瓦在阳光下熠熠发光，名副其实。9点半，我们步入一间接待厅。未几，金大中总统就从侧门走了进来。他的生日在1月，那时刚满76岁，满头黑发，虽然拄着拐杖，但看上去比实际年龄年轻得多。1971年朴正熙总统执政期间，金大中是反对党领袖，一辆卡车撞上了他的坐车。虽然暗杀未遂，但造成他终身需要拄拐杖的残疾。

总统热情地表示欢迎我们来访。他握手非常有力。我在谈判期间与他的手下有过多次接触，这却是我第一次面见他。我们都知道他不屈不挠的政治历程，对他非常尊重。布朗姆和总统并排坐在两张大沙发椅上，后面是长形的矮柜。我方代表都坐在布朗姆一侧。此次是礼节性的拜会，大家都很高兴。我们终于走到了这一步，和总统互道恭贺了（见附图12）。

总统对新桥投资韩国第一银行表示赞赏。他说韩国政府非常重视这笔交易，将其视为银行业改革的关键一步。他强调："改造这家银行是我本人经济改革计划的核心。"

布朗姆向总统表示感谢，说新桥有信心重建韩国第一银行。他说，新桥引进了一个世界级的管理团队，我们已经有了良好的开端。他还说，我们对总统领导下的韩国经济增长抱有很强的信心，因此新桥有意在韩国做更多投资。

在我们驱车离开青瓦台时，布朗姆对我说："我们曾经救过他的命。"

我一时不知他所云，愣了一下才意识到，他说的"我们"是指美国。他说，朴正熙执政时，金大中流亡日本，曾被韩国中央情报局特务绑架。正当特务要把他扔进大海时，美国特工从天而降，把他救了出来。从1982年12月起，金大中流亡美国，直到两年多之后的1985年2月才回国。

就在我们拜会总统几个月之后，他获得诺贝尔和平奖，该奖项奖励他执行了与朝鲜和解的"阳光政策"。他在获奖仪式上发表感言，讲述了自己当年九死一生的经历。

> 我始终相信，上帝与我同在。我从个人经历中得出这个信念。1973年8月，在我流亡日本期间，韩国军政府的情报特工在东京旅馆房间中绑架了我。我被绑架的消息惊动了世界。这些人把我带到停泊在海边的船上，把我捆起来，蒙住眼睛，塞住嘴巴。就在他们即将把我扔进大海的一刹那，耶稣清晰地降临在我面前。我紧紧抓住他，祈求他救我。就在此刻，一架飞机从天而降，将我从死神面前解救了出来。

金大中是个斗士，他有多次与死亡擦肩而过的经历，而且幸存了下来。其中一次是在1980年，当时他被全斗焕政府以煽动叛乱和叛国罪判处绞刑。上帝再次干预，此次假借教皇约翰·保罗二世之手。教皇写信给全斗焕总统为金大中求情。全斗焕不是基督徒，是佛教徒，但基督教是韩国第一大宗教，教徒比佛教徒都多，所以全斗焕也要给教皇面子。金大中被减刑为20年监禁。1982年，美国政府说服全斗焕政府将金大中驱逐出境，让他流放美国。作为交换条件，美国安排全斗焕成为里根当选总统后会见的首批外国政要之一，给足了面子。

当天，我们还拜访了存款保险公司的新任董事长兼总裁南宫镖。南宫是复姓，在中国罕见，在韩国倒是有几万人。韩国还有皇甫、司空、诸葛等复姓。南宫、皇甫和司空都是古姓氏，远溯夏商周，是否在秦灭六国的时候跑到朝鲜半岛去的，大概已不可考，但是韩国有这些姓氏，可见其历史上和华夏的血缘关系。

之后，我们去见了李宪宰。他已经不是主席，而是部长了。韩国第一银行的交易没有耽误他的仕途。1月，他获得提升，成为韩国财政经济部部长。不打不相识，我和他见面，如同老朋友，热情友好。不过他仍然抱怨说在谈判过程中有些韩国人声称代表新桥到处活动，拆他的台。看来我们政治顾问的工作做得太到家了，让他不堪其扰，至今不能释怀。其实我们不知道谁打着新桥的招牌招摇撞骗，也从来没有授权任何外人代表新桥说话。

在董事会会议上，董事们与新的高管团队见面。行长是堀江；首席运营官是邓肯·巴克，苏格兰人，资深银行家；首席财务官是兰维尔·德万，印度人，以前在花旗银行任职；首席信贷官是李秀虎，他出身美洲银行，从1999年9月起就以新桥顾问的身份帮助韩国第一银行控制信贷风险。

管理层向董事会提交了2000年的工作计划和预算。董事们向堀江和他的团队提出很多问题，讨论很热烈。总的来说，董事们对管理团队的应答比较满意。董事会连续开了5个多小时的会。

黄昏时分，我们走出银行总部。周围是熙熙攘攘下班的人群。突然，庞德曼指着不远处的一栋楼说道："啊哈，韩国第一鸡！"我抬头一看，原来是肯德基明亮的霓虹灯招牌和桑德斯上校的笑脸。肯德基的缩写是 KFC，而韩国第一银行的缩写是 KFB（Korea First Bank）。两个名字的头两个字母都是 KF，而 C 又是鸡（chick）的首字母，所以庞德曼笑称 KFC 应该是"韩国第一鸡"的缩写。庞德曼爱开玩笑，脑子又快，逗得大家哈哈大笑。

当晚，韩国第一银行的管理层在新罗酒店的宴会厅举行招待会。包括青瓦台和其他政府机构的官员在内的数百名嘉宾出席。金服会新任主席李永健发表了热情的致辞，祝贺韩国第一银行取得了今天的里程碑，并祝愿它有光明的未来。宴会厅里洋溢着欢乐的气氛。

招待会继之在酒店顶层举办宴会。韩国的宴会上有许多开胃小菜，看不出是什么食材。有些西方人不适应韩国菜的口味。庞德曼开玩笑说，下回董事会开会还是吃韩国菜的话，他就不来了。他宁可吃汉堡包或者"韩国第一鸡"。

我邀请金监会的南理宇和尚可倚参加宴会，但两人都没露面。后来我给他们每人送了一瓶威士忌。尚可倚给我写了一封信，说他并没收到我的邀请函。他已经离开金监会，现在担任一家证券公司的董事长。南理宇把威士忌退回来了，附上一个便函，说作为政府官员，不能接受我的礼物。

* * *

韩国第一银行的零售业务在新桥管理下的第一年就取得大幅增长。接管时，零售贷款占总贷款的比例还不到 10%。到了年底，这一数字已跃升至 40% 左右。

然而，并不是各方面的进展都令人满意。银行的规模通常以总资产来衡量。我们成为股东时，总资产已经从鼎盛时期的40万亿~50万亿韩元缩水到29万亿韩元（约合250亿美元）。虽然预算计划改变资产的组合——对企业贷款比例减少，零售贷款比例增加，但总资产规模不变。这个预算相当保守，原因是当时韩国经济尚未复苏，很多企业没有摆脱困境，贷款的风险仍然很大。到了年底，总资产下降了10%，从29万亿韩元缩水到26万亿韩元。

　　但是，一年下来，韩国第一银行扭亏为盈。在新桥接管前的两年中，这家银行亏损了数十亿美元。新桥管理下的第一年，净利润达到3 000亿韩元（约合2.3亿美元），股本金回报率达到30%。如果不是韩元对美元汇率在年内走弱，以美元计价的利润会更高。股本金回报率达到30%是个很不错的成就，但董事会不是很满意，认为管理层可以做得更好。

＊　＊　＊

　　2001年5月，我和庞德曼都在东京，那天阳光灿烂。我们乘坐的汽车驶过皇宫前宽敞的广场。我看着窗外，阳光照在脸上感到很温暖。我又困又乏，因为头天晚上没有睡觉，凌晨3点从香港乘飞机到大阪，又从大阪转机飞到东京。这么折腾的目的是按时赶到东京和庞德曼会合。庞德曼坐在我的身边，正在读当天的《华尔街日报》，我则昏昏欲睡，挣扎着保持清醒。突然，他伸手把报纸塞给我。

　　"你看到这则消息了吗？"他指着报纸上的一篇文章问，"你知道海力士这件事吗？"

"什么海力士的事？"我问道。没等他回答，我接过报纸看。

这篇文章讲的是海力士半导体公司的财务问题。该公司是韩国一家主要的电脑芯片制造商，曾隶属于现代集团。海力士濒临破产，没有按时还本付息。报道称，提供给海力士贷款的包括韩国第一银行，现在该公司要求债权方救援，正在与银行协商贷款重组，由金监会协调。这就意味着，包括韩国第一银行在内的所有银行别无选择，只能按照政府的指导帮助海力士脱困。怎么帮助呢？就是对这家实际上已经破产的公司发放新的贷款，而且免除至少部分以前贷款的责任。结果会使债权银行蒙受重大损失。

这消息着实让我吃惊。韩国第一银行的董事会下属一个执行委员会，受董事会的委托，处理在董事会休会期间出现的重大问题。执行委员会成员包括我、巴纳姆、布朗姆、庞德曼和纽曼，每隔两周开一次电话会议，但我们竟然对此一无所知。董事会还有一个风险管理委员会，该委员会也应该及时关注重大风险的发生，尤其是控制高风险的大额贷款的发放，但同样地，董事会和各委员会对海力士贷款及这家公司面临的巨大风险一无所知。

我立刻打电话给首席信贷官李秀虎。他毕业于汉城延世大学，英语口语流利，无疑是他在美洲银行的 16 年信贷员生涯中磨炼出来的。在收购韩国第一银行的过程中，他与我们合作，帮助分析贷款的信贷质量。收购完成后，他就成为首席信贷官。他向来以行事保守著称，他把大门，任务是杜绝重大风险，怎么会发生如此失误？我们百思不得其解。

李秀虎告诉我，韩国第一银行对海力士的风险敞口——2 500 亿韩元（约合 2 亿美元）的贷款，已经被分类成"次级"，也就是不良贷款，并为此计提了 20% 的准备金。听到这个报告，我和庞德曼错愕不已。我们有两个想不到。

第一个想不到是，如果说韩国第一银行从以前失败的教训中学到任何东西，就是贷款风险不能集中，否则一个坏账就能够把银行打垮。有鉴于此，新的董事会制定了严格的避免风险集中的政策，对任何单个客户的风险敞口不能超过 1 000 亿韩元，否则必须得到董事会的特批。我们把这个政策称为"家规"，任何人不得违反。我们完全无法理解，何以管理层不但破了家规，对海力士的风险敞口高达 2 500 亿韩元，大大超过限额，而且把整个董事会都蒙在鼓中。

第二个想不到是，在海力士陷入困境，无力还债之时，董事会仍然一无所知，而是从报纸上读到这个坏消息。是管理层故意隐瞒，还是根本没有把这一重大风险当一回事？无论如何，此事说明我们的公司治理结构没有按照预想发挥作用。

处理此事刻不容缓。我马上召开董事会的风险管理委员会会议。其实我并非风险管理委员会的成员，但我代表新桥，所以有权过问任何一个委员会或是管理层的工作。在会上，风险管理委员会的成员仔细盘问了李秀虎，请他把海力士贷款的来龙去脉讲清楚。

原来，海力士是韩国第一银行的长期客户。遵循董事会的"家规"，到 2000 年 11 月，管理层已经将对这家公司高达两三千亿韩元的贷款额降低到约 1 000 亿韩元——基本符合"家规"。此时，花旗银行汉城分行牵头组织了一笔银团贷款，由多家银行向海力士提供了 8 000 亿韩元的贷款。当时，花旗银行下属一个专搞投行业务的子公司，叫作所罗门美邦，邀请数家银行参加了银团，每家分到了一笔对海力士的贷款。所罗门美邦的推销并非一帆风顺，所有外国银行的分支机构都拒绝参加，韩国第一银行是唯一的例外，不但参加了，而且还要了1 000亿韩元的份额。加上以前未还的贷款额和应计利息，韩国第一银行对海力士的总信贷敞口突然升至2 500亿韩元左右，大大超过"家规"的限制。

至于为什么管理层没有取得董事会的批准，甚至没有通知董事会，只有天晓得。

更糟糕的是，对于海力士的大部分贷款没有任何抵押品担保。也就是说，如果它倒闭了，韩国第一银行将血本无归。

海力士当时处于极度恶劣的经营环境，大幅亏损，每天都在流血——现金大量外流。据估计，需要40多亿美元才能使其暂时避免破产。而且，即便海力士可以找到40亿美元的救助，得以苟延残喘，对韩国第一银行来说也毫无帮助，因为新钱注入的条件肯定是旧贷款减值或变成劣后。

2001年左右，全球半导体市场因价格崩溃而陷入困境。动态随机存取记忆体晶片的价格在当年下降了90%。半导体是一个高度周期性的行业，时有巅峰，时有低谷，而此时正值低迷周期，深陷谷底，毫无复苏迹象。所有现金储备不足的半导体公司都面临倒闭的风险。海力士的债权银行中，只要有一家停止提供新贷款或者追索到期贷款，该公司就难以生存。

我想象，海力士就像一块悬在山边摇摇欲坠的巨石，所有债权银行像是聚集在石头下的一群人。如果他们齐心协力顶住巨石，可能还能稳住，但是如果一个人跳出来，其他人可能就顶不住了，终将被碾成肉饼。顶就是提供更多贷款，但谁也不知道要顶多久，最终能否顶住。因为如果它的业务没有根本好转，放多少钱进去都可能打水漂。

海力士的主银行，也是最大的债权人，是政府控制的韩国汇兑银行。在汇兑银行的操控下，所有债权银行都签署了一份一致行动协议。签订协议是自愿的，但是一旦签了，就身不由己了。根据协议，如果 75% 的签约方同意向欠债方提供新的贷款，所有债权银行都必须按比例出资，否则自动放弃所有的债权权益。韩国第一银行的管理层在董事会不知情的情况下也签了该协议，从而放弃了银行在此事上的自主权。这个新发现又让我们目瞪口呆。

我们束手无策。海力士虽然还没有破产，但显然，没有新的资金投入，它必死无疑。

*　*　*

2001 年 9 月 11 日晚，我上床之前打开电视机看 CNN（美国有线电视新闻网）的新闻，十分震惊地看到纽约的世界贸易中心和五角大楼遭到了恐怖袭击。

此时，妻子刚刚抵达伦敦，正要转机去美国波士顿，在那里与儿子会合，再一同乘机飞往芝加哥。儿子将在芝加哥大学开始第一年的学业。等候飞机的时候，她打来电话。我告诉她美国去不了了，航班都取消了，当务之急是打电话在伦敦定个酒店，晚了就订不上了。

大概是因为我的语气比较平淡，她还以为我是在开玩笑，根本不信。这让我想起马戏团的小丑跑到前台来，大喊着火了，大家不跑，还哈哈大笑。我说你看看周围有没有电视机，过去瞧一眼就知道了。她果然看到旁边有一群人围在电视机旁，屏幕上显示纽约世界贸易中心上浓烟滚滚，这才信了。

就在亚洲时间 9 月 11 日的白天，新桥的东京办事处开张。我的几个合伙人在那里参加了典礼，热闹了一番。第二天，布朗姆、唐开罗和其他几位同事乘坐布朗姆的私人飞机从东京飞往汉城。我则从香港飞往汉城。一整天，我关注的和脑子里想的都是"9·11"事件。还会发生什么大事？美国会采取什么行动？当时已经下达了禁空令，不但外国飞机不能进入美国的领空，所有美国国内的飞机也都停飞了。本来庞德曼也要乘自己的飞机从得克萨斯州的沃斯堡来汉城参加董事会会议的，现在也愁困在那里，无法动身，连家都回不了。

就是在这个国际大背景下，韩国第一银行在 9 月 13 日下午 2 点召开了董事会会议，专门讨论海力士贷款的问题。开会的时候已经是沃斯堡时间的午夜，庞德曼仍然通过电话参加了。

令董事们惊讶的是，行长堀江居然请了海力士的首席执行官朴宗燮先生参加董事会会议。陪同他的是投行所罗门美邦的一位高管。就是这家投行当初说服了堀江加入对海力士的银团贷款。他们来的目的是想说服董事会再给海力士追加贷款，而且把此前的贷款从债权转为股权。

海力士的朴宗燮先生和所罗门美邦的代表相继发言，用图文并茂的简报材料投影在屏幕上加以说明。他们说，如果半导体周期逆转，芯片价格上涨，那么海力士将恢复元气。我觉得他们讲的是同义反复，等于是说海力士摆脱困境了就一切都没问题了。这不是废话吗？不过他们说话的时候一本正经，完全没有意识到自己逻辑的荒唐。此时，海力士负债高达 60 亿美元，经营亏损。其他韩国银行正在考虑将 23 亿美元的债权转成股权，再加上 21 亿美元的新增贷款，整个一揽子救助计划高达 44 亿美元。

董事会成员们听得很认真，但是没有人被两位动听的发言和描述的美妙前景打动。我想他们两位虽然资深，但完全不了解做商业银行的人的心理。银行所关心是风险，是本息收不回来的风险。这两位侃侃而谈，但闭口不谈风险。很显然，如果市场上芯片价格继续下跌，海力士所面临的结局还是破产，新旧贷款都可能血本无归。大家都觉得不可思议也很郁闷的是，显然堀江行长希望董事会批准追加更多的贷款。他怎么这么缺少判断力呢？

会议室的设备很好，每个人桌前都有麦克风，发言的声音从高清的扩音器中传出，通过电话参会的人的声音也从扩音器中传出，音质和在现场发言一样。

庞德曼大概听得不耐烦了，发言打断了两位客人。他说："你们怎么能够保证半导体价格不会进一步下跌或持续低迷呢？如果是这样，无论向海力士投入多少钱，不是会与已经投入的贷款一起消失吗？"我以为两位客人会分析在这种情况下公司的财务状况如何，给我们吃点定心丸。不料，他们居然完全没有思考这种可能性，哑口无言。

直到过了晚上7点董事会才休会，那时已是庞德曼所在地的凌晨5点。此事对于韩国第一银行极为重大，他参加讨论，一宿未眠。

最终，董事会决议，韩国第一银行不参与银团救助海力士的计划。这就意味着韩国第一银行必须对所持的海力士贷款大幅削价，卖给其他银行，从而立即实现而不是延迟贷款损失。董事会的决定就是"止蚀"，不能再扩大风险敞口。银行业的俗话，把一笔贷款以低于账面值的价格出售，称为"削发"。我们大家都觉得宁可削发，也不能掉脑袋（让我想起清朝军队入关，强迫民众削发，否则杀头，说

"留发不留头"。我们也是削发留头）。

海力士事件暴露了银行管理的漏洞。董事会定了这么多的规则，就是为了避免此类事发生，为什么没有起作用？

回到新罗酒店后，新桥的团队和董事长巴纳姆、董事罗贝尔·科昂一起坐下来检讨。大家一致认为管理层要对这笔不良贷款负责。这一笔的损失就吃掉了银行头一年全年的利润，可谓惨重。如果我们不立即问责、整改、加强风控，韩国第一银行可能重蹈覆辙。说到问责，大家都认为，按照美国人的说法，有些脑袋是要掉的（Some heads must roll）。按照中国人的说法，有些人的饭碗肯定要砸了。

问责就必须客观、公正，责任分明。为此，我们专门聘请了美国威尔默律师事务所，独立调查海力士贷款的决策程序以及前因后果。

大约一个月后，威尔默律师事务所提交了调查报告。经过他们的审计，发现银行在董事会 2000 年 9 月制定"家规"（单笔贷款不能超过 1 000 亿韩元）之后，开始逐步减少对海力士的信贷敞口，但是到了 11 月，趋势突然逆转，韩国第一银行参加花旗银行牵头的银团，对海力士新增贷款 1 000 亿韩元。如此一来，对海力士的信贷敞口突然扩大。当时的计划是，到 2000 年年底，把对海力士原来 1 000 亿韩元贷款的敞口（不包括新增的 1 000 亿韩元）缩小到 616 亿韩元，到 2001 年 5 月，则缩减至零。明明打算缩小敞口，为何要参加花旗银行的银团呢？威尔默的报告称："参与银团贷款的主要决策者是行长。"

行长说，他确实表示支持参加银团，但也清晰地表示是否参加取决于首席信贷官李秀虎和信贷团队的信用评估。尽管如此，行长对这个贷款的热衷是显而易见的，有鉴于此，首席信贷官和信贷团队也就唯上是从了。

首席信贷官承认，他意识到资金流动性和芯片价格方面的风险……也知道除了花旗银行外，外资银行都不愿意参与这个银团。他也承认，这些信息应该让他裹足不前，但还是遵从了行长的偏好。

这件事反映了韩国传统文化中的一个特点，就是潜意识中下级对上级的无条件服从，应该是源自儒教的上尊下卑的行为准则。关于这个文化特征，作家马尔科姆·格拉德威尔在他的著作《异类》（*Outliers*）中曾举例说明。1997 年，大韩航空公司的 801 航班在美国关岛即将着陆时撞山坠毁，造成 228 人死亡。后来调查失事的原因，发现副机长和飞行工程师应该知道机长偏离了航向。他们为什么没有及时纠正机长而酿成惨祸呢？调查人员认为很可能是因为在韩国文化中，下级从不指正上级的过错。其实这种传统，在受儒家学说影响的国家（比如中国、日本和韩国）都有不同程度的存在。

当然，对于 801 航班失事是否因为下级没有及时纠正上级，人们只能猜测，因为当事人都不在了，死无对证，但是在韩国第一银行，我们的首席信贷官不但活着，而且活蹦乱跳。他和信贷部门的几位员工都向调查人员证明，他们确实是因为揣摩了上意才同意给海力士贷款。他们犯的错误，虽然没有死人，但是造成了 2 亿多美元的损失。令我们非常惊讶的是，儒家的文化传统居然如此根深蒂固。要知道，堀江本人虽然有日本血统，但是个美国人，而李秀虎也是在美国银行中培养出来的。

威尔默律师事务所调查的结论是，行长堀江参与海力士贷款决策过程"违反董事会的合理预期"。他偏离了董事会批准的战略方向，即从以企业贷款为主向以零售贷款为主转型，违反了董事会制定的信贷审查制度，亲自参与或影响了信贷决策。因此，他要对这笔贷款的损失负主要责任。

顺便说一下，按照现代银行的最佳管理方法，审查贷款的人员必须独立，不能面对客户，不能受客户的影响。银行前线销售人员都有放贷的动机，因为他们的职责就是帮助客户，而信审人员唯一的动机应该是贷款的安全，所以正确的风控制度一定要求包括行长在内的前线人员不能参与审贷的决策，而我们的行长犯了这个忌讳。

威尔默律师事务所对首席信贷官的评价是，虽然他对海力士贷款不以为然，但是他并没有行使否决权，而是默许了行长的意见。因此，他的行为也是"与董事会对他应该扮演角色的合理预期不符"。

威尔默律师事务所的最终结论是：

> 威尔默律师事务所认为，虽然损失巨大且行为过分，但平心而论，海力士贷款是个例外，而不代表常态。行长和首席信贷官都认为，总体来说，管理层缩小了大多数主要公司客户的风险敞口。2001 年 2 月，除海力士之外，韩国第一银行有 8 个借款客户超过了"家规"的限额。首席信贷官报告说，现在这个数字已经降到了 4 个，而且对他们中的每一个风险敞口都缩小了。

调查结果和结论很清晰。行长承担了全部责任，引咎辞职。董事会接受了辞呈。首席信贷官也有责任，没能对行长的偏好提出异议，但董事会认为，在李秀虎可以掌握信审全权的时候，对信贷质量控制得不错，因此他不应该对银行风险管理系统失去作用承担过多的责任。李秀虎受到批评，但保住了职位。我们都相信他会吸取深刻教训。

第 15 章　破旧立新

对任何一个组织来说，更换一把手都是一件大事，都会带来巨大的不确定性，是福是祸，很难预料。韩国第一银行经不起折腾了。由新桥接管才不到两年，就要换行长了。如果再次失误，那么银行要受到冲击，新桥的声誉也会受到影响。我们需要一个新桥可以信得过的行长，而此人又必须是监管部门可以接受、政府方面和银行内部员工都尊敬的。此人必须有足够管理银行的经验、无可指摘的履历、可证明的领导能力以及改造银行的往绩，而且这个人还能适应不同的文化环境，愿意搬到汉城来住。上哪儿去找这么一个十全十美的银行一把手呢？

董事会结束后，我们马上开始着手寻找新行长。晚饭后，我和陈焕彪在酒店外边散步，边走边聊天。"我们必须找个资深的银行家，有领军经验，董事会信得过，本人又愿意干。找到这么个人太不容易了。"我说。

陈焕彪不说话，低头往前走。突然，他停住脚步，转身问我："罗贝尔·科昂怎么样？"

我觉得眼前一亮，茅塞顿开，连声叫好，说："焕彪，好主意，真是好主意！"

那时候我们都已经很熟悉科昂了。他是应庞德曼之邀加入韩国第一银行董事会的。他中等身材，络腮胡，戴眼镜，笑口常开。作为一名经验丰富的银行业领袖，他拥有无可挑剔的资历。他曾担任纽约共和国家银行的副董事长，还担任过法国里昂信贷银行美洲区负责人。他还是一位学者，拥有巴黎第九大学的金融学博士学位，在法国的几家名牌大学教授经济学和金融学长达 16 年。凭借这种罕见的学术背景和从业经验，科昂不仅对银行业了如指掌，而且对在不同的文化背景下经营大型银行业务很有经验。

在此关键时刻，科昂似乎是行长的最佳人选。我们都很了解他。他是董事会中最认真负责的董事之一，每次董事会会议之前，他都仔细研读要讨论的资料，对所有的数字都熟记于心。在会上，他的发言往往直指要害，而且显然都是经过深思熟虑的。他还经常提出有用的建议和想法。比如从第一天起，他就极力主张将银行的资产平均到期日延长。为什么呢？债券资产的价格和利率成反比，利率上升，价格下降，而利率下降，则债券的价格上涨。而且，债券的期限越长，它的价格对利率越敏感。当然，这是简而言之，在此不做详细讨论。总之，科昂认为，韩国的市场利率会持续下降，因此债务资产的价格会随之提高，债务期限越长，升值空间越大。

科昂的判断很有道理，因为在经济和金融危机中，利率大幅攀升，原因是人们常说的现象：钱紧。在经济复苏之后，利率应该恢复正常。尤其是如果一个国家为了应对经济危机，增加货币发行量，或者央行降息，都会导致市场利率的下降。从大趋势看，随着韩国经济的复苏，利率从大概率来讲应该呈下降的趋势。所以，科昂主张韩国第一银行延长债务资产的平均到期日。当时韩国第一银行有许多现金，一时半会儿贷不出去，如果买政府债券，就应该买长期的，而非短期的。

后来利率的发展完全如他所料。可惜当时管理层没有听从他的建议，错失良机，否则银行的利润会更高。他就是这么一个懂行且善于思考的银行家。

汉城不是一个国际都市，能够说英语的人不多，不像香港或上海有那么多的外国人居住。科昂的母语是法语，他说英语带着浓重的法语口音，当然银行的绝大多数员工只说韩语，对此科昂更是一窍不通。即便他是合适的行长人选，我们也很难判断他是否愿意搬到汉城居住，他的妻子是否愿意搬到完全陌生的环境来。

我打电话给科昂。他刚刚回到酒店的房间。我邀请他出来散步。

"我们面临一个问题……"我开门见山地说。

我想好的说辞是，我们需要尽快聘请一位新行长，而此人必须是各方面可以认可的，而且有足够的经验、知识和能力，但我还没来得及说，科昂就打断了我，说："你认为我可以解决你的问题？"他已经敏锐地猜到了我的想法。

"呃，是的。当然，如果你有兴趣考虑的话。"我说。

科昂说："我有兴趣，不过我需要和我的太太谈谈。"

我把请科昂当行长的想法告诉董事长巴纳姆和我的合伙人。大家都认为他是最佳人选，但都怀疑他的太太会同意搬到汉城来居住。

第二天，科昂告诉我他的太太安妮同意和他一起搬到汉城来住，他本人愿意接受聘任担任行长。我听了很高兴，其他同事和董事会成员知道科昂欣然应命，也非常高兴。

我在征求大家意见的时候说："不知道一个法国人在韩国的银行当行长是否玩得转？"

布朗姆说："嗯，至少员工和他有个共同点：他们都不说彼此的语言，但都把英语当作外语。"

科昂所面临的确实是一个巨大的挑战，他很快就意识到了。

我们于 2001 年 10 月 23 日宣布任命科昂为行长。巴纳姆仍然担任董事长。交接过程很顺利。离任的行长和继任的行长联席举办了新闻发布会。新桥更换行长出乎市场意料，当然市场也不知道前任行长捅了一个大娄子。科昂很快就得到了员工和银行界的认可。因为他毕竟是一位老资格的银行高管。虽然是法国人，但是他和他的太太很快融入韩国的社会（参见附图 13~ 附图 15）。

科昂上任后的第一要务是制订战略、长期规划，并组建管理团队。不久，他就宣布了韩国第一银行要完成的 2002—2004 年的三年目标。目标说来简单，却雄心勃勃。在三年内，总资产要从 25 万亿韩元增长到 40 万亿韩元——平均每年增长 17%。在他走马上任的 2001 年年底，银行的总资产为 25 万亿韩元，其中客户贷款仅为 11 万亿韩元，不到总资产的 45%。因为客户资产占比低，所以资产收益也比较低，因为非客户的资产［包括政府债券和一些不生息的资产（比如银行的总部大楼）］收益率低。客户资产的比例之所以低，是因为在新桥接管之前，大量的不良贷款剥离，不少客户也随之而去。

要提高银行的利润率，必须增加客户资产的比例。科昂的计划是在三年内将客户资产翻一番，从 11 万亿韩元增加到 25 万亿韩元——每年增长超过 30%。这个目标颇具野心，一开始员工都不大相信可以达到。

科昂在董事会会议上就极力主张伸长生息资产的平均期限。他认为韩国市场的利率会持续下降，因此长期生息资产的价格会不断升高。他一上任，马上将这个想法付诸实施，购买长期固定利率资产，最终积累了数万亿韩元的长期债券。当时市场利率已经开始下降，所以他在长期债券上的投资给银行赚了不少钱。如果他的前任听了他的建议，本来还可以赚得更多。

科昂还发现，韩国普遍采用的会计制度有缺陷。按照韩国的会计标准，承认收入完成以现金到账为准，而不是依据西方会计准则以累计的方式计入。譬如，如果银行提供一笔贷款，年底付息，按照现金到账制，到了年底才能计入利息收入，而按照累计制，可以认作利息每个月都在发生，尽管银行尚且没有收到现金支付。累计法的好处在于能够在任何时间比较准确地反映银行盈亏的状况，不必等到年底算总账。

譬如，获取一笔贷款的费用是 10 万韩元——包括员工在获取贷款占用时间需要支付的工资等，而这笔贷款每年利息的收入是 12 亿韩元（差不多 100 万美元），每月平均 1 亿韩元。按照现金到账的方法，在年底之前，账上计入的只有获取该资产的成本，所以该资产所产生的只有亏损，到年底才能赚钱。如果用累计法，银行在贷款发生后的第一个月就可以计入 1 亿韩元的利息收入。这样，管理层可以即时看到盈亏的真实状况，而据此调整自己的战略，无须等到年底才能了解，使战略的调整滞后。

基于这个认识，科昂与首席财务官德万配合，采用了累计法，便于管理，也使得董事会可以即时了解银行经营的表现。

科昂的母语是法语，虽然在美国住了很多年，但他的英语仍然夹杂着浓重的法语口音，不大容易听懂。比如汉城的发音，英文类似"搜尔"——也是为什么现在翻译成首尔，但科昂按照法语发音，听起来像是"塞物"。韩国人中会说英文的不多，听懂他的英文又增加了一层困难。为了便于与员工和客户沟通，他聘请了两个翻译，一个英文韩文翻译，一个法文韩文翻译。虽然需要翻译，但是他特别善于沟通。我看他的秘诀就是言简意赅、直截了当。比如，他要求每一个员工都熟记银行今后三年的战略目标，那么就是简单的几个数字：总资产达到40万亿韩元，客户资产达到25万亿韩元，如此而已。他在一次次的会议上不厌其烦地反复向高管和员工讲解战略，总共花费了数百个小时，直到所有人都认同他的战略。

由于他管理银行的经验丰富，而且他的战略是基于对韩国第一银行的深刻了解，所以他讲解战略时非常有说服力。他的讲话条理清晰，很具权威性，不但使员工们信服，而且使员工们兴奋。银行搞好了，规模扩大了，其声誉提高不在话下，员工在市场上甚至在社交群体中都会获得更多的尊重，所谓"一荣俱荣，一损俱损"。科昂的战略计划和目标非常鼓舞士气，因为如果目标实现，韩国第一银行就可以恢复昔日荣光，再次成为韩国第一。

为了达到战略目标，科昂再次调整了银行资产的组合。他的前任向零售业务大幅倾斜。当然，这是董事会认可的战略，目的是降低银行的整体风险，提高收益率，但是增加零售资产的速度很慢。譬如说一个房屋按揭贷款充其量不到100万美元，如果增加1亿美元的此类贷款，要产生100个客户。如果一笔贷款的平均额是20万美元，那么需要500个客户才能产生1亿美元的贷款，这当然要耗时，也耗成本。企业贷款就快得多，因为一笔贷款就可以高达 1 亿美元。所不同的是零售贷款风险分散，所以比较低，而且收益比企业贷款高。科昂的做法是在零售贷款和企业贷款之间找到一个合理的平衡。在他的治下，零售贷款和企业贷款开始同步增长。

科昂重组了管理团队。他的用人方式与韩国社会的传统完全不同。在韩国的企业中，升迁一般都是严格论资排辈，而且女性不被重用。这一点和日本没有什么区别。他发现，在韩国第一银行的历史上，竟然没有业绩考核制度，也没有能力评估的人事档案。按照国际市场标准，这样的用人制度几乎是不可思议的。科昂决定改革，任人唯贤。为了挑选一名零售贷款业务的总管，他在一个半月内亲自面试了 50 名候选人，每人交谈一个半小时。他最后选中的人名叫杨升耀。此人不会讲英文（当然更不会讲法文），但是在员工中声望极佳，颇负众望。提拔他非常鼓舞士气，改变了银行的文化：唯贤是举，无论亲疏，不说洋人老板的语言也没关系，也无论岁数和性别，成为韩国第一银行用人的标准。

对银行来说，增加银行贷款的前提条件是严格的风险管理，尽量避免产生信贷损失。这是一个巨大的挑战，因为最没有风险的策略是不放贷，只要放贷就会有风险。风险控制是一门科学，也是一种艺术，有的地方可以量化，有的完全是凭经验主观判断。1912 年，老摩根在美国国会做证，有个议员说，你们搞银行的人不就是和有钱人做生意吗，意思是银行家都唯利是图。摩根回答道："先生，并非如此。"议员非常惊讶，说："不是这样吗？那么你靠什么判断是否和一个人做生意呢？"

摩根说："人品（character），如果一个人人品不好，就算他把基督世界的所有债券都拿来做抵押，我也不会借给他一分钱。"

摩根说的，就是凭经验主观判断。其实也并非完全主观，一个人或者一家企业的历史，尤其是诚信的程度，都是在点点滴滴中表现出来的。如果一个人有过犯罪记录，或者曾经合同违约，就会留下洗不掉的污点。但是，真正要降低风险，银行必须有一套行之有效的风险控制系统。

科昂对分行系统做了彻底的改造，方案称为"挺分行"计划。这次改革涉及 400 多个分行。推荐方案的是贝恩咨询公司，科昂认为应该采纳，并提请董事会批准后执行。彻底改造分行系统需要钱，需要一定的资本投入。经过科昂和他的团队论证，董事会同意改造分行的投资有助于银行的长期发展。

当时韩国的银行管理方法和亚洲大部分地区差不多：分行的行长拥有很大的权力，是否发放贷款由此人说了算。分行行长有这么大的权力产生了两个问题。第一，信贷的标准不统一，因人而异，因此贷款的质量也因分行的不同而异。几年后，我带领新桥的团队收购了深圳发展银行的控制权。那时的深圳发展银行，有的分行（譬如广州分行）资产质量很好，有的分行（譬如深圳分行）不良贷款堆积如山，就是因人而异。第二，分行行长很难拒绝关系户（包括亲朋好友）的贷款申请。像韩国和中国这样的人情社会，就更难了。所以，我发现请西方人当行长，无论在韩国还是在中国，都有一个优势，就是他们"六亲不认"，所以可以更好地杜绝关系贷款。

"挺分行"的改组核心要达到的目的是把审查和批准贷款的权力从分行手中拿走，而集中在总行或大区域中心，由总行或大区域中心独立的信审（信用或信贷审查）部和信审委员会决定是否批准贷款。

这样，前线或面对客户的人员只有代客户申请贷款的权力，而没有批准贷款的权力。信审人员不面对客户，决策全凭对客户资信状况的客观分析。这样就完全杜绝了关系贷款或任何腐败的行为。一开始，分行行长们可能有失落感，大权旁落嘛，但实行起来，他们又觉得得到了解放。一来，不必承受经常面对客户的压力——是否批准贷款不在他的权限之内了；二来，他们有更多的时间和资源发展客户关系，增加业务量。对银行来说，这样的安排统一了授信标准（授信的意思是批准信贷额度），提高了贷款质量。

除了授信决策机制的改变，"挺分行"计划还包括重新装修分行的门面和改变接待客户的方式。在旧式的银行中，职员和客户之间隔着一个柜台，有的甚至采用高柜台，职员高过客户一头。旧时的当铺更是如此，客户只能仰视。这样的设计大概是为了给客户一个心理震慑，使之感到是来求银行办事的。新式的银行应该给客户的感觉是为客户服务的，客户是上帝。基于新式银行的理念，韩国第一银行"挺分行"的计划中包括重新装修分行门面，拆去柜台，代之以办公桌，银行职员坐在办公桌的一边，客户坐在另一边，平等交谈。整个气氛，不再是拒人于千里之外，而是客户为上。

不光是企业贷款的审批权上移、集中，零售贷款也是如此。零售贷款与企业贷款最大的不同是信审人员无法对每一个客户做细致的资信分析，因为如果那么做，相对于贷款额来说成本就太高了，银行无法赚钱。怎么决策？又怎么控制贷款质量呢？依靠的是大数据和统计分析。今天大数据是个家喻户晓的概念，20年前这个名词不存在，"人工智能"的概念也不存在。其实，这些概念的内涵早已存在且一直在付诸实践中，只不过电脑技术越来越发达，以前无法执行的过于复杂的计算现在可以做且可以在很短的时间内完成，通过大量数据找到规律更容易。零售贷款审批就是用一种叫作"计分卡"的方式，最早是用手计算，后来用电脑计算，电脑速度越来越快，使得可以输入的参数越来越多，产生的结果也越来越精确。

譬如银行通过自己长期积累的数据发现，有些参数可以用来判断客户的信用：是否上过大学、工龄、工资水平、在哪个行业工作（医生比作家的收入稳定）、住在哪个区域、有没有小孩等。所有这些参数对资信的质量都有影响，但是程度不一样，所以银行就制定出一个计分卡，在每个参数上打一个分，比如从 1 到 10 不等，最后汇总，总分超过一个标准就批贷款，否则拒绝。批准的贷款也可以因计分的高低而确定利率的高低。没有电脑的时候，计分卡靠人工计算，能够采用和参考的参数很有限。随着电脑技术越来越发达，可以处理的数据量逐渐增加，参数也大大增加，甚至把客人以前付款的记录、使用信用卡的频率、消费方式统统纳入计算公式或电脑模型，并在瞬间产生计算的结果。

韩国第一银行大概是韩国第一个采用大数据和电脑决策零售贷款的银行。这要归功于在新桥接管之后新成立的"决策科学部"。之所以被称为决策科学部，是因为该部门借助复杂的统计工具、概率论的算法和大量的历史数据，根据贷款申请人得分的高低做决策，整个计算都是电脑自动处理的。输入客户数据的是分行的员工，在客户申请贷款的时候就收集完成了。决策科学部的成员都是有数学、统计或者其他硬科学背景的人员，有些人可能根本不懂银行，也不需要懂，他们所做的就是不断比较根据电脑决策产生的贷款质量和电脑预测的结果，不断完善计算的精确度，更新历史数据，增加参数。如果他们预测得分 500 以上的客户中坏账率应该在 1% 以内，而实际结果超过 1%，那么审批的标准就需要上调，例如从 500 调到 550，诸如此类。这些统计模型和应用的数据之复杂、技术之保密，我们戏称其为"火箭科学部"。今天恐怕就会称之为"人工智能部"了。

决策科学部的负责人是基思·沙查特。他是一个美国人，曾在美国运通和联合第一资本公司（就是第一任行长堀江曾经任职的公司）任职。这两家机构都是消费金融领域的翘楚。他应聘之后，遇到了一个难题。他有一条狗，因为体型过大，没有一家航空公司愿意把它从美国运到汉城，而他和狗的感情很深，狗来不了，他也不能来。后来，庞德曼到汉城开会，用自己的私人飞机把沙查特和他的大狗一并带来了，费了不少周折。这样一来，我们也知道可以长期留住他，至少在他的爱犬的有生之年，他想挪窝是不容易的。

沙查特招聘了 40 多位年轻的决策科学家，他们收集了不同来源的数十万消费者的信用记录数据。有了这个部门，韩国第一银行迅速发展了按揭贷款和无担保消费贷款业务。有了决策科学部的支撑，韩国第一银行审贷的速度非常快。申请贷款的时候，客户坐在桌子对面，面对分行的员工，员工把申请人的个人资料输入电脑。输入完毕之后，一分钟之内总部就会发回审核结果，分行的员工马上可以告诉客户贷款是否获批、获批的金额和利率。在客户看来，银行职员好像在即时做出贷款决定。他们不知道，做决策的是"火箭科学家"开发的黑箱。贷款获批后，韩国第一银行能在三天内处理完贷款的发放流程。这种效率在韩国银行业可谓闻所未闻，在最发达的国家也是极为罕见的。

分行的员工没有了批准贷款的权力，可以集中精力销售，使贷款额不断增长。

同时，韩国第一银行开始创新，不断推出新的产品。其实其中有些是发达国家常见的产品，但还没有被韩国的银行界采用。比如，当时韩国的房屋按揭贷款一般是三年期的，利率是浮动的——市场基准利率上升了，房贷利率随之上涨。三年必须还本的产品导致很多人无力买房。美国的房屋按揭贷款可以长达30年（根据客户的年龄有所不同，80岁的人当然不能获得30年期的贷款），而且前几年的利率可以是固定的。这样的产品，使得年轻人也可以买房，因为"月供"很少。"月供"大概是香港银行业的一个说法，很精练，就是说每月需要还本付息的支付额。如果贷款三年就到期，而且每月都要偿还部分本金，当然月供比之30年到期的贷款多得多。在科昂的治下，韩国第一银行推出了30年期的按揭贷款产品，很受欢迎。当然，还有10年期、15年期和20年期的产品，客户可以根据自己的情况选择。这些产品的推出引发了韩国住房贷款市场的一场革命。韩国第一银行在住房贷款的市场份额从2001年年底的不足1%跃升至2003年的9%，而到2004年更增长到11%。虽然增长极为迅速，但是贷款质量保持良好，住房贷款损失率几乎为零。

在企业贷款方面，李秀虎领导的信审委员会同样业绩不俗。韩国第一银行的企业贷款规模迅速增长，但贷款质量是韩国银行中最佳的。韩国银行的平均不良率（即不良贷款占总贷款的比例）为2%~3%，而韩国第一银行的不良率仅为1%左右，远低于同行。

*　*　*

在科昂的管理之下，管理层和员工的关系非常融洽，但是发展这个关系经历了一个过程，相互信任来之不易。

科昂刚上任的时候，管理层和员工的关系很紧张，相互猜疑。起因是前任行长的一个决策。IT（信息技术）系统的开支很大，因为技术更新快，每年都需要大量的资本开支，尽管如此，还跟不上技术的进步。所以，他想出一个主意，把 IT 服务外包出去，使用第三方提供的服务。董事会批准了他的建议。关闭自己的 IT 部门会导致减员，但是他在宣布决定前并没有和工会商量。这下坏了，工会强烈反对和抵制，后果是银行的贷款业务一度停顿。其后，他屈服于工会的压力，取消了外包的计划。不仅如此，为了息事宁人，他承诺工会在三年内给全体员工每年加薪，而加薪的标准参照韩国最大的银行国民银行的标准，尽管由于经历了破产和国有化的过程，韩国第一银行的劳动生产率（人均贷款额）还不到当时行业平均水平的一半。即便如此，工会也没有消除对行长的戒心。

科昂对待工会和员工的策略完全不同，他的做法是完全透明。他多次开大会反复讲解自己的计划。当时韩国第一银行面临的挑战就是冗员过多。这是在危机的过程中银行的资产大幅减少造成的。如果 400 亿美元总资产的银行需要 5 000 名员工，那么 200 亿美元总资产的银行可能只需要 3 000 名员工，否则效益会大幅降低，也就是我们所说的劳动生产率下降。要想让资产额和员工人数呈合理的比例，只有两种办法：一种是裁员，另一种就是迅速增长资产。这就好像一个人的衣服太宽松了，要么裁剪衣服使其合身，要么拼命吃增加体重使之合衣服。对于韩国第一银行，我们无论如何都是要增重的，那是战略目标，现在合身的衣服在一两年之后就太小了，但是一口吃不成胖子，所以最合理的方式是双管齐下，一方面裁员，另一方面拼命增长。

我们不能强行裁员。当初说过不准备裁员，不能说话不算数，所以减员只能是自愿。任何裁减计划都不能细水长流，否则会导致人人自危、军心涣散和不稳定。自愿减员的方式就是物质激励，银行支付三年的工资鼓励员工提前退休或离职。

科昂向董事会报告并获得批准的方式是小规模一次性裁员，奖励被裁对象离职，然后宣布裁员结束，使员工放心。同时，利用冗员，大量增加销售团队，使得银行的资产规模快速增长，逐渐匹配员工的规模。

科昂与工会的关系一开始并不密切，感觉是敬而远之。他上任之后不久，工会就给了他一个下马威，目的可能是警告他不要重蹈前任的覆辙。科昂在回忆录《再造韩国的一家银行》（*Turning Around a Bank in Korea*）一书中是这样描述这场戏的："工会考验我，我意料到了，但是没有想到如此厉害。工会要我撤回一个并非重大的决策（是一件很小的事情，小到我根本不记得是什么了），我不同意。结果工会组织了一场气势汹汹的示威。"大约 50 名工会成员在他的办公室外敲锣打鼓，喊口号，不许他下班，直到深夜才撤去。

我也目睹了工会示威的行动。科昂上任后不久，召开一次董事会会议。一进入会议室的楼层，就听见击鼓和喊口号的声音。一大群工会成员整整齐齐盘腿坐在会议室外面的大厅里，穿着黑衬衫，头戴红头巾，头巾上写着白色标语。标语是用韩文写的，所以大部分董事看不懂。他们有节奏地伴随着鼓声举起拳头高喊口号。大鼓擂起来惊天动地，在楼道里更是震撼，心脏都跟着颤抖。董事们驻足观看，大多数人当然没有见过如此场面，与其说是被震慑，不如说是好奇或觉得有趣。因为虽然声震屋顶，但示威者都很平和，并没有凶神恶煞的样子。

布朗姆走到一个示威者跟前，和他握了握手，然后拥抱了他。两个人默默拥抱，一言不发，因为彼此语言不通，无法交流。布朗姆的年龄大约是对方的两倍，个子比对方高一头，紧紧地搂抱着年轻人，仿佛找到了失散多年的儿子一样。大家都鼓起掌来。这时，一位工会成员走上前来，给布朗姆戴上了写着标语的红头巾。后来布朗姆说，此举使他成为工会的名誉会员。

尽管有这种剑拔弩张的时刻，但科昂最终还是消弭了与工会的分歧，随着时间的推移，赢得了他们的信任和支持。他能够做到这样，在于尊重、交流和透明。他说服了工会认同一个道理，即所有人的利益都和银行的利益息息相关。他经常参加工会组织的娱乐活动，而且给予财务上的支持。比如全行举办银行成立 74 周年和 75 周年的庆典，他不但出席讲话，而且和员工以及他们的家属握手言欢，打成一片。他给了大家共同使命感，极大地提高了员工的士气。

我向来认为，如果管理层以尊重和开放的心态对待工会及其员工，没有什么问题是不能解决的。因为归根结底，大家的利益是一致的。企业搞好了，不但都有钱挣，而且也有成就感。试想员工逢年过节去见亲戚朋友，如果自己在一家知名的企业工作，是否觉得脸上很有光彩？我的经验是，工会一般都是负责任的，员工也是通情达理的，每个人都希望自己的企业搞好。当然，在利益分配上，在改变管理方法的时候，双方难免有不同的意见，但只要讲明道理，就不难取得一致。

譬如说韩国第一银行以前的薪酬体系是论资排辈，科昂改革，变成了奖优惩劣，越级提拔。刚开始受到阻力和非议，但大家看到被提拔的都是能干的，并无亲疏之分，也就心服口服了。久而久之，银行内部形成一种新的文化，比能力，比贡献，员工的工作积极性大大提高。

* * *

到 2002 年年底，科昂上任一整年了，穆迪、标准普尔和惠誉等主要国际评级机构都将韩国第一银行的信用评级大幅上调，银行的总资产当年增长了 19%，从不到 27 万亿韩元增长到超过 32 万亿韩元，超出预算 30%。

银行贷款的增长，需要更多的资本金支持。科昂认为不需要股东注资，也不需要向第三方发行新的股本，以免摊薄现有股东的股权比例。怎么办呢？他建议发行"一级混合次级债"来筹集资金。这类证券介于股本金和债务之间，其信用等级劣后于银行的其他债务，但优于股本，因此在计算资本充足率时，监管机构将其视为"一级资本"，和股本金相似。混合债在国际市场上发行，取得很大的成功，从另一个侧面印证了国际市场对韩国第一银行取得的成功和成长前景的认可。

* * *

2000 年是韩国银行业的一个分水岭。此前，韩国基本上是个不使用信用卡或支票的现金社会。此后，政府决定大力提倡使用信用卡，奖励的政策包括使用信用卡购物可以退税等。政府推广信用卡的使用，一是为了增加个人消费，推动经济增长，二是防止逃税和作假。现金交易往往没有发票，容易造假，譬如用假发票报销，而使用信用卡一般都有刷卡的收据，很难造假。政府的鼓励政策引发了信用卡发行的热潮。不光是银行发卡，一些财阀集团也成立专门的子公司从事信用卡业务。比如 LG 信用卡公司和三星信用卡公司都是大型信用卡公司。

在鼎盛时期，信用卡公司在大街上发卡，根本没有任何像样的信用审批程序，造成信用卡泛滥。到 2002 年，韩国 14 岁以上的人口不过 3 800 万，但是信用卡的总量达到 1.05 亿张，平均每个成年人持有三张信用卡。在汉城这样的大城市，人均持有四五张信用卡。

为什么人们需要这么多信用卡呢？因为信用卡不仅可以用于购物，还可以用来提取现金，也就是说用信用卡借钱。从一张卡上借的钱到期了，再用另一张卡借钱还前面一张卡，这样用多张卡当然就可以借更多的钱。这样借钱，比去银行申请贷款容易得多，虽然信用卡的利率极高。结果是还债能力越弱的人，利用信用卡借的钱就越多。到 2002 年，用信用卡借钱的数额是用信用卡购物支付数额的 1.5 倍。换言之，发卡机构允许甚至纵容持卡人自己跟自己玩庞氏骗局，不断地办新卡来还旧卡的债。一旦办不来新卡，所有的欠债都还不了，骗局就倒塌，赔钱的当然是信用卡公司。

信用卡公司借贷给持卡人的资金从何而来呢？有一小部分是自有的资本金，即股东的钱，但绝大部分是从银行借来的。如果发卡公司收不回贷款，当然就无法偿还从银行借来的钱，这样资金链就会断裂。到 2003 年，这个潜伏的危机总爆发了。韩国最大的信用卡公司 LG 信用卡公司破产，引发整个信用卡市场崩盘。信用卡公司群体破产造成了所有对其提供贷款的银行群体产生大量坏账！

韩国第一银行的战略目标是增加贷款。增加的贷款中也包括对信用卡公司的。按照市场惯例，银行给信用卡公司的贷款是以其应收款为抵押品的。可想而知，如果信用卡公司收不回应收款，就没钱还给银行。时至 2002 年，韩国第一银行向信用卡公司提供的贷款总额约为 5 万亿韩元，约为该行总股本价值的 5 倍。当然，这些贷款是分散给许多家的，对每一家的敞口还是比较有限的。

科昂和他的管理团队已经看出信用卡市场的疯狂增长酝酿着巨大的风险，十分担心银行对整个信用卡行业的风险敞口太大，于是开始大幅削减，果断而及时地退出这个市场。当信用卡危机爆发的时候，韩国第一银行已经完全退出，对信用卡公司的风险敞口为零！如果科昂没有采取果断措施，韩国第一银行就会在 2003 年信用卡危机发生时再度破产。韩国第一银行不仅躲过了一次大灾，而且当危机到来的时候，是韩国银行业唯一一家没有任何信用卡公司风险敞口的银行。相比之下，仅仅 LG 信用卡公司一家破产，就导致 16 家银行深陷其中。要不是科昂和他的团队的明察秋毫、远见卓识和机智果断，后果不堪设想。

躲过了信用卡危机一劫靠的是运气吗？不是，而是严格的风险控制。无独有偶，就在信用卡危机爆发的同一年，2003 年 5 月，韩国第三大财阀 SK 集团的子公司 SK 全球进入破产程序。韩国第一银行原本是 SK 集团的主银行，但基于对 SK 全球的跟踪分析，银行管理层认为该公司的信誉质量迅速下降，决定积极削减对其的风险敞口，收回贷款。当时 SK 全球的母公司 SK 集团非常不满，威胁要终止与韩国第一银行的关系。对任何一家银行来说，失去如此重要的客户绝非小事，但是权衡之下，管理层还是认为需要关闭对 SK 全球的风险敞口。最终，SK 集团确实终止了和韩国第一银行的业务往来。不出所料，SK全球破产了。此时韩国第一银行对其没有一分钱贷款，毫发无损，全身而退，而许多家银行却陷入这个泥潭。

*　*　*

有人以为，私市股权投资就是简单的买低卖高，收购之后，包装一下，就能卖出好价钱。不能排除有的人运气好，倒手赚钱，但如果都是如此简单，那么是个人都可以做，为什么有的私市股权投资公司很成功，而大多数投资公司失败了呢？关键，正如本书开篇时引用KKR的创始人之一亨利·克拉维斯所说，在收购后发生了什么才是最重要的。成功需要判断力、困难的取舍和不懈的努力，以提高一家公司的长期价值。科昂的亲身经历证实了这一点。他在回忆录中写道："我认为装修一座危楼的外表毫无意义。我们完全按照自己的思路从根本上重建了韩国第一银行，毫无捷径。"他还回忆道："我记得在董事会会议上讨论一笔大额投资，争论不休。德太的合伙人庞德曼说：'如果银行的长期发展需要这笔投入，那么就必须这样做。'"

韩国第一银行扭亏为盈不是意外，改造这家银行是私市股权投资创造价值的最佳写照。只用了几年的时间，我们把一家问题银行改造成行业中最健康的。在此基础之上，韩国第一银行增长迅速，一年又一年地打破各项行业纪录。

*　*　*

到2004年，韩国第一银行在许多方面都已独占鳌头。它成为韩国银行体系中资产质量最好、不良率最低的银行。银行人均客户资产在三年内增长三倍，而其他银行的增长则不足两倍。科昂最初的计划是，到2004年年底，总资产达到33.5万亿韩元，结果达到43.5万亿韩元。几乎所有的增长都来自客户资产，而不是通过在市场上购买债券或第三方的产品。韩国第一银行发生了根本性的转变，成为一家稳健、强壮的银行，拥有市场上最好的治理结构、最佳的风险管理体制和最好的资产质量，是名副其实的韩国第一。

我回忆起1999年1月，在新桥签订《共识备忘录》之后的第一个工作日，《华尔街日报》发表一篇社论，评论围绕韩国第一银行交易的争论，说有人认为韩国第一银行是韩国"王冠上的宝石"，为卖给外资而痛心疾首。社论指出："请这些人听好了：韩国第一银行根本不是什么宝石，但现在有机会成为一块宝石。"

新桥和其聘请的管理团队经过多年的不懈努力，把握时机，实现了目标，把韩国第一银行改造成韩国王冠上的一颗璀璨宝石。

第 16 章　狮子开口

"单，近况如何呀？能请你喝杯咖啡聊聊吗？"

熟悉的声音带着一丝印度口音。这是汇丰银行钱德拉的声音。我在 2004 年 9 月 17 日接到他的电话。上次他找我的时候已经是一年多前，那次突然给我打电话，说汇丰银行有兴趣收购韩国第一银行。我表示可以谈，但谈了几个月之后就不了了之，给我留下了一个不靠谱的印象。怎么现在又有兴趣了呢？

钱德拉负责汇丰银行的公司战略和发展业务，其实就是管战略收购。他是印度人，中等身材，25 岁加入汇丰银行，一干就是 26 年。他牵头完成了多项重大收购，包括入资中国的交通银行和平安保险集团，为汇丰银行赚了不少钱，称得上经验丰富、精明能干。

我知道他无事不登三宝殿，就问他要谈什么事。

"单，我们想再次和你谈谈收购韩国第一银行的事。我们非常感兴趣。"

"约翰·邦德不是不感兴趣吗？"我问他，约翰·邦德爵士是汇丰银行的董事长，"是他授权你和我联系的吗？"

上次他来找我，也表示了极大的兴趣，安排我见了刚刚走马上任的汇丰银行亚太区首席执行官迈克·史密斯。那时史密斯刚从汇丰银行阿根廷分行调到中国香港，也对发展韩国的业务有兴趣，认为韩国第一银行是很好的收购对象。他对新桥收购和改造韩国第一银行的成就很赞赏，时而感叹汇丰银行在 2000 年的时候没有像新桥一样用同样的交易架构和条件收购韩国第一银行或者汉城银行。

钱德拉上次找我是 2003 年。我花了大约两个月的时间与史密斯和钱德拉谈判收购条件——汇丰银行从新桥手中收购韩国第一银行。新桥联席主席布朗姆和汇丰银行董事长邦德是老相识。有一天布朗姆和邦德通电话，提起汇丰银行有兴趣收购韩国第一银行的事情，但显然邦德并不知情，以为我们是在求他，很不客气地说："你们要卖的话，我们不是买家。"此言一出，两边都没有了回旋余地，谈判由此告终。

有了前车之鉴，我很谨慎，但钱德拉向我保证，此次他获得充分授权，而且汇丰银行对收购韩国第一银行非常有兴趣，想见面详谈。

在新桥的控制下，韩国第一银行成功改造所取得的成绩引人瞩目。早在 1998 年，汇丰银行就有兴趣收购它，但新桥捷足先登，使其失之交臂。此时韩国经济已经全面复苏，韩国的银行成了诱人的战略目标。就在不久之前，花旗银行收购了韩美银行。几个月前，渣打银行首席财务官彼得·桑兹和战略与企业发展部主管（负责并购业务）大卫·斯戴曼曾邀请我共进午餐，拐弯抹角地打听韩国第一银行的情况，不过他们并没有明确表示有兴趣收购。

此时，我们控制韩国第一银行已经快 5 年了，改造取得了很大的成功，如果价格好，我们会考虑卖，但我们也不着急，因为我们知道银行还可以进一步增长，完全可以待价而沽。现在钱德拉说汇丰银行董事长给他授权了，汇丰银行是个全球性的大银行，我自然乐于和他谈。

任何企业收购，最难确定的是价格。双方谈妥了价格，其他问题一般都可以解决。以我看来，作价没有什么好谈的，因为市场上恰巧有个最近的先例可以参照，那就是花旗银行收购韩美银行，出价大约两倍于其净资产值。任何有兴趣收购韩国第一银行的人都知道出价的倍数不能低于韩美银行。

然而，确定双方都认可的净资产值并不简单。韩国第一银行的财务报表每年都经过审计，而且向市场披露。一般来说，没有公众股东且股票不在市场上交易的企业财务报表无须披露，但是我们在收购韩国第一银行的时候，李宪宰主席要求我们按照上市公司的标准披露，原因是韩国第一银行接受那么多政府的援助和注资，公众有权知道它的表现。我们欣然从命。

但审计的净资产值并非银行买家都可以接受的。净资产的计算很复杂，如果不良贷款准备金不足，净资产不能算是"净"；如果净资产里包括无形资产——譬如商誉或所谓品牌价值，买家也可能不接受。我们收购银行，要看实打实的"调整后"的"有形"净资产。

净资产是否需要调整、如何调整都需要比较主观的判断。这就像当初我们收购的时候，和金监会谈价格谈了几个月。如果资产没有得到政府的完全担保，可能永远谈不下来。这是因为贷款的分类和准备金所需金额的大小是需要根据一定的标准判断的，不同的人或不同的标准都可能产生不同的结果。如何使双方达成一致呢？

我提出了一个建议，钱德拉欣然接受。我的建议是双方联合聘请四大会计师事务所中的一家来做估值，估值的结果双方必须接受。这样做当然公平，不取决于任何一方的好恶。四大会计师事务所是毕马威、德勤、普华永道及安永。毕马威已经是汇丰银行的审计师，而安永是韩国第一银行的审计师，所以这两家排除在外，以避免利益冲突。审计师只能在剩下的两家（德勤和普华永道）中选择。新桥方面没有偏好，我们对韩国第一银行的资产质量很有信心，所以由哪家评估我们都无所谓。

韩国第一银行董事会每年举行 4 次会议，开会的地点在韩国某地或旧金山交替。2004 年 9 月 23 日，董事会会议在旧金山召开。我在董事会会议上并没有透露开始和汇丰银行谈判出售的事情，因为我认为为时太早，八字还没有一撇，但是我趁此机会和新桥的同事一起商量了与汇丰银行谈判的事情。大家都觉得是个机会，同意和对方继续推进。

庞德曼建议请一家投行做我们的顾问。我认为不必，我们完全可以自己做，而且圈子越小，越有利于保密。恰巧，我在旧金山时收到了钱德拉的一封电子邮件，他建议快速完成交易。我心想，正合吾意。

两周后，也就是 10 月 6 日，钱德拉告诉我，汇丰银行愿意出价 30 亿美元。我大感意外，因为双方之前已经说好了，由第三方审计师确定净资产，用韩美银行收购的净资产倍数乘以净资产而得出收购价，但此时汇丰银行想免去评估程序，直接给了一个报价。

我问钱德拉，汇丰银行是根据什么报出 30 亿美元的价格的。他只是耸耸肩，并不解释。我猜测汇丰银行看到韩元对美元的汇率正在走强，想用美元锁定一个价格，这样韩元升值的话他们不必支付更多的美元。

不过，汇丰银行的报价只是口头的，并没有形成文字。谈判了几周，他们也没有提供任何书面的报价。我猜测他们不想把自己锁定在一个价格上，但希望我们接受这个报价，然后他们可以在这个基础上调整。当然，他们只可能往下而不可能往上调整。这种做法当然很聪明，但是我们也不傻，我对他们的报价不置可否，因为这种口头的报价是没有法律约束力的，所以我也没有必要回复，但我们同意汇丰银行开始对韩国第一银行展开尽职调查。

我们最担心的是泄密。韩国第一银行在韩国家喻户晓，一旦消息走漏，就会引起轩然大波。如果最终不能达成交易，就会对银行和员工士气产生极大的负面影响，也可能使其他有兴趣的收购方认为银行有问题而裹足不前。汇丰银行同样担心泄密，也是因为在此时谁也不知道交易是否会达成。但是，如果汇丰银行开始展开尽职调查，其人员需要与管理层面谈，出入韩国第一银行，就难保不该知情的人看到，很难保守秘密。

我们决定将管理团队请到香港与汇丰银行的团队见面。同时，我们还把很多资料和文件从汉城运到香港，以供汇丰银行查阅。我们的如意算盘是，只要远离韩国，泄密的可能性就降至最低。当然，把高管人员和资料都搬运到香港，花费不菲。

汇丰银行方面要求享有一个月的排他期。在此期间，我们承诺不与任何第三方接触。一般来说，除非双方已经书面达成了意向才会有排他期的安排，否则限制了卖方的选择，但是当时我们并没有和任何其他方谈判，只有汇丰银行这一家，而且他们表现得很真诚，所以我就同意了。双方对于排他期的共识，也是口头的。汇丰银行知道我们会信守承诺的。他们不愿意将自己的意向做书面表达，因此也无法要求我们以书面的形式同意排他期。排他期从 2004 年 10 月 6 日算起，为期一个月。双方达成的共识是，尽职调查完成后，汇丰银行将向新桥提出明确且具有约束力的报盘。当然，如果汇丰银行调查完成后对结果不满意，也不必报。报盘所包括的不光是价格，还有其他交易条件。

但很快，汇丰银行要求改变双方议定的游戏规则。本来说好是在够资格的会计师事务所中用抽签的方式选定一家，做独立的净资产评估。现在汇丰银行则提出要指定普华永道。我心想这不是明摆着要影响审计师的独立性吗？我们在内部讨论了一下，觉得既然我们对韩国第一银行财务报表中报告的净资产很有信心，就没有必要担心哪家会计师事务所去审计，因为四大会计师事务所都是很专业的。虽然我们根据经验知道，有时候审计师会受到客户的影响。当初谈判收购韩国第一银行的时候，代表双方的会计师事务所就无法达成一致，但是现在是双方共同聘请，所以可以信赖普华永道的专业性。所以，我同意了汇丰银行的选择。

不料，过了几天，钱德拉又来说，汇丰银行改变主意了，不能接受独立评估的结果，而要求自行聘请审计师，不再是双方共同聘请。汇丰银行如此反复，让我想起了渔夫和金鱼的故事，渔夫的要求一步一步加码，直到金鱼忍无可忍。我心说自己聘请审计师，不是相当于打官司自己聘请法官，或者赛球自己带裁判来吗？我告诉钱德拉，他们的要求有违与我们达成的一致，但是他耸耸肩，说汇丰银行必须做自己的评估。

我想好吧，反正你们折腾到最后，给我一个报盘，我满意了就和你做，不满意就拉倒，对我们来说并无风险。既然他们坚持，我就同意了，但是我有言在先，如果他们审计评估的结果和韩国第一银行报表显示的净资产额相差超过 5%，我们保留不卖的权利。其实我的保留声明并不是必需的，因为我们之间并无协议，也无共识，至今为止，只是他们做了一个指示性的报价，我们也没有回复，所以我们完全有权利卖或不卖。不过，我觉得有必要把话说在前面，明确底线，以免他们产生不切实际的预期。

汇丰银行是全球最大的银行之一。公司一大，官僚体系就复杂，做决策就困难，任何外人说服这样的机构改变主意更是难上加难，和你打交道的人授权有限，所以说服他也用处不大。只要没有越过我们的底线，我们就尽量满足他们的要求。

虽然在最关键的价格问题上双方还没有达成一致，但是双方都已经聘请了律师开始起草买卖合同。合同谈判也不大顺利，对方总是想把交易的风险全部转给卖方，凡是不符合市场惯例的，我们都不接受。譬如，对方提出，收购之后就会解聘现有的管理团队。这是可以理解的，因为新股东，尤其是个大银行，当然要把高管换成自己的人，但是他们要求卖方支付遣散费，这就完全不合理了。这笔费用应该是银行出的，怎么可以是股东出呢？

我对钱德拉和他的团队说，在遣散费上斤斤计较实在没有必要。在过去的一个月中，韩元升值，如果我们之前同意 30 亿美元的价格，汇丰银行已经从韩元升值中占了大便宜，超过 1 亿美元的价值。这么大的一笔交易，何必纠结小钱呢？

在汇丰银行尽职调查的过程中，我们采取了很多措施严守秘密，但是世上没有不透风的墙。11 月 11 日，我接到科昂的电话。"大事不好，消息走漏了。《韩国经济日报》刚刚刊登了一篇关于韩国第一银行出售给汇丰银行的报道，"他说，"汉城这边乱成一锅粥了。"

果不其然，他刚挂断，我的电话又响了。这次是韩国存款保险公司的金钟泰打来的，问我报道是否属实。我向他介绍了与汇丰银行谈判的情况，并且告诉他，我们和汇丰银行没有签任何书面的东西。

根据新桥和韩国政府的合同，新桥对于政府持有的韩国第一银行股票有拖售权，也就是说，我们有权将银行100%出售给第三方买家，其中包括政府持有的股权。虽然没有合同要求，但是作为合作伙伴，我们还是应该让他们知道出售的情况。只是现在仍然为时过早，与汇丰银行并没有达成任何协议，最终能否达成协议完全没有确定性，所以没有必要通知政府方。既然报纸都披露了，我决定马上飞去汉城，当面向存款保险公司的总裁报告谈判的情况。

我也给钱德拉打了电话，告诉他消息走漏了。他说，汇丰银行的一贯政策是，如果媒体询问，就说"对传闻不予置评"。我说新桥也会如此答复媒体的。

韩国第一银行可能是西方媒体最关注、报道最多的韩国银行。《金融时报》《华尔街日报》等西方主流报纸很快转载了《韩国经济日报》的消息，甚至没有向新桥或是汇丰银行证实。国际媒体的报道都很正面，说汇丰银行很聪明，"抢了竞争对手的先机"。

汇丰银行的竞争对手当然也看到了这些报道。

＊　＊　＊

汇丰银行错过了好几个原来说好的期限，也多次改变了达成的共识，但钱德拉告诉我，他们看到审计结果之后非常满意，到目前为止，尽职调查也没有发现重大问题，他们赞扬韩国第一银行的管理团队优秀，既专业又能干，他们了解了新桥和韩国政府的协议内容，赞叹交易结构对投资者十分有利。这让我们感到很欣慰，但是钱德拉又说，他们没有在排他期内完成尽职调查，要求展期。

此外，汇丰银行要求和我们签一个协议，内容包括我方接受他们的报价，但他们是否确定报价还要取决于尽职调查的结果。这个建议的意思是说，我方需要承诺以他们的报价将银行卖给他们，但他们未必保证买或按这个价格买。这个建议实在有失公平，太一边倒了，属于机关算尽太聪明一类，只有傻瓜才会上当。我拒绝了。

我们也拒绝延长排他期。到此时，我已经不担心汇丰银行会放弃，因为他们已经做了大量的工作，对韩国第一银行的财务和管理都很满意，即便我们不给他们排他期，我想他们也不会尽弃前功。反之，如果给了他们排他期，我们就会很被动，因为他们处于独家谈判的地位，可以无所顾忌地要求最好的条件。

我向钱德拉提出两个不同建议，请他选择。一是双方签署有法律约束力的协议，如果汇丰银行发现其调查的结果和我方提供的数字有重大出入，价格可以由第三方评估师加以调整。二是汇丰银行可以继续做工作，但是没有排他期，新桥可以和任何第三方接触。不言而喻的是，即便有第三方报价，如果汇丰银行的最终报价最高，我们也会把银行卖给它。

11月12日，排他期已经过了一周。就在头一天，新桥与汇丰银行谈判的消息曝光。此时，钱德拉打来电话，约我去见汇丰银行亚太区首席执行官史密斯。他事先警告我，史密斯对新桥很恼火，对我提出的由独立第三方评估师最终裁决价格的建议很不满意，也不愿意在进一步尽职调查之前达成具有法律约束力的协议。由于我拒绝延长排他期，他反复问我："你打算搞个小竞标吗？"

他所谓的"小竞标"，是知道我们不会大张旗鼓地公开拍卖韩国第一银行，但是我们可能找几个有兴趣的战略投资者，请他们竞标。汇丰银行当然不希望任何人与其竞争。

我没有回答他的问题，而是引用了英文中的一句谚语："一鸟在手胜过二鸟在丛。"我说："钱德拉，我一再强调我们需要确定性。我们宁愿一鸟在手，但是如果这只鸟不肯落在我们的手中，我们总不能把树丛中所有的鸟都赶走吧？"他无言以对。

我不知道汇丰银行做何打算，但我之所以立场很坚决，是基于对对手的判断。如果他们因为不延长排他期而退出，那只能说明他们从来没有认真过。在我看来，这不大可能。再一种可能性是大机构比较傲慢，不愿做出任何让步。我觉得这种可能性更大。由于汇丰银行不肯做出任何承诺，我们也不能在一棵树上吊死。而且，事已至此，报纸上都说我们在出售韩国第一银行，我们已经欲罢不能，只能对其他有兴趣的买方敞开大门，但对于是否还有其他买家出现，我们完全不知道。在那个时候，我们也没有考虑招标，因为毕竟卖这家银行在韩国很敏感，我们不愿意大张旗鼓。

11月15日（周一）上午，我如约去拜会史密斯和钱德拉。

汇丰银行的总部大楼是香港中环的地标。这座大厦高44层，看起来像是一个由玻璃和钢制的乐高积木垒起来的未来派工厂，整个建筑内外没有使用钢筋混凝土的痕迹。建筑的设计师是诺曼·福斯特，据说很有名。1985年建成时，这座大厦被认为是全世界造价最高昂的建筑，使用的大量预制件从英国运到中国香港。这座大厦也代表了英国殖民香港的特权。

一般而言，香港的土地只能租赁，不能完全私有。因为在英国统治时期，土地在理论上为英王所拥有，由香港政府租赁给私人。几乎所有租期都是 99 年。中英之所以在 20 世纪 80 年代初开始谈判香港1997 年的回归，就是因为大量的租约即将到期，没有中国政府的同意不能再延期 99 年。汇丰银行大厦的租约则是 999 年，体现了这家英属银行的特权。

汇丰银行大厦东侧，隔着一条狭窄的小巷是旧的中国银行大楼，而斜对面约 200 米开外则是贝聿铭设计的 72 层的中国银行大厦。

在汇丰银行大厦的屋顶上，有两台起重机，用来搬运家具一类的物件。起重机设计成大炮的样子，直指中国银行大厦。香港人讲究风水，很多人认为中国银行大厦的造型像是一把刀柄向上的菜刀，杀气腾腾，所以要抵御它的坏风水。汇丰银行大厦的方式就是用两门炮对冲中国银行大厦的邪气。和中国银行大厦隔一个广场相对的是花旗银行大厦，建成一个盾牌的形状，据说也是用来挡风水的。你还别说，香港人特别信这套，甚至影响一些"鬼佬"也相信风水。

我走进史密斯宽敞的办公室。他和钱德拉已经在等候了。寒暄之后，大家坐定。史密斯先发制人，宣称他非常失望，非常不安，继而指责新桥的行为有违诚信。

"我的律师说，你们对买卖合同草本的修改很苛刻，"他说，"我们出的价已经是足额了。如果你们要搞竞标，我们也会参加，但是出价会低得多。"

"迈克，我们从来都是诚信的。"我说，"我们对你们团队的一些做法是持保留态度的，但我们也不想抱怨。如果双方对于合同的任何条款有不同意见，我们可以见面谈判解决，我们不会说你方'苛刻'。我们认为汇丰银行是韩国第一银行最合适的买家，过去如此，现在也如此。一周多了，我们一直要求双方的团队加上律师会面商谈，但你的团队不肯配合。我们每次都按照约定的时间把该做的事情完成了，而你的团队一次也没做到。"

听到这话，他平静了下来，然后盯着我严肃地问："你相信罗贝尔吗？"显然，他怀疑韩国第一银行的行长罗贝尔·科昂有意向媒体透露了消息。

"绝对相信，"我说，"泄密对我们的伤害要比对你们的大得多。"

突然话锋一转，他提起扣缴税款的问题。汇丰银行方面要求在支付款中扣除新桥可能需要缴纳的资本利得税，由汇丰银行代缴，但是我方律师不同意。"纳税是你们的事。"史密斯强调。

我说，没错，纳税确实是我们的事。但汇丰银行凭什么要替我们代缴？韩国的税务机关从未就卖方所欠税款去向买方追缴，而且韩国与新桥的投资者所在的许多司法管辖区签订了避免双重税收协定，所以新桥必须与税务机关配合来确定应缴的税款。我们不能允许汇丰银行越俎代庖，替我们决定该缴多少税。

"如果允许你们代缴，"我说，"那么就成了韩国历史上的先例。"我给他们举了一些例子，包括花旗银行最近收购韩美银行的案例，说明买方从来没有扣缴税款的责任，税务机关追究买方的风险为零。

"如果允许你们代扣税款，我们要支付给你们的金额会远远大于你们可能会承担代缴责任的风险，一边倒地对汇丰银行有利。"我说，"另外，在过去一两个月，韩元升值了不少，根据我的计算，你们在汇率上的获利已经超过 1.2 亿美元。"我的意思是，你们已经占了大便宜，还要因为不存在的风险与我纠缠几个小钱。

史密斯知道，新桥可能需要缴纳的税金与韩元升值给汇丰银行带来的好处相比根本不值一提。其实我当天没有查汇率，后来坐在飞机上一算才知道，按照汇丰银行30亿美元的报价，在一个多月中，韩元升值带给汇丰银行的好处已经高达1.7亿美元。而且，由于汇丰银行可能收购韩国第一银行的消息泄露，市场看好其前景，它的股价在过去两个交易日上涨了3%左右，市值增加了近60亿美元。从整体看，他们抱了西瓜还在抢芝麻。

我拿出一份文件，是金张律师事务所起草的关于税务问题的法律意见书，完全支持我所说的道理。

史密斯边读边嘟囔："该死的金张，见人说人话，见鬼说鬼话。"

我猜想他的意思是金张律师事务所在其他交易上给汇丰银行的意见是不同的。我估计是他自己找台阶下。看了之后，他不再争了。

他又提到尽职调查，但并不知道双方争执的是什么，说："你们有什么可隐瞒的吗？"

这个问题可谓咄咄逼人，我知道他是有意刺激我，但我不上钩，回答："你们愿意怎么调查都悉听尊便，但是双方议定的期限你们应该遵守。而且，双方本来商定请审计师独立审计，结果对双方都有效，这样才客观嘛，但你方变卦了。"

"还有一个办法，"我接着说，"再给你们三周，你们爱怎么调查都可以，之后告诉我们你们的打算，但是你不能单方面约束我。如果你们调查之后给我报盘，我们有权接受或不接受。"

"这很公平。"史密斯答道。

其实他的团队就曾提出不公平的建议，让我们单方面接受他们的指示性报价，但自己不受约束，天底下哪有这样的道理？

然后钱德拉解释，他们对使用独立第三方审计机构改变了主意。他说当初双方约定除非审计调查的结果与韩国第一银行的财务报表有实质性的差别，双方都必须接受审计的结果，但汇丰银行的律师不同意，声称从来没有听说过"实质性"这个概念。

"实质性"是在合同中常用的概念。如果汇丰银行的律师真的没有听说过，只能说明他们无知或无能，应该解聘。不过，我没有说话，我想他不过是拿律师当个挡箭牌而已。

下一步怎么走呢？钱德拉说再有三周还不够完成尽职调查，因为调查结束后，还需要7~10天来准备报告。

我提醒他，延长三周是双方共同议定的，不能超时。

此时，史密斯转身问钱德拉："你们为什么不能在两周半内完成尽职调查，用三天时间准备报告？"

看起来，史密斯并不在意我们是否同意延长排他期。他知道，没有排他期意味着我们可以和任何第三方有兴趣的买家接触，但他一定估计，没有任何买家可以追上汇丰银行的步伐。因为汇丰银行已经做了一个多月的工作，再有一个月应该可以完工。即便冒出来一个竞争对手，哪个大机构可以在这么短的时间内后来居上呢？

我拒绝延长排他期，原意是多少给他们一点心理压力，其实我也无法想象会半路杀出个程咬金，捷足先登。

* * *

汇丰银行的会一结束，我就直奔机场，乘坐下午2点的国泰航班飞往汉城。我要去拜访韩国存款保险公司，与他们沟通情况。飞机上，我给同事们写了一份备忘录，报告与史密斯和钱德拉会面的情况。

"依我的观察，迈克·史密斯这个人是讲道理、讲公平原则的，"我在备忘录中说，"今天至少有机会让他当面了解我们的观点。他说要考虑一下我的建议，今晚再给我回复。"但是，我补充了一句："到目前为止，他们没有信守任何承诺的限期和时间，所以我也不指望今晚能听到他的回复。"果不其然，当天我再也没有听到汇丰银行那边的消息。

我在备忘录中还指出，韩元这段时间已经大幅升值。一个月前，30亿美元的报价相当于韩国第一银行净资产的1.92倍，但现在按韩元计算只有1.82倍，对汇丰银行来说便宜了约1.7亿美元。所以，韩国存款保险公司可能会有意见，因为这意味着韩国第一银行的作价低于韩美银行。当然，我们从未同意以何种货币计价，也没有接受过汇丰银行的口头报价。这些都是需要谈判的。

到了11月中旬，香港仍然气候温暖，平均温度大约25℃，可汉城已经相当寒冷。到达后的次日是11月16日，当天的最高气温只有7℃。

早上跑步回来，我接到钱德拉的电话。史密斯请他转告，扣缴税款的事就先不提了。如果汇丰银行的尽职调查不产生意外的话，他们不会因为这点税款而影响交易。再者，如果新桥要搞竞标，汇丰银行愿意参与。钱德拉同意提交一份意向书，但其中不会包括报价，虽然汇丰银行愿意本着诚意谈判。

他还向我保证，尽职调查将在三周内完成，不过此后他们需要再花 4 天时间才能提交有法律约束力的报价。他希望双方律师继续起草买卖合同，当汇丰银行报价的时候可以连同合同一起提交。

那晚，我收到了汇丰银行的意向书。

"到目前为止，这是我们从他们那里收到的唯一一份书面材料。"我当晚写备忘录通报同事们。

我们在内部通信中给汇丰银行起的代号是"狮子"。这个名字源自香港中环德辅道上守在汇丰银行总部门口的那两座铜狮子。

"狮子希望尽快与我们签署意向书，并在签署之后立即公告。"我写道。这是因为史密斯和钱德拉认为反正纸包不住火，早晚要露馅。此外，他们希望能够与韩国存款保险公司和韩国第一银行工会对话。这么多的人参与进来就无密可保了。"我想大概要到下周一才能签字，但同时我已要求罗贝尔开始为现场尽职调查做准备。"

到目前为止，汇丰银行的尽职调查都是在香港做的，如果他们进入现场，当然就无法保密了。

* * *

11 月 16 日当天，我拜会了存款保险公司和金监会的负责人，向他们通报了与汇丰银行会谈的情况。为了避免引起猜测，我没有去韩国第一银行。

我在存款保险公司新任董事长李仁远的办公室里拜访了他，在座的还有金钟泰和另一位高管。我告诉他们，汇丰银行有意收购韩国第一银行，新桥还在考虑是否搞一个小范围的竞标，恐怕要经过 4~6 周，结果才能水落石出。李仁远说，存款保险公司认为汇丰银行很合适，因为它是全球性的大银行，而且在韩国设有办事机构。只要买家是金融机构，韩国存款保险公司都没有意见。

我们讨论了新桥的拖售权。我说按照常规，行使拖售权是新桥在签订买卖合同之后给存款保险公司发一个通知，但是这么做公众形象不好，好像强迫政府卖股，不如到时候我们一同签署买卖合同。他们欣然同意。

根据韩国法律，韩国存款保险公司出售资产需要得到公共基金监督委员会的批准。李宪宰现在是财政经济部部长，但兼任该委员会的联席主席。存款保险公司的官员们认为这只是个程序。因为新桥有拖售权，所以该委员会必须批准。在他们看来，新桥出售韩国第一银行在韩国方面没有任何障碍。

从存款保险公司出来，我去了金监会。银行是个被严格监管的行业。在任何国家，任何人要收购银行的控制权，都必须经过监管部门的批准。金监会是审批单位。我报告情况之后，金监会的官员说，此类收购的审批流程一般需要三个月，但汇丰银行最终获得批准应该没有问题。他们的看法和存款保险公司一样，认为汇丰银行进入韩国金融市场值得欢迎。他们说，如果收购方是个非金融机构，那么门槛就要高得多了。从政府的角度看，任何外资银行作为收购方都应该受到欢迎。

根据韩国的法律，在一般情况下，非金融机构或者私市股权投资公司是不能控制银行的。新桥之所以能够，是因为当时韩国深陷金融危机之中，而且韩国第一银行已经破产而被收归国有。特殊情况特殊对待，才给了新桥机会。现在时过境迁，这样的机会不再了。

当晚，科昂和他的太太安妮邀请我去吃饭。他们家的装饰可谓东西合璧，有韩国的家具和绘画，也有从纽约搬来的西式家具和艺术品。客厅里有一幅朝鲜画，画的是一棵大柿子树，树枝上结满了鲜艳的橘红色的柿子。韩国多产柿子，此时正当时令。我觉得这幅画代表了我们此刻的经历：我们的努力终于结出了硕果。韩国第一银行已经被改造成机体健康、经营良好的银行。收获季节到了，我们可以期盼一个大丰收。

安妮烹饪的是法国菜，非常可口。虽然银行还没有出售，但是前景可期，所以晚宴带着一丝欢庆气氛。科昂夫妇当然很清楚，一旦新桥卖了韩国第一银行，他们在韩国的使命也就随之结束，很快会回到纽约的家。

* * *

新桥香港总部位于国际金融中心，那是毗邻维多利亚港的一个大型综合中心，有购物中心，也有两栋办公楼。1999 年亚洲金融危机已近尾声，超现代化的 37 层国际金融中心一期办公楼落成，新桥就从皇后大道中的旧址搬进了这座楼。4 年后，我们又搬进了二期办公楼。这座大厦高达 88 层，当时是香港最高的建筑。我的办公室在 57 楼，窗外可见维多利亚港的全景，港湾里船只来回游弋，如过江之鲫。对岸是九龙，高楼大厦栉比鳞次。

2004 年 11 月 22 日是周一。我从自己的办公室步行 10 分钟来到了汇丰银行大厦。中环的许多建筑都有封闭或露天的人行道或走廊相连接，无论烈日炎炎还是狂风暴雨，上班族都可以不管风吹浪打，胜似闲庭信步，从中环的一处走到另一处。

到了汇丰银行，我又去了史密斯的办公室。这次，他心情很好。大概在中午时分，我和他签署了汇丰银行的意向书。这个意向书没有什么实质意义，但是有些象征意义，其中没有提到收购价格，只不过表达了汇丰银行对收购韩国第一银行确实有兴趣，而具体条款有待商讨。

　　签字完毕，我们坐下来聊天。我说："听说你在阿根廷当分行行长的时候曾被追杀，是怎么一回事？"他说，确有其事。他发现有个员工吃回扣，给予惩处，结果遭到报复。他打开抽屉，拿出照片，画面里是他的座车，车身上布满了弹孔，座位上还有血迹。子弹打中了他的大腿。

　　我想他没有丧命也是幸运。我从未想到银行业会是一个高危行业。他在向我叙述的时候，绘声绘色，好像讲特工007的故事。照片中的血迹斑斑提醒我，他差点就死于非命。

第 17 章　鹬蚌相争

2004 年 11 月 10 日，我接到罗德尼·沃德打来的电话。沃德是瑞士银行亚太区的董事长，英国人，身材高大，满头银发，一脸慈祥。他是我相识多年的老朋友。虽然电话里只能听到他的声音，但我可以想象出他经常挂在脸上的微笑。

他直奔主题：他是代表渣打银行打电话来，渣打银行表示有兴趣收购韩国第一银行。

渣打银行的两位高管几个月前曾经暗示对韩国第一银行有兴趣，但没有说破。此时与我们正式接触，时机恰好，因为我们给汇丰银行的排他期刚刚过期。我希望再有一个买家，如果和汇丰银行谈不成，还有其他的选择。

尽管如此，我对沃德打来电话还是感到有点意外。渣打银行的首席财务官桑兹和负责并购业务的斯戴曼与我都熟悉，可以直接找我，为什么要通过一个投行的高管呢？我想可能是对方想认真谈，认为通过中介更方便。我想如果渣打银行聘请了瑞士银行，那么一定是非常认真的，这是个好兆头。

但我很快就失望了。我问沃德，渣打银行到底有多大兴趣。他回答："我认为渣打银行不太可能确认收购的兴趣，也不大可能提出报盘。"

这就怪了，好像是在说，"我们有兴趣，但我们的兴趣不太可能是认真的"。为何传递如此莫名其妙的信息？目的何在？放下电话，我略加思考，懂了。渣打银行并没有为韩国第一银行的事专门聘请瑞士银行。瑞士银行一定是渣打银行的长期顾问，所以请瑞士银行传达信息是顺理成章的，也没有什么额外的成本。依沃德本人的判断，他的客户不可能收购韩国第一银行。他知道渣打银行内部要取得最高层和董事会批准做这么大的一笔收购可能性不大。他和我是朋友，不想误导我，让我产生不切实际的期待，所以一方面传递信息，另一方面给我打预防针，让我不要期待过高。

尽管如此，既然渣打银行已经正式表示了兴趣，我还是抱着一线希望。

此前，我们已经把韩国第一银行的大批资料和数据运送到香港，以备汇丰银行尽职调查所需。现在正好，也可以提供给渣打银行。我们和渣打银行签署了保密协议后，就向其开放了数据库。我在 2004 年 11 月 16 日的内部备忘录中报告了这个新的进展。

雏菊项目

另一个对韩国第一银行有兴趣的买家浮出水面。这个买家（代号雏菊）的顾问说，他们会在周末之前提出报盘。我已经告诉他们，报价不能低于花旗银行收购韩美银行的净资产倍数。因此，如果他们报盘，价格不应该低于狮子的。

我忘记了谁给渣打银行起的代号，大概不是我，我不会把雏菊和渣打银行联想到一起去。很可能是潘德邦，但是他为什么起了这个代号，我不得而知。狮子和雏菊毫无共性，一个是强壮的山林之王，另一个是脆弱的原野小花，但是我们居然希望它们能够相互竞争！

渣打银行负责并购业务的斯戴曼是一位身材高大、举止优雅的英国绅士。我对他很有好感，他的"女王英语"口音很悦耳，使我想起学英语时听过的"灵格风英语"录音，我也欣赏他的机智、幽默和谦恭。他的上司桑兹是渣打银行的首席财务官，后于2006年升任首席执行官。桑兹不苟言笑，说话拐弯抹角。相比之下，斯戴曼坦率随和。

渣打银行香港总部是一座瘦窄的米黄色高楼，比紧邻的汇丰银行大厦稍高，但宽度不及汇丰银行大厦的一半。渣打银行大厦落成的时间比汇丰银行大厦晚几年，但外观朴实。汇丰银行大厦像是一艘战舰，而渣打银行大厦像是一艘单桅帆船。楼前有一段很长的石阶，石阶之上是沉重的大门，给人以旧式的感觉。

11月22日（周一），我和潘德邦应邀前往渣打银行大厦，在一间小会议室里见到了桑兹、斯戴曼以及南希·黄。隔着会议室的窗子，可以看到德辅道上川流不息的人群。

虽然大家都知道开会的目的是渣打银行的高管交给我们一份收购韩国第一银行的建议书，但是桑兹并没有直奔主题，而是拐弯抹角提问题，都是细枝末节的小事。就这样谈了半小时。我觉得这样谈下去不得要领，所以就客气地告诉他，没有必要继续这种抽象的讨论，你们到底有什么想法。听我这么一说，桑兹才拿出建议书。

我没有当场阅读。潘德邦要回办公室，把建议书带走了。我留下来继续谈。我告诉他们，下午晚些时候，韩国第一银行会发一个公告，宣布新桥正在与潜在的买家做初步讨论。一听此言，桑兹勃然变色，要求马上把建议书收回来。我很惊讶对一件我认为无关痛痒的事情，他的反应如此强烈。他认为我们做此公告是因为已经和汇丰银行达成了协议，和渣打银行谈只是想利用他们给汇丰银行施加压力，迫其抬价而已。他们不愿意给我们当垫脚石。

我向他解释，他的想象不是我们的用意。之所以要公告，一是因为消息已经走漏，我们如果不澄清，就会造成很多猜测和谣言，扰乱人心；二是因为收购方都要做现场尽职调查，因此无法保密了，与其偷偷摸摸，不如光明正大。我向他保证，我们待人以诚，不会仅仅是利用他们。

但他听不进去，坚持要收回建议书。我无奈，赶紧给潘德邦打电话，让他把建议书送还。

* * *

11 月 25 日（周四）是美国的感恩节。这一天并非香港假期，但我们全家在美国住过十几年，所以习惯在感恩节那天和孩子们一起吃火鸡。晚饭当中，电话响了。来电的是瑞士银行的沃德。他说要为他的客户的"古怪行为"道歉。他指的是桑兹提交了建议书又马上收回的事情。其实我并不介意，因为我理解他的猜疑和不安，所以我说大可不必，我理解他的疑虑。虽然道了歉，但他还是说他不认为渣打银行有能力收购韩国第一银行。

刚刚放下一个电话，电话铃又响了。来电的是斯戴曼。他说渣打银行的执行董事们就是否应该争取买韩国第一银行辩论了很久，没有结论。有些人担心我们要利用渣打银行与汇丰银行谈条件。一般来说，董事会有执行董事和独立董事。执行董事都是公司的高管，真正管理公司的人。渣打银行也不例外。此类决策，执行董事达成一致意见了，才提交全体董事会审议。大的战略举措都是执行董事尤其是首席执行官提出的。

就在执行董事尚未打定主意的时候，渣打银行的一位顾问接到了汇丰银行一位高管的电话，警告称如果渣打银行想收购韩国第一银行，是"不明智"之举。这个警告的效果适得其反。本来渣打银行的人还在犹豫，听到威胁，立刻下决心和汇丰银行竞争。斯戴曼说，渣打银行要参加竞标，请我们配合。

我心想，这个突变也太戏剧性、太有讽刺意味了。要想激怒对手，莫过于对他表示轻蔑。哪有用激将之法让对方退避三舍的呢？这就好像劝情敌识相一些，靠边站，任何血气方刚的人都要拔剑而起。

此时，斯戴曼和渣打银行首席执行官默文·戴维斯正准备去见董事长，请他批准收购韩国第一银行的项目。他会再来电话，告诉我董事长是否批准了。

我闻讯大喜，也很感激斯戴曼如此坦诚。我告诉他新桥方面一定全力配合，对两个竞标者不偏不倚，利用一方压另一方不是我们的风格，我们讲的是专业诚信，绝不会搞小动作。我还说，我们会马上准备好数据库供他们使用，并且在周一之前传过去买卖合同草案。

这通电话让我很高兴，知道韩国第一银行的出售万无一失了。双雄相争会使银行价值最大化。

第二天晚上，我们又去朋友家吃火鸡。9点左右，晚饭还在进行中，斯戴曼又来电了。他说，好消息，董事长批准了，渣打银行的团队将从周一开始做尽职调查。渣打银行的动作非常快，潘德邦在白天告诉我渣打银行团队通知他，准备开始做尽职调查了，我就猜想他们下了决心，果不其然。

此时，渣打银行还没有正式提出报盘或任何细节。我们也不着急。我的想法就是把渣打银行吸引到竞标的过程中，他们通过尽职调查了解了韩国第一银行的情况，一定会更有兴趣。

* * *

2004年冬季，香港异常温暖。到了12月12日，中国北方已是寒风刺骨，但香港的气温居然高达31℃。

渣打银行方面提出，其首席执行官默文·戴维斯和庞德曼通个电话。当天晚上，我给庞德曼写了一份备忘录，简要报告了和渣打银行往来的情况，帮助他做好准备与戴维斯通电话。我对庞德曼说，我们对待渣打银行的方式要不同于汇丰银行。渣打银行的问题是缺乏自信，知道自己晚了汇丰银行一步，生怕被我们用来当垫脚石，而汇丰银行的问题是过于自信，认为没有竞争对手，因此不紧不慢。因此，我们的策略应该是尽量鼓励渣打银行，给他们以信心，把他们拉进来。

在现场尽职调查过程中，汇丰银行的信心十足和渣打银行的犹豫不决形成鲜明的反差。潘德邦负责关照两个团队，报告说，"汇丰银行派来了二十几个人，来自不同的部门，由审计部门的负责人牵头，还有咨询顾问"，相比之下，"渣打银行只有三个人露面"。

12月18日（周六）早上，布朗姆打电话给我，说他和汇丰银行董事长邦德通了电话。他们俩很熟。我听了不喜反忧。因为竞标还没有完成，我生怕汇丰银行通过这个关系抢在渣打银行前面。如果我们厚此薄彼，对渣打银行不公平，而且有失信用，因为我和庞德曼都向渣打银行做过保证，对所有买家一视同仁。布朗姆说，邦德重复了汇丰银行的报价，30亿美元。

我和钱德拉在旧的中国银行大厦顶楼的中国会一起吃午饭。中国会是个私人会所，占据大楼最高的三层楼。大楼共17层，20世纪50年代建成，现在已经老旧。中国银行的办公地点已经搬到贝聿铭设计的中国银行大厦，旧楼出租给商户。

中国会的创办人是社会名流、古董收藏家徐展堂。徐先生曾经请我到他家做客，靠墙一排玻璃柜，装满古董。一按电钮，玻璃柜缓缓移动，最终显露出一个内室，里面珍藏的更是稀世珍宝。我也参观过他设在皇后大道中一座楼里的私人博物馆，里面同样是琳琅满目的古物。

中国会的设计风格类似20世纪30年代上海的茶舍，墙上挂满了中国当代和古典艺术品，不少是经典之作，也有令人莞尔的幽默或讽刺作品。比如有一幅深色油画，好像古董，画的都是穿着马褂、顶着花翎的清朝官吏，但抵近观看，你会发现官吏中站着一个人，戴着西式的高帽，穿着西式礼服，系领结，竟然是香港最后一任英国总督彭定康。再仔细看，发现徐展堂也身着清朝官吏的服装站在人群中。

钱德拉迟到了，见了面先道歉，说因为邦德要求汇丰银行的团队在午饭的时候交给我们正式的收购建议书，他忙了一整夜。我不知道为什么邦德那么急，也许他和布朗姆的通话给了他可以抢先和我们敲定交易的印象。汇丰银行报的价格仍然是 30 亿美元。他告诉我，希望我们在周一中午之前做出是否接受的决定。竞标的规则包括一个固定的时间表，两个竞标方都需在同一时间交标。他们抢先一步，想强使我们置另一方于不顾，我认为不合理。

虽然我对汇丰银行的策略不以为然，但我们还是吃了一顿愉快的午餐。钱德拉再次说，汇丰银行团队对于韩国第一银行在新桥治下所取得的成就非常钦佩。

下午，我和斯戴曼通了个电话。接通电话的时候，他正要出门去打野鸡。射猎野鸡是英国绅士的一项娱乐活动，大概很有历史了，他们居然认为这也是体育活动。早些时候他曾发来一个报价，但不是一个数，而是一个区间。他在电话中匆忙地说，渣打银行最终的出价或等于或高于区间的高端。我知道他在探我的虚实，想告诉他，即便在区间的高端也不够，但我还来不及张口，他已经挂断了电话。

当晚 11 点半，我打通了庞德曼的电话。他在飞机上，飞机正要起飞。我简单报告了与汇丰银行和渣打银行两家最近交流的情况，告诉他既然汇丰银行已经出价，当务之急就是鼓励渣打银行报价。渣打银行的董事长是布赖恩·桑德森。我建议庞德曼给桑德森打个电话，争取渣打银行尽快动作。

次晨，像往常一样，我到宝云道跑步，一边跑，一边思考如何与汇丰银行和渣打银行分别谈判。

宝云道是个独特的去处。离金融中心（中环）步行的距离不过10 分钟，但位于半山区，沿着山体环绕，一边依山，另一边傍谷。

谷底是中环、湾仔闹区，伸展到维多利亚港湾，对面的九龙和群山都历历在目。由于距离足够远，可以远眺，但听不到闹市的喧嚣，是个闹中取静的地方。整个宝云道全长 4 千米，且每 500 米有一个路标。虽然只有一车之宽，但足够三四人并行，且一路平坦。道旁矗立着一个界碑，上刻"1903 年，市区边界"，可见百年前这里就是郊野了。雨后，空气清新，沁人心肺，峰回路转，瀑布飞溅而下，直落山涧。水声逝去，我已经到了路口。

中环和半山隔着香港公园，从宝云道上可以一览无遗。有很多白色的鹦鹉成群结队，从一个树端飞到另一个树端。我有一次跑步，突然发现路边的围栏上站着一只，全身雪白，顶着黄色长冠。跑到跟前，它也不飞走，只是好奇地盯着我。我想它大概受伤了，我脱下运动衫，将它兜头罩住。它大声喊叫，惊天动地。轻轻拿回家，仔细检查，并无伤痕，给它瓜子谷物，来者不拒，吃喝正常。几天后，我打开阳台的门，它来回踟蹰徘徊，过了半天，才展翅而去。

道两边各种植被、灌木乔木夹杂，郁郁葱葱，深不可测，藏着不少野生动物。飞鸟翕忽，鸣声上下自不必说，还时常有野猪、刺猬出入。野猪不怕人，时而当道，有时全家出动，小猪跟着大猪，哼哼唧唧，旁若无人。极偶然的时候，还有蛇行于此。有一次，我跑步时突然看到脚下有一根翠绿的竹子，已经来不及换步，也不以为意，一脚踩下去，感觉软绵绵的，回头一看，竟是一条蛇——竹叶青，惊出我一身冷汗。幸亏我跑的速度比较快，蛇没有来得及转头咬我一口，只是身体扭动了几下，滑入山谷之中。

跑步回来，我打电话给庞德曼。他已经和渣打银行的董事长桑德森通过电话了，桑德森说渣打银行考虑的正式报价是在之前指示性报价区间的顶端，也就是 3.1 万亿韩元。按照当时的汇率，这个价格略低于汇丰银行报的 30 亿美元，但是渣打银行的报价是以韩元为单位的，而韩元正在升值，所以和汇丰银行的报价不好直接比较。

那天是周日。我记起钱德拉要求我们在周一中午之前回复汇丰银行的报价。渣打银行董事长的话并非正式报价，但来自最高层，应该是靠得住的。这给我足够的底气不接受汇丰银行的报价，而且不必要等到周一再答复汇丰银行。我打电话给钱德拉，直言不讳地告诉他，汇丰银行的报价缺乏竞争力。这句话翻成中文有点别扭，但是用英文表达恰到好处，我不能说他的价格不够高，因为他会问要多高，我也不能说他的价格太低，因为并不比别人低。说他的价格没有竞争力，就是委婉地说我们不满意，如何让我们满意，由他自己去掂量。

钱德拉并没有表示惊讶。他应该知道有别家参与竞争了。之前斯戴曼说渣打银行收到来自汇丰银行的警告，结果反而刺激渣打银行参与竞争。据此可知，汇丰银行的情报工作做得很到家，此时也应该知道渣打银行并没有放弃。正因如此，汇丰银行才采取了抢先一步的策略。我猜测，他们盘算即便有第三方参与竞争，也不可能动作太快，根据他们自己的经验，没有一个月的时间不可能完成尽职调查，不可能拿出确定报价，如果汇丰银行现在就逼我们做决策，我们可能不得不接受，否则拒绝了汇丰银行，又没有垫底的报盘，就要冒蛋打鸡飞的风险。他没有料到的是，竞争对手动作如此神速，显然已经报价，而汇丰银行走到这一步花了两个多月的时间。

下午 5 点，斯戴曼打来电话，告诉我渣打银行的报价将从 3.1 万亿韩元提高到不低于 3.25 万亿韩元。我估计渣打银行之所以提价，是因为在通话时，庞德曼对渣打银行董事长所说的价格反应平淡，据此董事长判断 3.1 万亿韩元不够有竞争力，所以又向前迈了一步。同样地，我听了斯戴曼的话之后未做任何评论，但我心里松了一口气。按当时的汇率计算，渣打银行 3.25 万亿韩元的新报价相当于 30.8 亿美元，比汇丰银行的高出 8 000 万美元。我知道，现在才进入两雄相争的局面。对我们来说，这当然是最有利的。

斯戴曼说，晚些时候桑德森和首席执行官戴维斯还会给庞德曼打电话，那时会提出正式报价。我搞不清楚他们为什么要如此绕圈子，先是由斯戴曼给我打电话做个表示，然后由董事长和首席执行官两个人向庞德曼传递正式报盘。我猜想他们的目的是让我们感觉到其决策不是轻易做出的，而是由最高层亲自参与的，因此我们也必须给予足够的重视，需要新桥的大老板亲自参与。

我立即给庞德曼写了一份备忘录，告诉他与汇丰银行和渣打银行谈判的最新情况，也告诉他渣打银行的两个最高决策人会给他打电话。我知道他看到备忘录，就心里有底了。他去谈判，我一百个放心。

周一上午，庞德曼告诉我已经和渣打银行的戴维斯谈了。也许有别的事情，渣打银行董事长并没有上线。戴维斯的正式报价是 3.3 万亿韩元，按照那天的汇率，比汇丰银行的价格高出 1.28 亿美元。戴维斯还说，书面报盘将在伦敦时间下午 5 点前送达。

我本来约好上午 11 点和钱德拉见面，但一早就收到了他的电子邮件，说汇丰银行信守承诺的报价，希望新桥在中午之前签字接受，否则过期作废。史密斯也单独给我发来邮件，说的是同样的内容。他们的言外之意是，他们信守承诺，我们也应该信守承诺，但我们从来没有做过任何承诺，也从来没有接受过他们的报价。我们当初很明确地表示，如果他们不能给我们正式报盘，我们不能延长排他期。他们则表示愿意参加竞标。现在他们想逼迫我们接受的，仍然是一个不实的报盘，因为不具法律约束力，是可以更改的。而且，直到此时，他们也没有积极谈判买卖合同，所以合同还没有落实。如果我们接受了他们的报价，等于自我束缚，任凭他们规定交易条件。没有一个交易对手会接受这种安排。汇丰银行是个庞大的机构，大概习惯指挥谈判对手了。所幸我们有选择，否则真是进退两难呢。

不过，手中有牌，心里不慌。汇丰银行的策略让我感到的不是压力，而是有点逗趣。我头一天已经告诉过钱德拉，不能在他们的限期前做出决定。我们当然不想失去汇丰银行这个竞购方，但我看得很清楚，他们不过是在诈唬而已。在过去的两个多月中他们投入了那么多资源，怎么可能轻言放弃呢？向我们施压，不过暴露了他们自己的焦虑。

我心里很踏实，知道即便汇丰银行跑了，还有渣打银行，而且价格比汇丰银行的好。当然渣打银行的报价也缺乏细节的支持，双方尚未议定合同，但是我也不担心。汇丰银行的风格是让对方捉摸不定，要捆住对方，却不肯束缚自己。汇丰银行答应了很多事情，无论是见面的时间，还是如何聘任审计师，抑或是确定净资产的方式，但没有一次说话算数。就连说加入竞标，现在也想先发制人。渣打银行则直来直去，从来就没有留一手，因此我感觉渣打银行比汇丰银行靠谱。

11点，我按时去见钱德拉，只字未提限期的事情，只是讨论汇丰银行报盘中的问题。不知不觉之中，他们午时的限期过去了。我告诉他，我们手头上已经有了一个更好的报盘。我还说，我们需要汇丰银行以韩元而不是以美元计价的报盘。我解释道，这是基于两个原因。第一个原因是韩元在升值，如果以美元计价，我们当然要吃亏。第二个原因更重要，那就是我们的合作伙伴，也是韩国第一银行的股东，是韩国政府，政府当然希望以本国的货币计价。

我原以为，作为一家全球性银行，汇丰银行以韩元报价是件很简单的事情。如果担心汇率波动风险，他们可以轻松地做个对冲——譬如搞个远期换汇的合同，或者和需要美元的韩国客户做个货币交换，但不知为何，汇丰银行坚决不同意以韩元报价。我只能得出结论，汇丰银行想把汇率变化的风险转嫁到卖方（新桥和韩国政府）头上。那么我们凭什么接受呢？所以谈不拢。我道别的时候正好12点半，已经过了汇丰限期半小时，但谁也没有再提限期的事。

渣打银行聘请的律师是总部在伦敦的安理律师事务所。安理在香港的律师人数众多，在商业界非常活跃。它的香港总部和新桥在同一个办公楼里。下午，我和同事潘德邦、陈悦去安理的办公室，与渣打银行的一位代表和几名律师谈判买卖合同。

渣打银行关注的东西和汇丰银行不同。与汇丰银行最纠结的一个问题是他们要从支付款中扣除他们认为需要替新桥代缴的税款，遭到我们拒绝。在韩国从来没有买方代卖方扣缴税款的先例，汇丰银行的律师大概想把其他市场的做法硬搬到韩国，但并无法律依据。我担心渣打银行也会有同样的要求。结果渣打银行根本没提这回事。本来不是个问题了，但金张的律师们要我们主动把这个问题在会上提出来，要求渣打银行用白纸黑字写清楚，不会提出与汇丰银行同样的要求。我说这不是没事找事吗，你本来没欠债，但你硬要一个人给你写个文字证明你不欠他债，他要不是认为你有病，就是怀疑你真欠了他的债。何必多此一举呢？

金张律师事务所的律师认为如果不这么做，我们要承担一个风险，法律名词叫作"不当得利"。这个概念是，应当告知对方的而不告知，对方虽然在契约中没有权利，但仍然可以追讨我们的责任。既然汇丰银行曾经提出过代扣代缴，我们就知道有这么一个问题了，知道了就不能不说。为了防止这个风险，现在就应该挑明了，使得对方是在完全知情的情况下放弃追讨的权利。这个逻辑让我挠头。别人无理取闹，后来停止了，我们就有责任告知第三方曾经有人无理取闹过，明确告诉第三方他以什么理由无理取闹的，要第三方也承认这是无理的。这是什么莫名其妙的逻辑？我不同意。我认为律师往往想象出世界上最不可能发生、常人想象不到的事情，在合同中用大量篇幅规定一旦此类事情发生应该如何处理。极而言之，有点像"如果太阳从西边出来了，双方就应……"，所以法律文本往往十分冗长。

既然我不同意，律师们只好想别的方法解决他们认为存在的方法。潘德邦很聪明，善于思考，他和佳利的律师李荣国（韩国人，虽然此名是典型的中国名字）商量了一下，建议在合同文本中加入一些词句，大意说任何潜在的财务责任都由买方承担。我也不同意这个建议，因为我们有什么理由要求并说服对方接受这么笼统的承担风险的条款？换位思考，我也不会接受。如果对方不接受，怎么办？

和自己的律师谈判往往比和对方谈判还难，但好在可以直言不讳，不必委婉。一般合同中都有一个标准条款，叫作"无追究"。代表渣打银行的律师同意修改，本来渣打银行就是在尽职调查完成的基础上收购的，也没有打算再追究卖方的任何责任。

汇丰银行曾经提出在收购后由卖方支付高管遣散费，我们不同意。在与渣打银行谈判时，我们特别提出高管的遣散是银行的责任，不是卖方的责任。安理的律师不能确定如果遣散费过高，会不会触发法律问题。我方的理由很简单，虽然高管是新桥控制的董事会任命的，但聘请他们的是韩国第一银行，他们服务的对象也是韩国第一银行，没有股东额外支付薪酬或遣散费的道理。如果渣打银行将来任命新的管理层，支付薪酬的也是韩国第一银行，不是渣打银行，让渣打银行承担额外责任也没有道理。渣打银行方面接受了这个逻辑。到会议结束时，双方对合同中的所有关键问题都达成了一致。这样，渣打银行就跑到了汇丰银行的前面，剩下的只有价格问题，一旦价格谈妥，双方可以马上签约，而汇丰银行还迟迟没有和我们敲定合同条款。

晚上 7 点 20 分，庞德曼打来电话。我报告了最新情况，告诉他，我还没有收到斯戴曼说要发过来的正式报价。

就在此时，另一位新桥联席主席布朗姆有些着急了。他很想把韩国第一银行卖给汇丰银行，因为他和汇丰银行的董事长邦德熟悉，愿意做个人情。我有些担忧，如果汇丰银行出的不是最高的价格，卖给汇丰银行对于卖方和渣打银行都不公平，而且汇丰银行的态度并不明朗，合同文本尚未敲定。

知道了渣打银行的报价超过汇丰银行，布朗姆不喜反忧。他担心汇丰银行会失去机会。他问我，如果他去和邦德谈，让他出价 31 亿美元，给他两个小时做决定，如何？我心里不赞成，仍然觉得这样做对渣打银行不公平，而我之前已经承诺对渣打银行会公平对待。我认为做人必须一诺千金。

另外，还有一层的考虑。虽然渣打银行出价高，但其报盘是有条件的。渣打银行的账面上并没有这么多现金完成交易，所以需要筹资，这就产生不确定性，而这个交易规模对汇丰银行来说并不是很大，它手头上应该有足够现金成交。对于卖方，交易的确定性几乎比什么都重要，谁都不愿冒交易失败的风险。

按照当时的汇率，渣打银行的报价等于31.28亿美元。我想如果汇丰银行愿意出31亿美元，汇丰银行的确定性可以抵消渣打银行0.28亿美元的差价。所以我答应了布朗姆，说好，如果邦德肯出31亿美元，我们就卖给汇丰银行。

2004年12月21日清晨，一觉醒来，我接到唐开罗的电话。他说布朗姆与邦德达成协议，将韩国第一银行以30.5亿美元的价格卖给汇丰银行。我大吃一惊，心中暗暗叫苦。我们本来说好31亿美元，怎么少了5 000万美元还同意卖给他？

我看到渣打银行也在昨夜发来传真，确认报价3.3万亿韩元，相当于31.28亿美元，比汇丰银行的报价高出7 800万美元。但是，渣打银行的报盘仍是有条件的。首要的条件是能够筹集到所需资金。其次，如果渣打银行在伦敦证券交易所的股价跌破每股900便士，它就有权退出交易，但愿意支付5 000万美元的"分手费"。另外，由于渣打银行在香港和伦敦两地上市，它需要两地股东的批准。在我看来，这些条件都不能接受，因为我们不应承担任何不确定性。

第 18 章 鹿死谁手

虽然还没有和汇丰银行谈好买卖合同条款，但我们知道一旦合同落实，汇丰银行完成交易的确定性是 100%。渣打银行的报价比汇丰银行高出 7 800 万美元，但是附加太多条件，这些条件都不是我们可以掌握的，而只要有一个条件没有实现，渣打银行就无法成交，这就造成了交易的不确定性。因此，这两个报盘孰优孰劣，并非一目了然。

12 月 21 日上午 8 点，我打电话给韩国存款保险公司的金钟泰，介绍了两家的报盘。他问了很多问题，我都一一作答、解释。一番深思熟虑之后，他说同意汇丰银行的报盘有确定性，因此比渣打银行的好。

我马上召集了一个内部电话会议。我、布朗姆、庞德曼、唐开罗以及其他几位同事都参加了。布朗姆听说我事先和韩国存款保险公司商量过，有些不开心，他担心如果存款保险公司倾向于渣打银行，我们就被动了，因为他已经和邦德约定，以 30.5 亿美元的价格把韩国第一银行卖给汇丰银行。我们大家都认为渣打银行还会提高价格，但是既然布朗姆已经和邦德说好了，那我们必须说话算数，尽快与汇丰银行完成交易。

不过，与汇丰银行的买卖合同尚未落实。汇丰银行的问题在于其团队从来都是不紧不慢，毫无紧迫感。如果我们此时放弃渣打银行，而最终未能和汇丰银行敲定合同，就会蛋打鸡飞，这个风险我是万万不可承担的。庞德曼告诉我，布朗姆和邦德约定，双方必须在24小时内成交，否则汇丰银行失去独家交易的权利。

上午9点，我打电话给钱德拉，告诉他布朗姆和邦德达成的协议。他不相信，说没有从伦敦获得任何指示。我要求尽快与他会面，敲定合同细节，也要求他在汉城的同事与科昂会面，制订一个交接过渡期如何管理银行的计划，但是一上午过去了，钱德拉没有来电话，只是后来打电话给潘德邦，说他只能在下午4点见我，因为还在等伦敦方面确认。我大感惊异，邦德居然没有即时通知自己的团队。他们这么拖拖拉拉，怎么可能在24小时内成交呢？

下午3点左右，斯戴曼来电。那时才是伦敦时间早上6点，他急于知道我们对渣打银行正式报价的反馈。我告诉他，无法接受报盘中的不确定性。他说，他们正在尽一切努力取消所有条件。我怀疑他能否做到。我问了好几个熟悉渣打银行财务状况的投行高管，他们之中没人相信渣打银行可以找到一个投行"硬包销"渣打银行发股票筹资。硬包销的意思是，投行担保可以把客户发行的股票卖出，筹到足够的资金，否则自己出资把这些股票买下来。这当然意味着包销商承担股票销售失败的全部风险。我们的判断是，没有投行肯承担这么大的风险。

下午4点，我和钱德拉见了面。他说汇丰银行的集团首席财务官道格拉斯·弗林特给他发了一封简短的邮件，确认30.5亿美元的报价"与我们的理解是一致的"。陪同钱德拉的是富而德律师事务所的律师，包括我很熟悉的高育贤女士，她非常精明能干，经验丰富。果不其然，有她参加，合同谈判进展速度快多了。

我提醒钱德拉，双方须在24小时内完成交易，否则口头协议失效。不过，此时他们已经白白浪费了一整天的时间等候伦敦的确认，而且他们在汉城的团队只能在次日与科昂见面谈交接事宜。这样又耗去一天。我心想，莫说24小时，就是48小时他们也无法完成交易。按照这个速度，汇丰银行面临得而复失的风险，但其团队看上去仍然是一点不着急。

傍晚，代表渣打银行的安理律师事务所的律师周镜华打来电话，说渣打银行刚刚获得了香港证券交易所的豁免，不需要将收购韩国第一银行一案提交股东大会批准。这样，渣打银行消除了一个重大的不确定性。所剩下的就是找到一家投行包销其发行的股票，如果能够做到，它就完全排除了不确定性，剩下的就是在价格上与汇丰银行比高低了。汇丰银行仍然在优哉游哉，完全无视限期，而渣打银行则是紧锣密鼓，迅速拉近距离。

我上床的时候，伦敦还是白天，我给斯戴曼发出一封邮件，很坦诚地告诉他渣打银行仍需满足的条件。

大卫：

　　你下午2点半的会议结束时我可能已经休息了。非常感谢你做出的努力。正如我之前所说，你们的报价比竞争对手稍微高一些，但坦率地说，不足以使我们接受你们报盘中不确定性的风险。愚见以为，要达到目的可能有两种方法，都不容易。第一种，毋庸赘言，就是给我们完全的确定性，比如由某家投行硬包销发股。如果做不到，那就需要一方面将不确定性降到最低，另一方面提价。我知道，你们一直在努力减少不确定性，默文（·戴维斯）也在和庞德曼讨论价格。请不要误会，我不是在与你谈条件，而是以我所知坦诚相告，以期对你有所帮助。我知道默文今天还会与庞德曼通话。我真诚地希望他们能在我醒来之前取得进展！我刚才和庞德曼谈过，他对情况很了解。他说今天要出门，去市中心，但是会带手机，可以随时与他联系。如你所知，他是个直来直去的人。请和他商量。

单

12月22日（周三），我一起床就给庞德曼打了电话。他说，渣打银行正在努力找一个投行包销股票发行。如果能做到，那么最重要的不确定性就消除了。上午7点45分，我给斯戴曼打电话。我知道此时伦敦的时间是午夜左右，一般我不会在这个钟点打扰别人，但他昨夜给我发了一封邮件，说可以随时给他打电话。我一听到他的声音，就知道把他吵醒了。他听上去有些恼火，咕哝着说一定会给我们确定性。我赶紧祝他做个好梦，就挂断了。

庞德曼说，渣打银行打算聘请瑞士银行做包销，双方正在协商。稍晚，斯戴曼发来邮件，说他从周六到现在4天多只睡了6个小时。我知道他是在委婉地解释为什么昨晚拿起电话时声音充满不快。他说他和团队都在加班加点忙这件事。他还发给我一份更改后的报盘，其中加了一个小条件——如果双方确定交易了，需要秘而不宣。之前他们要求发共同新闻稿，现在变了主意，是因为监管要求在发新股之前保密。这对我们来说不成问题，我们无须急着公告。之前他们还有个条件，如果渣打银行的股价跌破每股900便士，就可以放弃收购。现在这个条件拿掉了。对于渣打银行，万事俱备，只欠东风，而这个东风，就是需要瑞士银行答应包销。

事已至此，我认为摊牌的时间到了。我们同时通知汇丰银行和渣打银行，必须在次日下午5点之前完成最终文件。选择这个时间还有一个原因，就是这一天（2004年12月23日）正好是收购韩国第一银行签署最终协议的5周年日。我要求两个竞标方都完成所有最终合同的文件，并提交有法律约束力的报价。这样我们比较一下就可以做决定了。

12月22日一整日，渣打银行不断改进报盘。我们收到一稿又一稿新修改后的报盘，每一稿都删除了一些先决条件。夜幕降临的时候，几乎所有条件都删除了。我把渣打银行的最后一份报盘传真给了庞德曼，告诉他渣打银行的首席执行官戴维斯会给他打电话。

布朗姆看到汇丰银行方面迟迟没有进展，着急了。因为此时距离他和邦德口头协议的时间早已过了24小时，而汇丰银行方面仍然动作缓慢，合同还没有谈拢。他让我催促钱德拉抓紧时间，否则就来不及了。

此时汇丰银行在合同文本的一些技术细节上仍然不肯妥协。我方的立场都在合理范围之内，而且渣打银行方面已经同意了。汇丰银行没有在24小时内完成交易，也没有在48小时内提交有法律约束力的报盘。而且，我们要求以韩元作价，钱德拉先是表示可以，但后来大概因为内部有反对意见，又改变了主意。

　　　　　　　　　　　*　　*　　*

　　圣诞节快到了。几周以来，香港一直沉浸在节日的气氛中。作为一个东西文化的交合点，香港庆祝几乎所有中国和西方的节日，包括农历新年、重阳节、端午节、中秋节、佛诞日、圣诞节和元旦。在1997年香港回归祖国之前，香港的假日还包括英国女王的生日。现在这个假期还存在，但是改为香港特区成立日。

　　感恩节（每年11月第四个周四）过后，维多利亚港两岸的高楼大厦上都挂上了五彩缤纷的霓虹灯，组成圣诞老人、拉雪橇的驯鹿、圣诞树、天使等图案。入夜之后，五颜六色的灯光照亮了海面，倒影在波浪上翩翩起舞，仿佛水下有一个童话般的世界。12月25日是圣诞节，24日是平安夜，大多数机构已经放假了。到了23日，中环反而安静下来，因为办公族中很多人都去度假了。尤其是"鬼佬"，大多数回国和近亲、远亲团聚了。我和团队却忙得不可开交，与汇丰银行和渣打银行两家做最后的谈判，落实合同文本。

　　12月23日，我醒来的时候还不到凌晨5点。一看隔夜发来的邮件，知道渣打银行正式聘请了瑞士银行包销约20亿美元的股票。这些钱再加上渣打银行账上已有的现金，足够支付收购韩国第一银行所需。这样，渣打银行消除了最后一个重大不确定因素。

　　我跑完步的时候是上午8点半，没有来得及回家，就在停在路口的汽车上拨入了电话会议。参会的有布朗姆、庞德曼、唐开罗、潘德邦以及金张的朴炳茂律师。我们详细讨论了两个报盘：渣打银行出价3.3万亿韩元，合31.28亿美元；汇丰银行的出价是30.5亿美元。

　　渣打银行的报价优于汇丰银行，但要求我们等到2005年1月

10 日那一周内签署最终文件，也就是说还要等三周。俗话说，夜长梦多，三周之内，什么事情都可能发生。为何要等呢？因为如果在 2005 年 1 月 10 日前签约，渣打银行也许需要立即把韩国第一银行视为子公司，其财务也要和渣打银行整合在一起，这就大大增加了财务报表制作、披露和监管申报的复杂性与困难度。

布朗姆倾向于接受汇丰银行的报盘。虽然汇丰银行没有在约定的 24 小时内完成交易，他还是顾及和汇丰银行董事长的关系。庞德曼也同样倾向汇丰银行，理由是渣打银行仍然存在不确定性。至于渣打银行的报价高于汇丰银行 7 800 万美元，庞德曼认为这个价差不过是"舍入误差"（rounding error，也就是小数点的差别），不值得因此承担不确定性。我也同意他的观点。如果我们接受了渣打银行的报盘，而三周之后，无论出于什么原因，渣打银行不能签约或成交，那我们还是蛋打鸡飞。这是无法承担的风险。我知道韩国政府会支持我们的决定，因为确定性对于政府也很重要。更何况政府本来就有些偏爱汇丰银行，因为汇丰银行毕竟是比渣打银行规模更大的全球性银行。

虽说如此，考虑到渣打银行的报价更高，而且一直在努力消除其报盘中的不确定性，不再给它一次机会去消除最后的不确定性有失公平。如果再给渣打银行一个机会，公平起见，也应该再给汇丰银行一个机会改善报价。如果渣打银行回来告诉我们 2005 年 1 月 10 日后才签约的条件取消，那么它和汇丰银行的报盘同样是无条件的，而它的价格优于汇丰银行。所以，我们应该要求汇丰银行报出它所能支付的最好价格。这样我们才能将两个报价在同等条件下加以比较。

最终，我们告诉两家竞标者，拿出最好的条件，我们将到次日做最后决定。

我和钱德拉约好下午 2 点在富而德律师事务所见面。我在 1 点 50 分到达停车场。这时，电话铃响了，是斯戴曼从伦敦打来的。他刚刚起床，想知道我们对渣打银行报盘的反馈。我把早上的决定告诉了他。他很失望。我说："你们的价格比汇丰银行高，但高出不多，用大卫（·庞德曼）的话讲，就是'小数点的区别'。"我还说，其实渣打银行的价格高，完全是因为以韩元作价，而韩元对美元升值了，所以美元价格超过汇丰银行。如果按照汇丰银行报价时的汇率算，渣打银行的报价就不如汇丰银行了。

斯戴曼猜测说汇丰银行出价 3.2 万亿韩元。我知道他是想探口风，没有上钩，只是说不对。我坚守一个原则，对两家一视同仁，不偏不倚，既不能向一方透露另一方的底牌，也不用一方的价格压另一方抬价，只是请他们尽最大努力，然后我们揭标做最后决定。

斯戴曼说还要做最后一次努力，需要与首席执行官商量一下。我建议他们也给庞德曼打个电话，听听他的意见。

在富而德律师事务所，我请求单独和钱德拉谈谈，请双方的律师暂时回避。我很坦白地告诉他，汇丰银行的报价低于竞争对手，而且作价用的是美元，不是我们和韩国政府方都希望的韩元，虽然几天前他还承诺可以用韩元。我说，本来你们比竞争对手有优势，因为确定性更高，但是你们一再拖延，在合同谈判中不肯松动，就在这段时间，你们的对手逐渐消除了不确定性，你们越来越不具备优势了。

听了这些话，钱德拉不再坚持要求卖方支付高管的遣散费用，也不再要求韩国公共基金监督委员会的批准作为交易的先决条件，但他仍然坚持汇丰银行的报价以美元而不是韩元计价。

几个小时后，斯戴曼又打来电话，说首席执行官戴维斯打算和庞德曼通个电话，提出一个更好的价格，但要求庞德曼立即表态是否接受。挂了电话，我思考了一下，给他发了封邮件，说我认为除非渣打银行的新报盘给卖方以完全的确定性，且价格比其竞争对手高很多，否则庞德曼不太可能立即表态。我还列出了一些仍待解决的问题。之后，我给布朗姆和庞德曼发了一份备忘录，通报当天和汇丰银行讨论的情况。

晚上9点45分，庞德曼来电。我报告了和斯戴曼谈话的内容，建议我们两人一起给渣打银行回电。一个小时后，我俩和渣打银行的团队都接进电话会议。戴维斯说，渣打银行准备给我们一个新报盘，但想知道我们的决策过程。庞德曼说："我们只能明天做最终决定。你们可以等到明天再给我们报盘。"

庞德曼这么说，给渣打银行方面传递一个信息，我们不会拿渣打银行的价格去压汇丰银行加价。我们要求两个竞标方都在明天同时拿出最好的价钱，我们择优接受。我建议第二天上午香港时间10点（也就是伦敦时间凌晨2点）再开电话会议，那时渣打银行可以告诉我们新的报盘。

入睡前，我脑子里盘旋的念头是，看来渣打银行准备加码了，汇丰银行也感受到了竞争的压力，虽然要等到明天才能看到底牌，但卖出个好价钱没有什么悬念了。

12月24日，传统的平安夜，不到凌晨5点，我就起来审阅汇丰银行的最终合同文本，然后和庞德曼通了电话。他家在阿斯彭，但他平时经常出差，很少沾家。圣诞节快到了，美国人都回家过节了，他也不例外。布朗姆此时也和太太在那里。尽管汇丰银行的邦德是英国人，但他也在阿斯彭有房子，此时也飞到那里过节。庞德曼告诉我，他和布朗姆与邦德约好晚些时候一起见面。

早上7点半，我离开家。一到办公室，就拨入了通过视频召开的韩国第一银行董事会会议。会议的目的是分别批准与汇丰银行和渣打银行的过渡协议。此时，我们还不知道哪一方会获胜，但需要董事会批准这两个协议，一旦确定了赢家，就可以与其签署。过渡协议规定了在签署买卖合同之后和交割之前期间如何管理银行。过渡时间到底要多久是未知数，因为任何银行的收购都需要获得监管部门的批准，这个过程用多少时间完全取决于监管部门。鉴于汇丰银行和渣打银行的资质，我们知道任何一家胜出，最终获得监管批准都毫无疑问。

最终投票的结果是代表韩国政府的董事中有一票反对、一票弃权，其余的董事都投了赞成票，批准了过渡协议。两个没有投赞成票的董事未必是个人反对或有保留，我猜想因为董事会临时召开，之前没有时间准备，有些代表政府机构的董事未及收到这些机构的具体指示，他们知道自己的票不会影响结局，所以保险起见就投了反对或弃权票，但在会议上没有提出异议。

不久，我收到布朗姆和庞德曼的电话。他俩去了邦德家。布朗姆比庞德曼早到半小时，把我写的一份备忘录交给邦德看。此前，邦德对布朗姆说他的团队报告我们违反了和汇丰银行的排他期安排。我因此面见了钱德拉。他表示从来没有指责我们违反安排，他知道我们不会失信，虽然双方并没有一纸协议。我的备忘录将这番对话记录在案。我估计，汇丰银行内部的人肯定猜测我们没有遵守排他期的安排，因为他们不能相信自己比渣打银行提前了一个月开工，渣打银行能在这么短的时间内追赶上来。他们不知道，渣打银行比他们更有积极性、更有效率，而且最高层（董事长和首席执行官）直接参与谈判和决策过程。在汇丰银行这边，邦德和布朗姆谈妥一件事，却没有及时通知自己的团队，而是团队从我这里知道后向伦敦请示，从首席财务官那里得到证实。两家机构风格差异之大，汇丰银行的团队大概很难想象，但我们同时和他们打交道，看得一清二楚。

庞德曼说，邦德看起来心情不好，很不耐烦。尽管新桥的两位联席主席亲自到访，他也没有表示热情欢迎。此时的阿斯彭白雪皑皑，家家户户都热气腾腾，弥漫着欢乐的圣诞节气氛，他们的会面却有些冷冰冰。

上午 10 点，我和庞德曼一起参加了与渣打银行团队的电话会议。渣打银行参会的人员几乎包括了其全部高管：首席执行官戴维斯、首席财务官桑兹、并购主管斯戴曼、董事会成员加雷斯·布洛克，以及渣打银行的财务顾问们。渣打银行董事长布赖恩·桑德森没有参加此次会议，但他自始至终都参与谈判，多次与庞德曼沟通。伦敦的时间是圣诞前夕凌晨 2 点。这些高管到此时都没有睡觉，其敬业和献身的精神，实在令人钦佩。

戴维斯先发问："如果给你们新报价，你们需要多长时间才能答复？"

庞德曼答道："两个小时。你们可以再等一个小时告诉我们。"

庞德曼的考虑是要在一个小时之内也拿到汇丰银行的最后报价，其后可以比较两个最终报价。因为此时两个竞标者的报价都是无条件的，完全可比了。

戴维斯说好，那么我们一个小时之后再拨进来。此时是香港时间 10 点 25 分，我们约好在 11 点 25 分重新拨入。香港的 11 点 25 分是伦敦的凌晨 3 点 25 分。渣打银行的高管注定要过一个不眠之夜。

与此同时，布朗姆再次给邦德打电话，请他提供最终报价。邦德把价格提高了 2 500 万美元，到 30.75 亿美元。我马上知道，和渣打银行竞争，汇丰银行的这点加码太小气了，不可能胜出。当初庞德曼说渣打银行的价格比汇丰银行高 7 800 万美元都可以视为"舍入误差"，在竞争的最后阶段，加不加 2 500 万美元等于没有什么区别。

汇丰银行自 1998 年以来一直想收购韩国的一家银行。他们花了几个月的时间，也做了大量的工作。在此次收购中，他们本来处于优势，新桥认为汇丰银行是最合适的买家，韩国政府也认为汇丰银行最合适。邦德此时知道这是最后一锤了，却不肯多迈一步。他们在韩国收购屡试屡败，大概都是因为缺乏进取的意志。我想只有在一种情况下汇丰银行可以取胜，那就是愿者上钩——卖方实在别无选择、万般无奈的时候。

11 点 25 分拨入电话会议。戴维斯要求再推迟一个小时，到香港时间下午 1 点（伦敦时间凌晨 5 点）再开会，但过了半小时，斯戴曼打来电话，说准备好了。

我儿子回家过圣诞节。他在芝加哥大学读经济学，对投资很感兴趣。我让他旁听电话。我知道终局的时间到了，给他一个难得的机会，见证大亨们如何完成几十亿美元的交易。他很兴奋。

戴维斯说："我们最终的报盘是 3.4 万亿韩元，完全没有交易前提条件。"

这个价格比上一次高出了大约 1 亿美元。看来渣打银行志在必得。

庞德曼说："谢谢。我们一个小时之后回复。"然后大家都挂线了。

当初收购韩国第一银行，大摩是韩国政府的财务顾问。此次我们仍然视其为政府的顾问。我们虽然并不需要政府方面的批准，但礼貌和尊重起见，我们还是应该和他们商量一下。大摩的团队负责的两位是马修·金斯伯格和詹森·申。我和布朗姆、庞德曼拨通了他们两位的电话，告诉他们两个最终的报盘。他们也认为渣打银行的最终报价使天平向其倾斜，但请新桥拿主意。无论新桥怎样决定，政府方面都会支持。

中午 12 点 40 分，我打电话给斯戴曼，请他把渣打银行的最终书面报盘传真过来。

收到之后，我逐字审阅，看不出任何遗漏之处，只是传真中的价格一栏仍然空着，有待填入。

下午 1 点，大家再次拨入电话会议。庞德曼说："先生们，恭贺。你们赢了。"然后补充道："你们谈判的技巧如此高超，一个便士都没有丢下。"（You didn't leave a penny on the table. 或可译为"一分钱都没有多付"。）

确实如此，对于新桥和韩国政府，汇丰银行都是首选。如果渣打银行没有一步到位，使我们别无选择，鹿死谁手犹未可知。

斯戴曼再次用传真将包括价格在内的已经签字的最终报盘发给我。我代表新桥签字之后，再用传真发还给他，如此完成合同的签署。就在这个关键时刻，传真机出了毛病，我花了足足 15 分钟，连播三次才接通。真是欲速则不达。此时此刻，对方在等着我的签字页，我可以想象斯戴曼坐立不安地盯着传真机等待。终于，接通了。我看着文件一页一页滚入传真机，想象在另一端传真纸一行一行打出来，落入焦急等待的斯戴曼手中。

成交了。按照当天的汇率计算，渣打银行 3.4 万亿韩元的价格等于 32.5 亿美元，比汇丰银行 30.75 亿美元的出价高出大约 1.75 亿美元，比汇丰银行最初的报价高出 2.5 亿美元。而且，如果韩元对美元的汇率继续走强的话，最终的美元价还会更高。在卖东西的时候，有人抢才能卖出好价钱。

从买方的角度看，如果我处在汇丰银行的位置，我会想方设法在排他期内完成交易，不给任何潜在的竞争对手留下任何可乘之机，但机构越大就越官僚，决策过程就越缓慢，花了很多资源和时间，最终功败垂成。

当初收购韩国第一银行的时候，我的同事潘德邦负责审阅文件。他字斟句酌，巨细不漏。在出售过程中，同样是他在文件上把关，律师起草的所有文件，他都一丝不苟地审阅，5 天内只睡了不到一个晚上，确保毫无差错。

1999 年 12 月 23 日，我代表新桥签署了收购韩国第一银行的最终协议。五年零一天之后，2004 年 12 月 24 日，平安夜，我们签订了出售协议，为这笔投资画上了圆满的句号。两次交易都发生在圣诞节之前，算是圣诞老人给我们的大礼吧。

*   *   *

5 年前，新桥和韩国政府共同投资了 1 万亿韩元（约合 9 亿美元）。与渣打银行签字之后，又经过了几个月的时间，才获得监管批准。在此期间，韩元对美元持续升值。到了交割的时候，我们和韩国政府真正拿到手约 33 亿美元。不用说，结果令韩国政府和新桥皆大欢喜。更重要的是，我们接管的是个问题银行，我们出售的是个健康、朝气蓬勃和不断增长的银行。韩国银行的重建是韩国在金融危机之后银行体制改革的重要一步。改革是成功的。

交割之后，新桥向韩国的慈善组织捐赠了 2 000 万美元，以表达对韩国政府和社会的感谢（见附图 16 和附图 17）。

在这个投资中，唯一没有赚钱的一方是孙正义的软银。软银在投资完成后两年左右就退出了，将其股权低于原始价卖给了美国私市股权投资公司博龙资本。

软银主要投资的对象是互联网和科技公司，投行不是它的专长。随着互联网泡沫的膨胀，软银的市值在 1999 年暴涨 20 多倍，到了 2000 年 2 月，达到 1 500 亿美元左右。就是在 1999 年年底，孙正义和我达成协议，软银作为新桥的有限合伙人投入韩国第一银行。那时软银确实如点石成金，股价如日中天，但在 2000 年，互联网泡沫破裂，到了 2002 年年底，软银的股价与高位比居然暴跌了 99.9%！市值蒸发殆尽，难怪它卖资产求生，可谓"其兴也勃焉，其亡也忽焉"。好在未亡，后来得以东山再起。

博龙资本因此捡了一个大便宜，以低于成本的价格接过了软银的投资，所以从韩国第一银行中赚得最多。新桥也不吃亏。我们和博龙资本的利润分成基于其进入价，由于它的进入价低于成本，我们分成的利润也高于假如软银不退出的利润，皆大欢喜。

我们交给渣打银行的是一家强壮的银行。5 年内，韩国第一银行的资产翻了一番还多，而且盈利非常好。渣打银行的团队告诉我，经过尽职调查，他们发现韩国第一银行的风险管理体系比渣打银行自己的还要好。买卖双方都很满意。渣打银行最终把银行的名字改为渣打韩国第一银行，从此韩国第一银行的名字和故事纳入史册。

尾　声

平安夜完成的交易给韩国第一银行的故事带来了一个圆满的结局，却没有让我松一口气。我从 2002 年以来，还一直在忙另外一个项目，这就是新桥收购深圳发展银行的控制权。没有任何一个外资在新中国的任何时候控制过一家全国性的商业银行，不夸张地说，我们又要创造历史了。深圳发展银行的交割定在 2004 年 12 月 30 日。

刘明康是时任中国银行业监督管理委员会（以下简称"银监会"）主席。12 月 23 日，我接到他的电话。他说："我们注意到了你们在尽职调查中发现的深圳发展银行存在的问题，已经向国务院递交了报告。"

当时的深圳发展银行是个问题严重的银行，真实的不良率超过总贷款的 20%。在任何其他国家，这家银行已经实质破产了。这个问题当然值得中国政府的最高层关注。银监会了解新桥改造韩国第一银行的历史，对我们寄予厚望，但也知道我们面临的挑战巨大。

刘明康的英文很流利，此时开始讲英文："请转告你的合伙人，一旦出现紧急情况，比如银行挤兑，中国人民银行和银监会将随时准备提供流动性支持。"

他为什么讲英文呢？我猜测他需要我把他的话准确转达给我的美国合伙人，让他们知道，中国的监管部门会对这家银行给予必要的支持，不会见死不救。这样我们才能大胆改造这家银行。

这个电话非同寻常。如果深圳发展银行的问题不是非常严重、风险巨大，刘主席不会给我打电话，也不会给我们吃定心丸。我相信他比我们还担心这家银行出问题。2004年，该行发表的财务报表显示不良率为11.4%，这就够高了，是全国之最，而根据我们的调查，真实数字是所公布的两倍左右。其公布的资本充足率仅为2.3%，远低于8%的监管要求，如果对不良贷款的准备金充分，实际资本充足率应该是负数。实际上，这家银行已经资不抵债，一旦客户的信心动摇，发生挤兑不是不可能的。就在不久前的1998年，海南发展银行发生挤兑，实际破产，最后宣布关闭，是新中国成立以来第一家关闭的银行。

现在我们退出了韩国第一银行，要把全部精力投入改造深圳发展银行的工作中。深圳发展银行的状况比当初的韩国第一银行糟糕得多，韩国第一银行的坏账风险由政府承担，而深圳发展银行的风险全部需要股东承担，政府没有出一分钱。虽然挑战更严峻，但中国的市场潜力也要大很多。

附录 商业银行入门

本附录解释商业银行的主要概念和术语，以供读者参考。主要词汇用黑体字表明。

本书中提到的"银行"，一般是指商业银行，其业务主要是吸收存款和发放贷款。投行与商业银行不同，其业务主要是在客户和资本市场之间充当中介，而收取费用，包括帮助客户发行股票或债券。

国际上有些银行既做投行业务，也做商业银行业务，但一般来讲，中国的银行不能兼做。譬如中国银行、中国农业银行、中国工商银行、中国建设银行四大国有银行，都是商业银行。它们有的有关联公司，做投行业务，但是都不大，而且不能混在一起管理。中金公司、海通证券、中信证券都属于投行。

在美国的历史上，银行曾经可以两类业务兼顾，但根据1933年的《格拉斯-斯蒂格尔法案》的规定，它们必须分业，只能选择其一。这项法律是在1933年大萧条之后通过的。大萧条期间，有数千家银行倒闭，美国国会认为与商业银行和投行业务之间存在利益冲突有关——譬如银行对企业贷款收不回来又帮助企业发行股票，用发行股票的钱还自己的贷款，因而立法禁止商业银行从事投行业务。比如历史悠久的 J. P. 摩根公司（亦称摩根财团）就被拆分为商业银行摩根银行和投行摩根士丹利。1993 年我加入摩根银行的时候，这些限制都已经大大放宽。

到 1999 年，《格拉斯-斯蒂格尔法案》已经基本废除，从而使得摩根银行、花旗银行等美国大型银行可以同时从事商业银行和投行业务。不过摩根士丹利和高盛等传统投行仍主要专注于投行业务。

同时从事商业银行和投行业务的银行通常称为**全能银行**（Universal Bank）或**商人银行**（Merchant Bank）。在欧洲，一直没有分业管理，所以许多银行都是全能银行，譬如瑞士银行、德意志银行等，但汇丰银行和渣打银行都基本上是商业银行。

商业银行的资金来源是客户存款以及从市场上或其他银行借款，加之自有资金。所谓自有资金就是银行的**股本金**或**资本金**。有些负债是不计息的。生息的债务，比如存款、银行发行的债券或从其他银行的借款等，称作**有息负债**。

银行获得的资金所支付的利息等成本称为**资金成本**，通常用百分比表示。比如我们可以说一家银行的资金成本是 3%。

银行的**资产**包括银行向客户发放的贷款、投资的证券和其他任何财产，比如总部或分支机构的物业等。银行通过收取贷款利息、收取服务费、从购买的债券中收取息票等方式获得**收入**。有一些资产，比如物业或电脑系统，本身并不产生收入。产生收入的资产被称为**收息资产**。资产的收入流，比如贷款的利息，也被称为**息入**。

银行主要从**利差**中赚钱，利差是指存款利率和贷款利率的差额。比如，银行存款利率是 3%，贷款利率是 5%。两者之差为 2%。利差补偿银行承担贷款的风险。银行必须按期支付存款利息并允许客户提取存款，不管它能否收回贷款。银行之所以倒闭，就是因为有一定数额贷出的钱收不回来了，但是必须偿还存款和其他借来的钱，而自己的资本金又不足以覆盖贷款损失。

银行的**运营成本**包括房租、水电、员工薪水等。只有当银行的**营业收入**（主要是利息和费用收入扣除利息支出）大于**营业成本**时，银行才能赚钱。运营成本与营业收入的比率为**成本收入比**，这个数字需要小于1，即成本必须小于收入，银行才能赢利。如果成本收入比大于1，那么银行就亏损。所以，成本收入比是衡量银行赢利能力的重要指标。

银行的净利润除以股本金，即**股本回报率**。银行的净利润除以总资产，即**资产回报率**。股本回报率和资产回报率也都是衡量银行赢利能力的重要指标。

银行如果不能收回贷款的利息和本金，当然就赔钱。如果借款人按期支付利息和本金，该贷款一般被视为**正常贷款**。如果借款人无法还本付息，贷款就成为**不良贷款**，不良贷款也称为**坏账**。

银行根据对借贷人还本付息的记录和其还款能力，将贷款**分类**，比如**正常**、**关注**、**次级**、**可疑**或**损失**等类。次级以下的贷款都属于不良贷款。如果银行判断借款人偿还贷款的能力受损，即便他还在正常还本付息，对他的贷款也可能被归类成关注或次级。

银行通常会对风险较高的客户收取更高的利率。根据客户的风险等级收取不同的利率称为**风险定价**。

银行向最佳公司客户收取的利率称为**最优惠利率**（prime rate）。高于最优惠利率的部分称为**风险溢价**。

银行需要留出一些资金来抵销贷款损失。这些资金称为**准备金**。贷款的风险越高，需要提取的准备金就越多。比如次级贷款的准备金可能是贷款本金的 20%，可疑类贷款的准备金可能为 50% 或更多。

不良贷款总额对总贷款额的比例为**不良率**。

银行的资本金占其风险加权总资产的比例称为**资本比率或资本充足率**。资本充足率有一个国际标准，即由总部在瑞士巴塞尔的国际清算银行制定的标准。因此，资本充足率也称为**巴塞尔比率**。

银行的股本也称为**净资产或账面值**，但财务报表中的账面值或净资产值未必真实反映其资本金的数额，因为账面值可能包括**无形资产**。譬如商誉、商标就是无形资产。无形资产的价值往往见仁见智，所以很多人看银行的净资产不计入无形资产，而只看**有形净资产**。

如果一个银行准备金不足，那么其净资产就不真实，购买银行的人就要判断需要从净资产中减去多少才能弥补不足的准备金，从而得出**调整后的净资产值**。收购银行往往需要判断**调整后的有形净资产**，这才是不含水分、实打实的净资产或资本金。

当银行的不良率高于其资本比率时，它就有破产的危险。金融危机期间许多借款人无法偿还贷款，不良率会突然飙升，从而导致银行倒闭。这就是 1997—1998 年亚洲金融危机期间韩国、日本以及亚洲许多国家出现的情况，同样地，2008—2009 年全球金融危机期间美国和欧洲许多银行也因此相继倒闭。

即使银行有足够的资本，但如果没有足够的流动性，也就是说手头没有足够的现金应付客户提取存款的要求，它也可能倒闭。如果大批储户因为担心银行可能倒闭而恐慌性地提取存款，就造成**银行挤**

兑。银行挤兑会耗尽银行的可用现金，导致银行倒闭。

大多数发达国家有国家存款保险制度来防止银行挤兑。在一定限额内，存款由政府控制的存款保险公司担保，这样即使银行倒闭，零售储户仍然可以从存款保险公司拿回存款。这样就避免了恐慌性挤兑，也避免小储户在银行破产时遭受损失。本书中提及的美国的联邦存款保险公司和韩国存款保险公司就是例子。如果存款保险公司没有足够的资金来偿还存款人，政府通常会用纳税人的钱来弥补存款人的损失，或者救助银行。

致 谢

新桥是一家私市股权投资公司，总部设在美国。本书从亲历者的视角，讲述了新桥是如何收购韩国最具标志性的银行并将其成功改造的。

包括中国在内的高中等收入国家，几乎所有公民都受益于私市股权投资。因为私市股权的投资者多为主权财富基金（譬如中国的中投公司和新加坡的淡马锡）、政府或企业的退休基金、大学的捐赠基金、保险公司等。这些投资机构代表广大群体的利益——主权财富基金代表全体国民管理资本，退休基金为政府和企业员工管理退休金，等等。在过去的 20 多年中，我在几家私市股权投资公司任职，牵头投资了数百亿美元。这些公司包括新桥，后来新桥并入其关联公司德太，改名为德太亚洲，以及我现在任董事长和首席执行官的太盟投资集团。我对多年来信任我们、把资金交由我们管理的全球各地的投资机构充满感激。值得欣慰的是我们没有辜负投资者的重托，为他们创造了数倍于投资额的价值。

与股市投资不同，私市股权的每一笔投资都要依靠团队共同努